新能源汽车系列规划教材

汽车发动机系统任务驱动合集

赵振宁　曾小虎　主　编
徐　磊　黄万超　副主编
李春明　主　审

電子工業出版社
Publishing House of Electronics Industry
北京 • BEIJING

内容简介

本书是《汽油发动机构造与检修》和《柴油/天然气发动机构造与检修》的任务驱动合集，需要配合《汽油发动机构造与检修》和《柴油/天然气发动机构造与检修》两本主教材，实现理论与实践的练习强化。

本书由百慕大汽车（www.bmdcar.com）提供作者的全套讲解视频和后台资源。

本书可作为高等职业院校汽车检测与维修、新能源汽车技术等汽车类专业教材的课上或课下学习的辅助练习手册。

图书在版编目（CIP）数据

汽车发动机系统任务驱动合集 / 赵振宁，曾小虎主编．—北京：电子工业出版社，2018.2

ISBN 978-7-121-33139-8

Ⅰ．①汽… Ⅱ．①赵… ②曾… Ⅲ．①汽车—发动机—构造—高等职业教育—教材②汽车—发动机—车辆修理—高等职业教育—教材 Ⅳ．①U472.43

中国版本图书馆 CIP 数据核字（2017）第 299420 号

策划编辑：程超群
责任编辑：底　波
印　　刷：三河市良远印务有限公司
装　　订：三河市良远印务有限公司
出版发行：电子工业出版社
　　　　　北京市海淀区万寿路 173 信箱　邮编　100036
开　　本：787×1 092　1/16　印张：19　字数：486.4 千字
版　　次：2018 年 2 月第 1 版
印　　次：2018 年 2 月第 1 次印刷
定　　价：45.00 元

凡所购买电子工业出版社图书有缺损问题，请向购买书店调换。若书店售缺，请与本社发行部联系，联系及邮购电话：（010）88254888，88258888。

质量投诉请发邮件至 zlts@phei.com.cn，盗版侵权举报请发邮件至 dbqq@phei.com.cn。

本书咨询联系方式：（010）88254577，ccq@phei.com.cn。

前 言

在教学中我们发现以下几个现象：

一是学生课堂上没有记笔记的习惯了，当然，这与教学中大量采用 PPT 教学有关，PPT 教学中学生是很难记笔记的，教师应少用 PPT 教学方式，多用边拆边讲的教学方式来吸引学生，将理论和实践融在边拆边讲中，加强过程考核，比如能说出、能画出、能操作出等。

二是学生课上和课下没有练习的习惯，教师在这方面是有责任的，职业教育和学历教育虽有不同，学历教育老师经常带领学生练习，而职业教育在理论上也要加强引导，课上教师强化当时学的内容，课下学生要自己强化当天学习的内容，所以需要理论部分的任务驱动，任务驱动合集的好处是紧贴教材，避免任务的随机性，任务由学生自主根据老师的教学进度来完成，有计划性。学习过程中，任务完成情况有据可查，有积累性。

当然，任务形式也不限于我们的任务驱动合集，采用上交一段视频，或用办公软件上交任务也是一种不错的方法，不过任务布置的通常会过于随机，因为这种任务通常是老师灵感一现后给出的一个任务。

三是在实训阶段，教师口头布置任务，不能充分发挥学生自己的能动性，甚至很多学生在实训完成后对布置的任务是什么也不清楚。实训中的任务驱动有利于学生明确任务，老师和学生可在完成任务时学习到要学习的内容，老师和学生也容易发现不足。

本书是《汽油发动机构造与检修》和《柴油/天然气发动机构造与检修》的任务驱动合集，需要配合《汽油发动机构造与检修》和《柴油/天然气发动机构造与检修》两本主教材来实现理论自查，同时要配合实践练习来强化实训自查，教师要对任务驱动合集定期检查。

本书在章节设计上与《汽油发动机构造与检修》和《柴油/天然气发动机构造与检修》完全对应，目的是让学员能快速找到答案。同时，本书配有实训环节的任务驱动，实现实训驱动。

本书可作为高等职业院校汽车检测与维修、新能源汽车等汽车类专业的课上或课后的练习册。

本书主要由长春汽车工业高等专科学校教师赵振宁组织编写，其中江西生物科技职业学院曾小虎老师编写了《汽油发动机构造与检修》部分的第 1 章和第 2 章，吉林科技职业技术学院徐磊老师和云南旭成汽车销售有限公司黄万超老师编写了《柴油/天然气发动机构造与检修》部分的第 3 章和第 4 章。全书由长春汽车工业高等专科学校校长李春明教授担任主审，在此对李校长表示感谢。

编　者

目录

《汽油发动机构造与检修》

《柴油/天然气发动机构造与检修》

《汽油发动机构造与检修》

·第1章·

汽油机简介

1.1 汽油发动机部件名称

填写图1-1至图1-5中部件的名称。

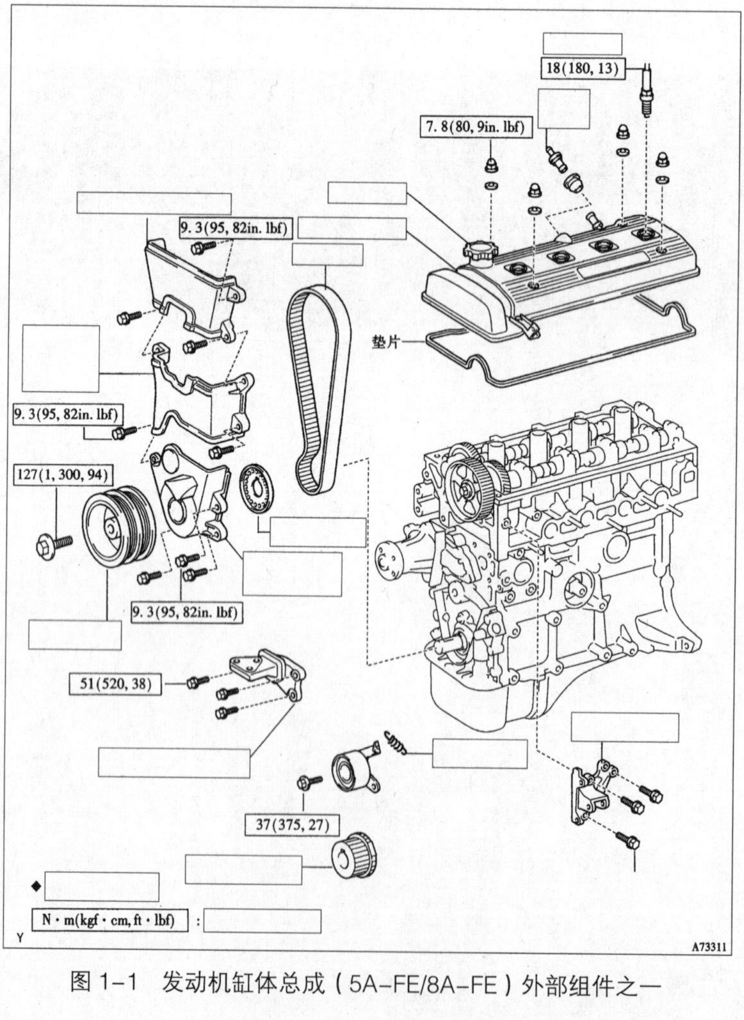

图1-1　发动机缸体总成（5A-FE/8A-FE）外部组件之一

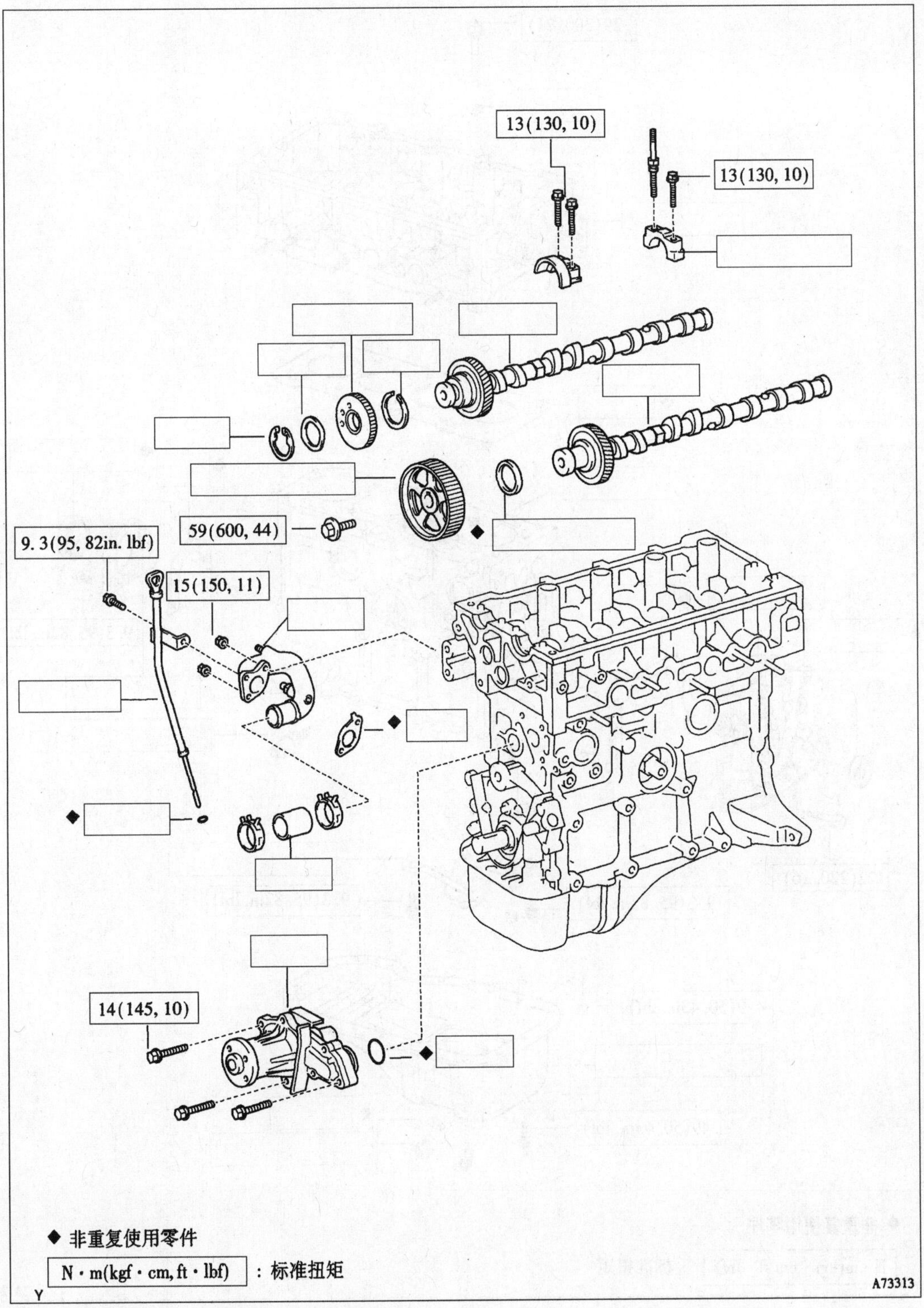

图 1-2 发动机缸体总成（5A-FE/8A-FE）外部组件之二

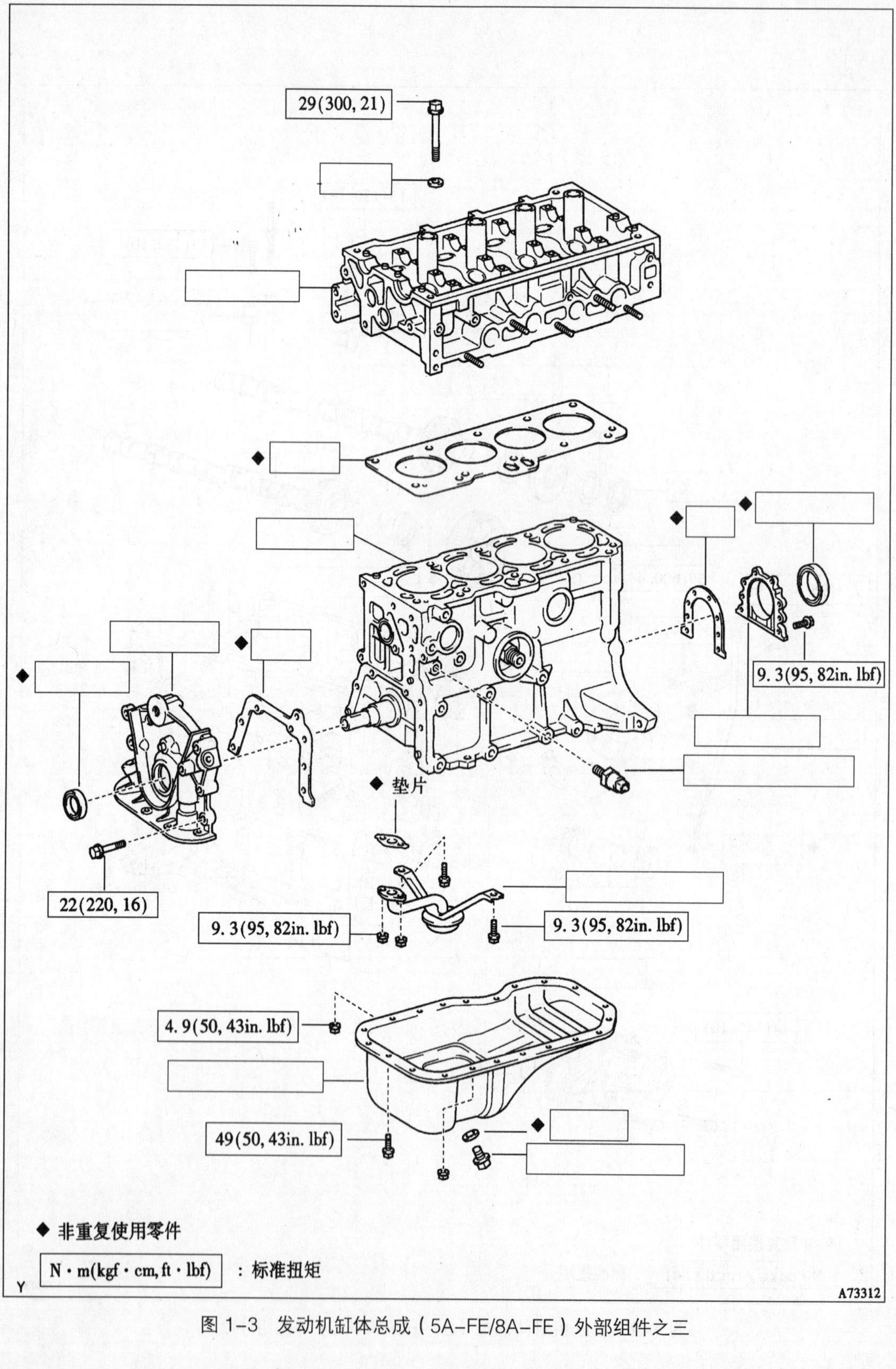

图 1-3　发动机缸体总成（5A-FE/8A-FE）外部组件之三

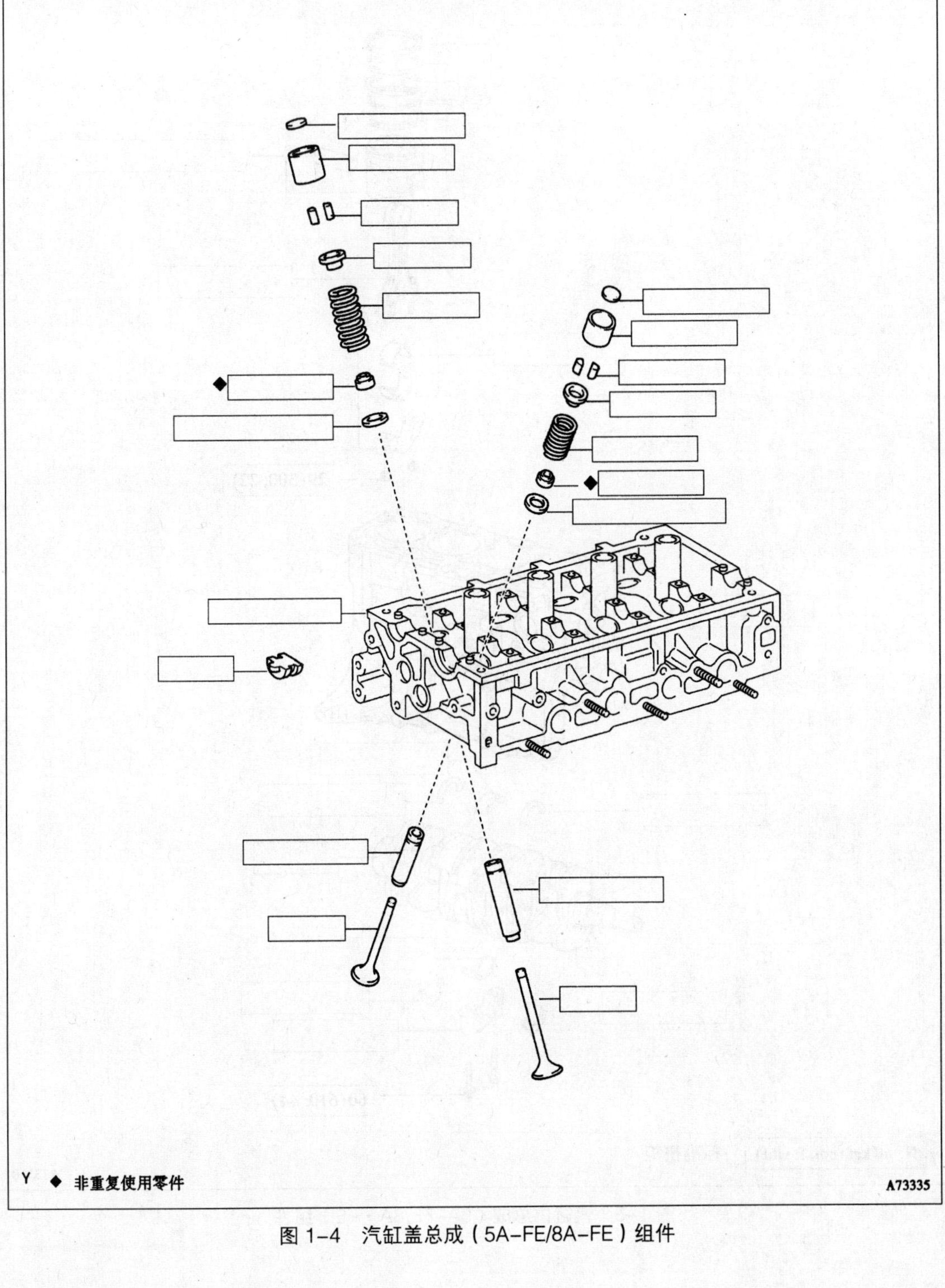

图 1-4 汽缸盖总成（5A-FE/8A-FE）组件

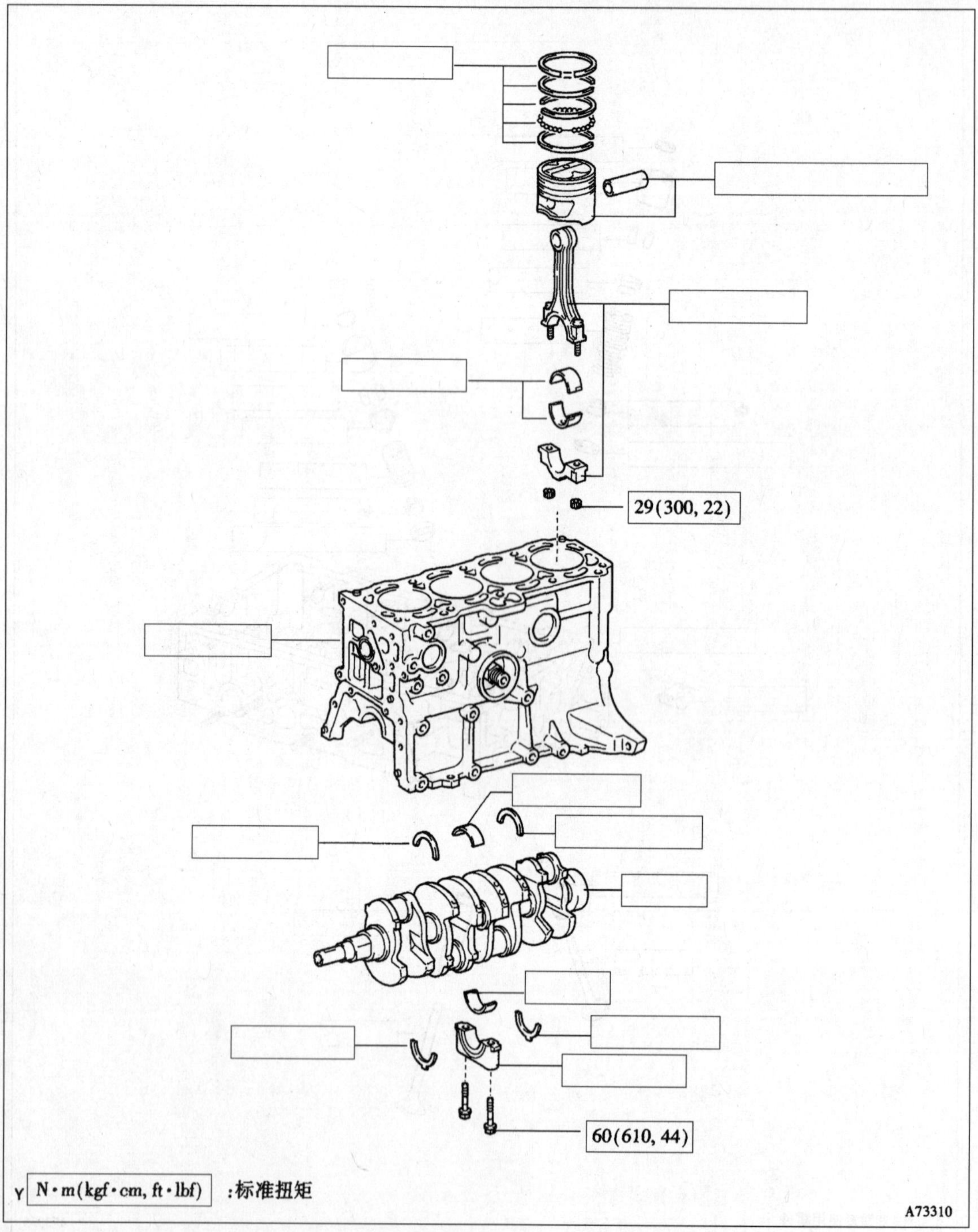

图 1-5　汽缸体总成（5A-FE/8A·FE）组件

·第 2 章·

曲柄连杆机构

2.1 曲柄连杆机构基础知识

1．曲柄连杆机构的组成

曲柄连杆机构由机体组、活塞连杆组和曲轴飞轮组三部分组成。

机体组主要包括：

____

____

活塞连杆组主要包括：

____

____

曲轴飞轮组主要包括：

____

____

2．工作分析

1）曲柄连杆机构的工作条件

____

____

____

2）曲柄连杆机构的受力分析

根据图 2-1 曲柄连杆机构的受力分析，若假设 F_S 的大小一定，计算发动机的转矩 T 与曲轴转角（曲柄和垂线的夹角）θ 的关系，是否是周期变化的。

____

____

____

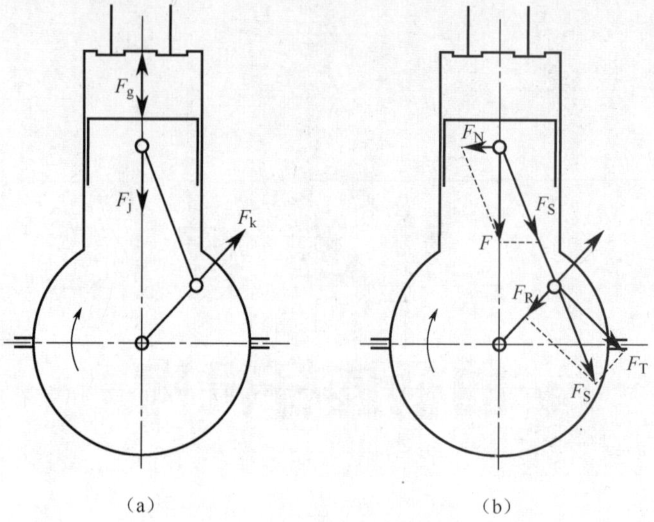

图 2-1　曲柄连杆机构的受力分析

2.2 曲柄连杆机构的结构认知

2.2.1　机体组

完成图 2-2 的元件名称。

1—__________；2—__________；
3—__________；4—__________；
5—__________

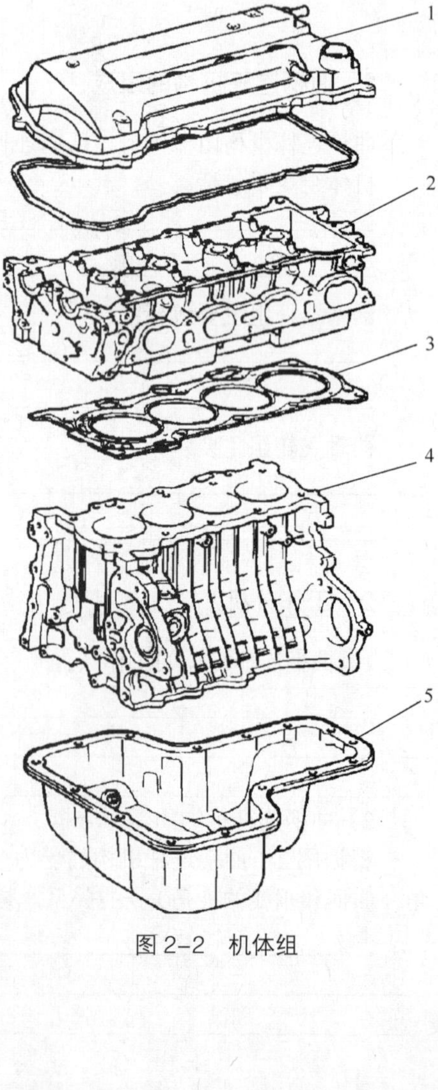

图 2-2　机体组

1. 汽缸体

完成图 2-3 和图 2-4 的元件名称。

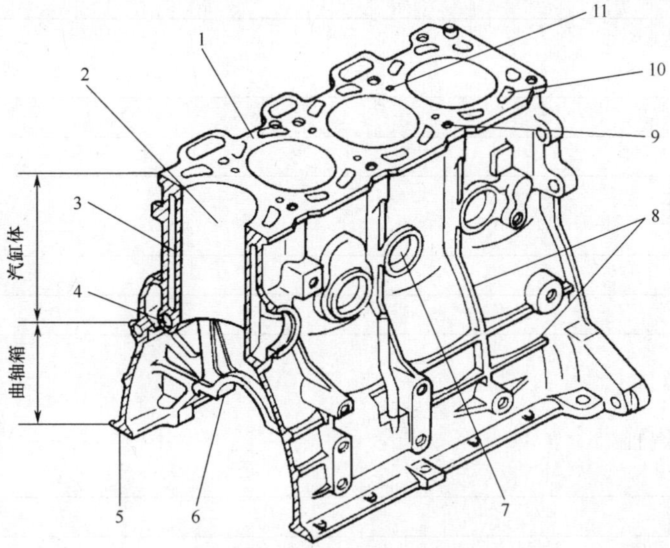

图 2-3 水冷发动机的汽缸体

1—____________；2—____________；3—____________；4—____________；
5—____________；6—____________；7—____________；8—____________；
9—____________；10—____________；11—____________

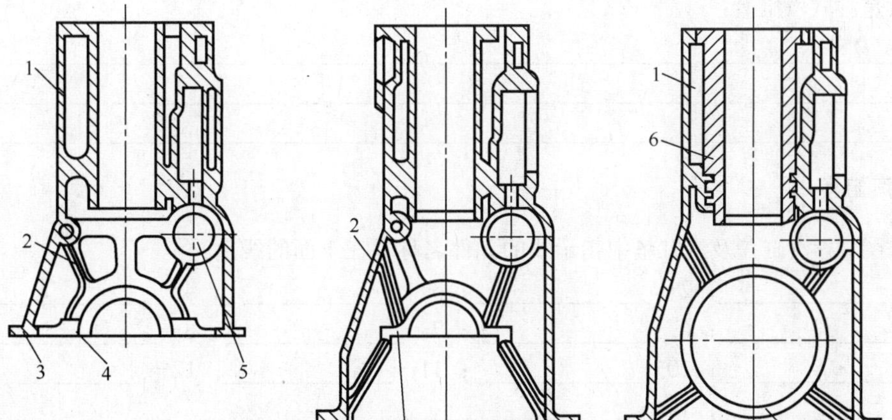

图 2-4 汽缸体结构示意图

（a）____________；（b）____________；（c）____________
1—____________；2—____________；3—____________；4—____________；
5—____________；6—____________；7—____________

1）一般式缸体

____

____

____

2）龙门式缸体

____

____

____

3）隧道式缸体

____

____

____

2．汽缸套

什么是整体式汽缸：

____

____

____

什么是干式汽缸套：

____

____

____

什么是湿式汽缸套：

____

____

____

3．汽缸盖

选出图 2-6 汽缸盖及汽缸垫中指示线的元件名称写在下面的线上。

1—____________；2—____________；3—____________；4—____________；
5—____________；6—____________；7—____________；8—____________；
9—____________；10—____________；11—____________；12—____________；
13—____________；14—____________

（1）盆形燃烧室：

____

____

____

（2）倾斜盆形燃烧室：

____

____

____

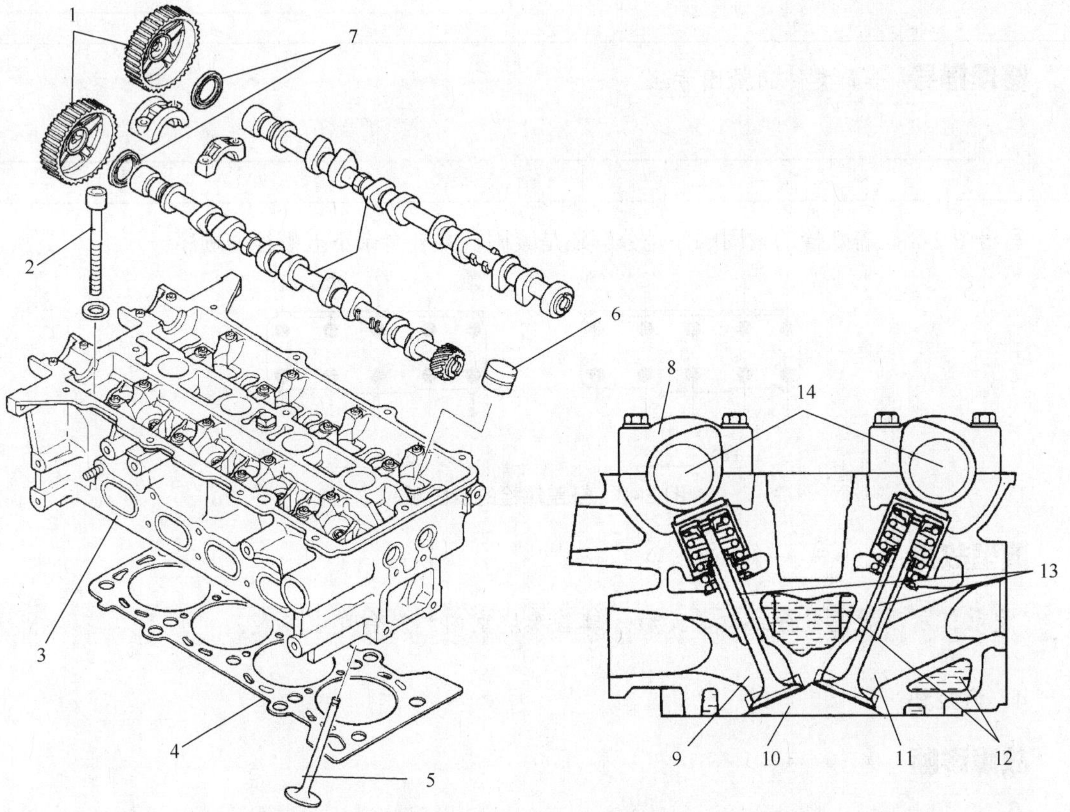

图 2-6　汽缸盖及汽缸垫

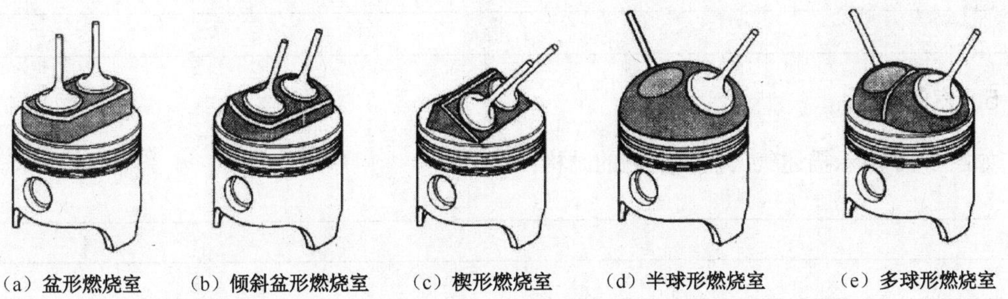

图 2-7　汽油机燃烧室

（3）楔形燃烧室：______

（4）半球形燃烧室：______

（5）多球形燃烧室：______

修理指导 平面类件的紧固方法

____

____

写出图 2-8 缸盖螺栓的紧固顺序是分解还是紧固，并补全余下五螺栓的顺序。

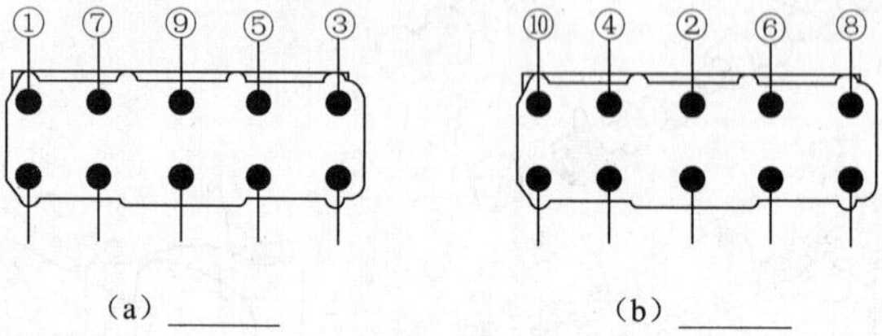

图 2-8　缸盖螺栓的紧固顺序

典型故障

发动机水温过高会导致缸盖变形。缸盖燃烧室内积炭会发生爆震。

4．汽缸垫

故障诊断

如何判断水套中的水通过汽缸垫进入发动机燃烧室内燃烧：

____

____

5．汽缸盖罩

如图 2-10 所示描述气门盖罩上侧的结构：

____

____

____

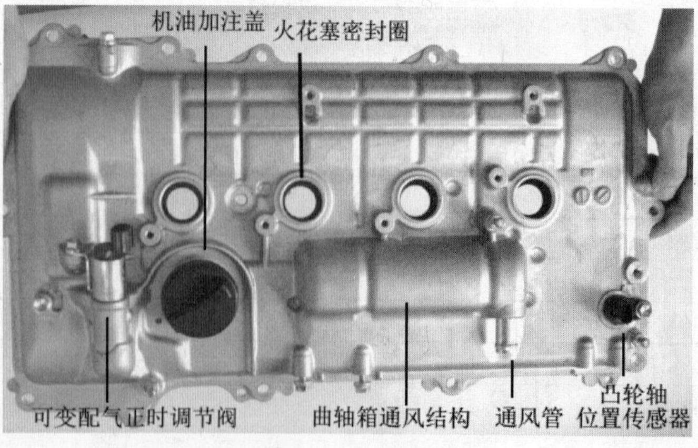

图 2-10　气门盖罩上侧

如图 2-11 所示，描述气门盖罩下侧的结构：

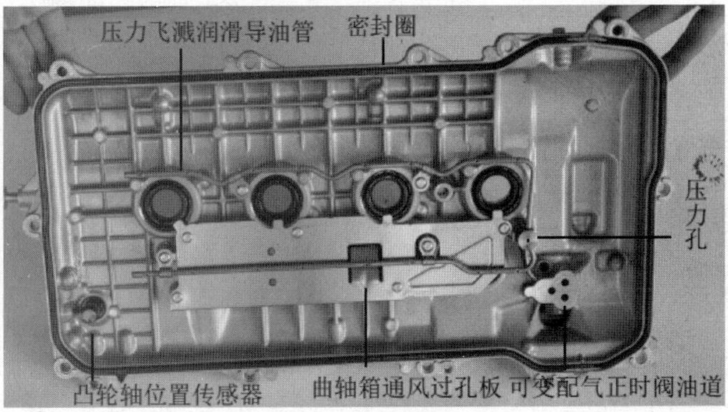

图 2-11　气门盖罩下侧

故障诊断

火花塞密封圈如果出现不密封现象，机油会经点火线圈外壁到达火花塞，从而导致火花塞漏电，导致发动机动力不足。请在气门罩盖上找到这个漏油位置，找到了，在线上打钩：＿＿＿＿＿＿。

6．油底壳

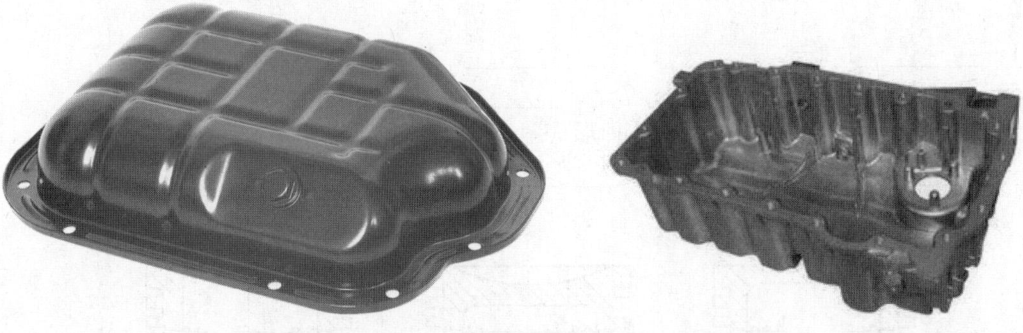

图 2-12　（左）薄钢板冲压（右）铝合金铸造

修理指导

描述如何给油底壳打胶。

2.2.2 活塞连杆组

完成图 2-13 的部件名称。

1. 活塞

活塞是由__________、__________和__________三部分组成的，如图 2-14 所示。

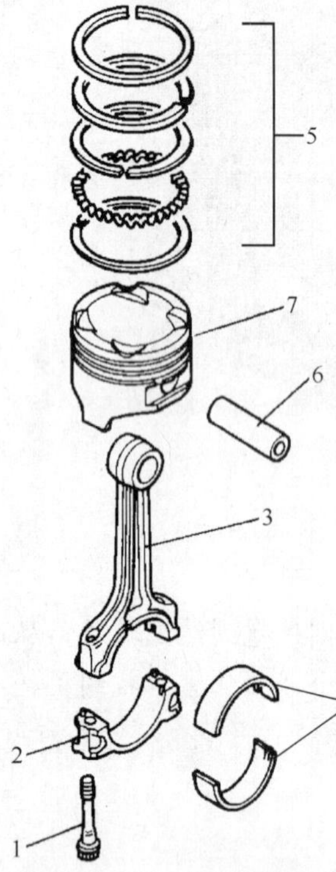

图 2–13　活塞连杆组

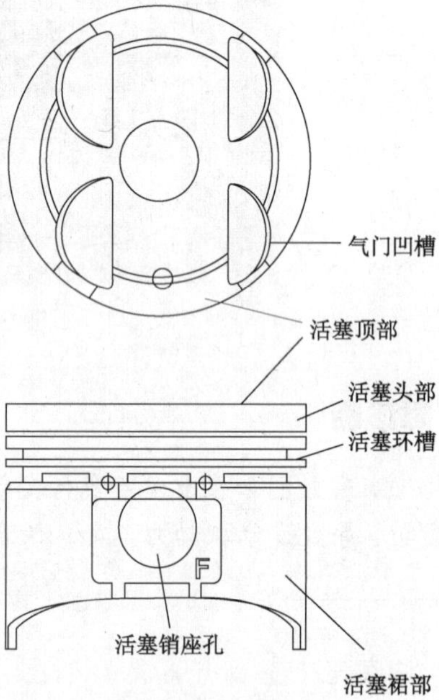

图 2–14　活塞的结构

1—__________；2—__________；3—__________；4—__________；
5—__________；6—__________；7—__________

写出图 2-15 所示活塞顶部形状的 6 种形状：

__________、__________、__________、__________、__________、__________。

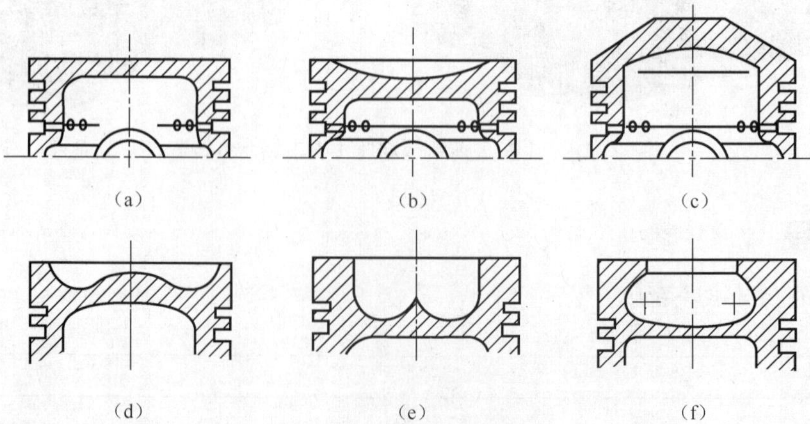

图 2–15　活塞顶部形状

写出图 2-16 所示活塞头部的泄油孔的作用：

____

____

____

____

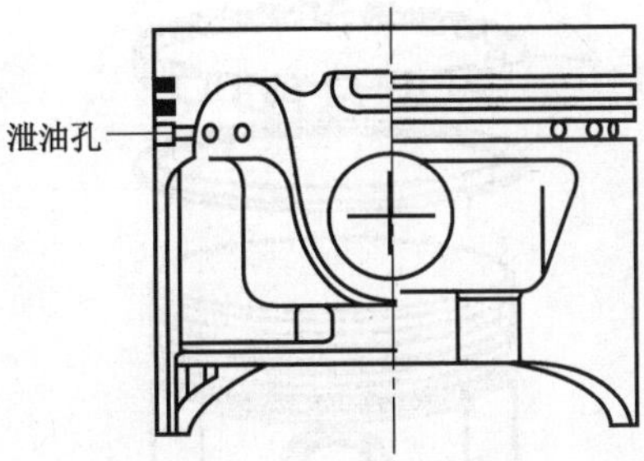

图 2–16　活塞头部的泄油孔

如图 2-17 所示，活塞承压面写出什么是主承压面和次承压面：

____

____

____

____

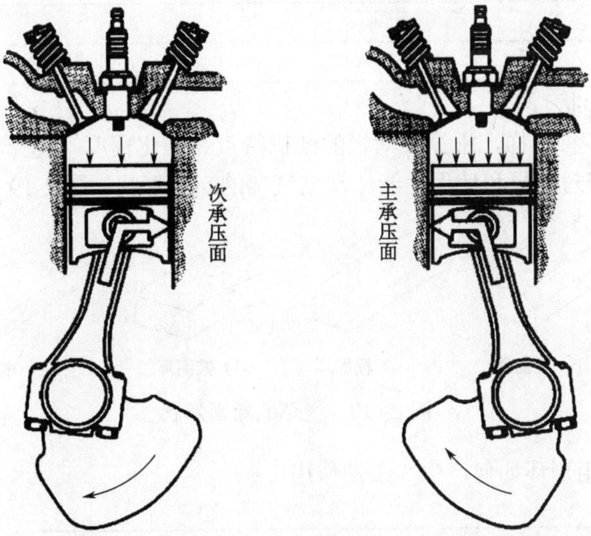

图 2–17　活塞承压面

2．活塞环

1）活塞环的类型与材料

写出图 2-18 活塞环的类型的 3 个名称：

____________、____________、____________。

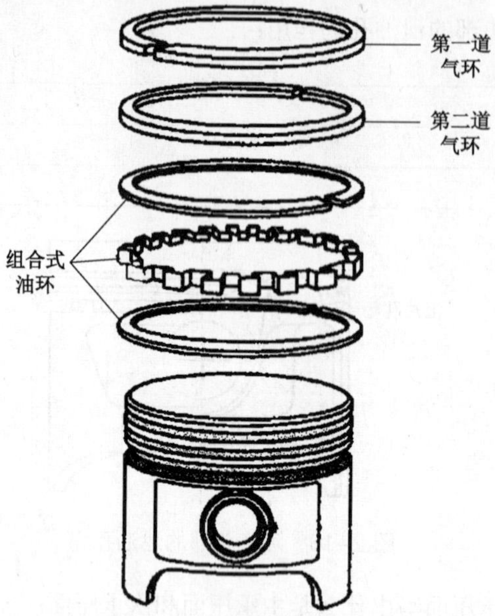

图 2-18　活塞环的类型

2）气环

（1）气环的作用

（2）气环的断面形状

气环的断面形状多种多样，根据发动机的结构特点和强化程度，选择不同断面形状的气环组合，可以得到最好的密封效果和使用性能。常见气环的断面形状如图 2-19 所示。

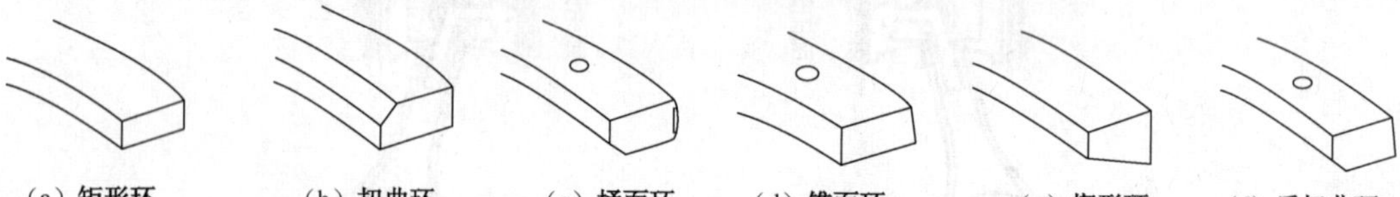

图 2-19　气环的断面形状

根据图 2-20 描述矩形环如何产生“泵油作用”：

根据图 2-21 说出扭曲环安装方法：

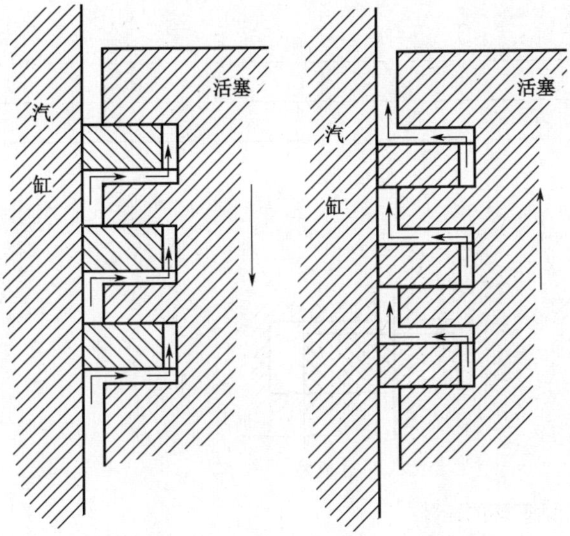

（a）活塞下行　（b）活塞上行

图 2–20　矩形环的泵油作用

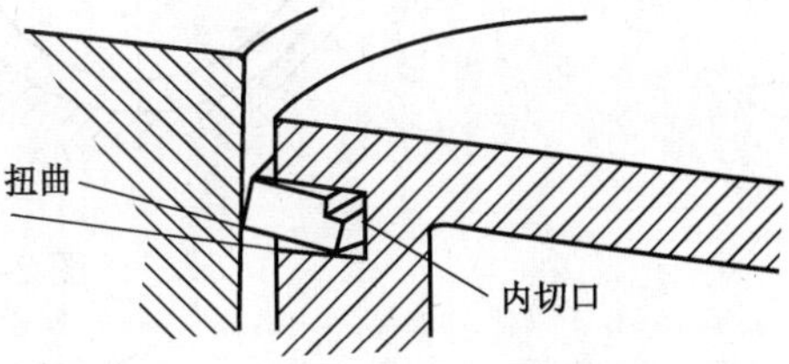

图 2–21　扭曲环作用原理

写出图 2-22 活塞环朝上方向记号说明：

____

____

____

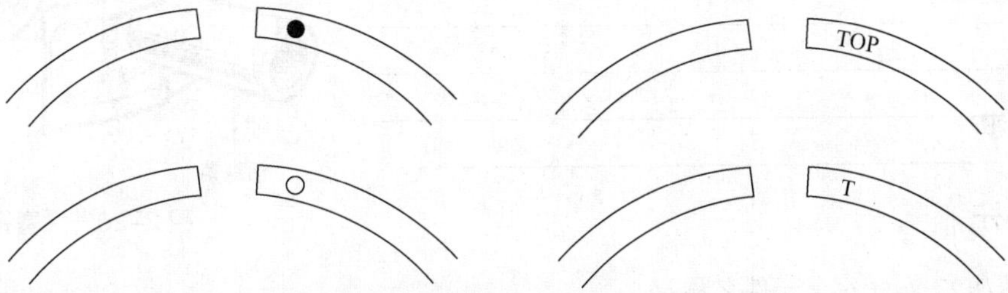

图 2–22　活塞环朝上方向记号

3. 油环

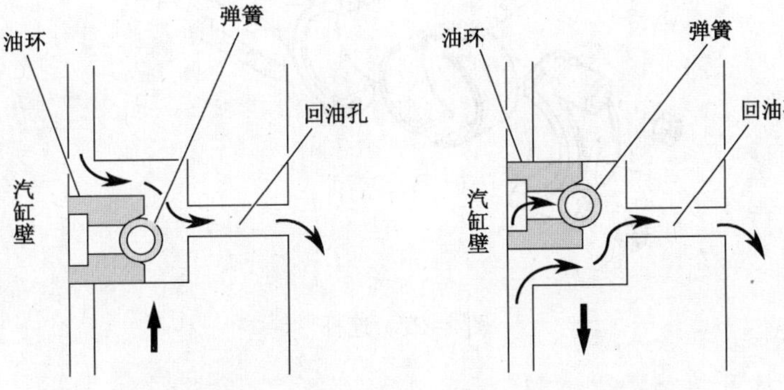

（a）活塞上行　（b）活塞下行

图 2–23　油环的刮油作用

4．活塞环三隙

____

____

____

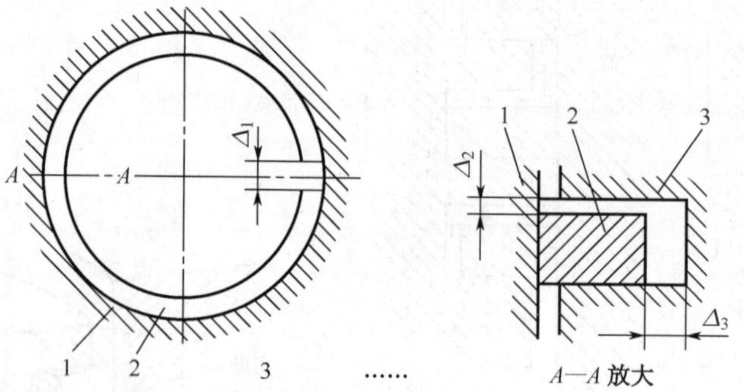

图 2-25　活塞环的三隙

1—__________；2—__________；3—__________；

Δ_1—__________；Δ_2—__________；Δ_3—__________

5．活塞销

如何将图 2-26 中的活塞销装到连杆小头和活塞上：

____

____

____

____

____

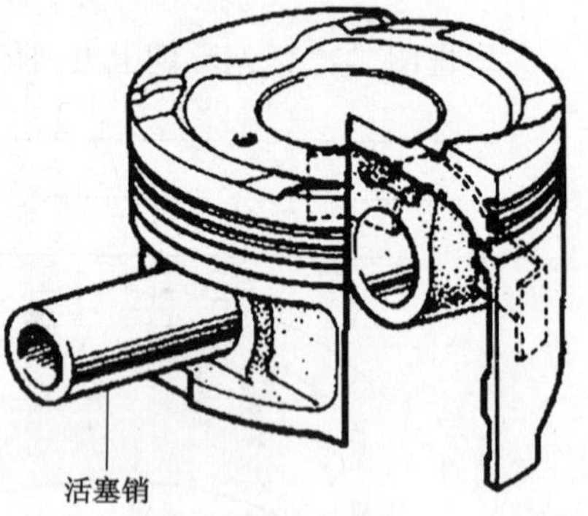

图 2-26　活塞销

6．连杆

写出图 2-27 连杆 6 个元件名称：

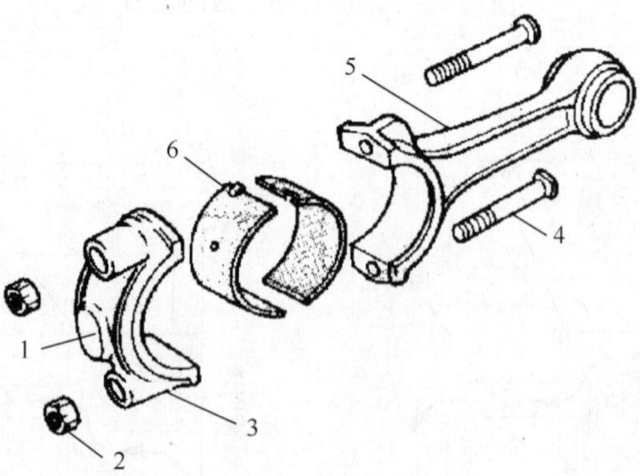

图 2-27　连杆

1—__________；2—__________；3—__________；

4—__________；5—__________；6—__________

2.2.3 曲轴飞轮组

写出图 2-28 四缸发动机的曲轴飞轮组元件名称：

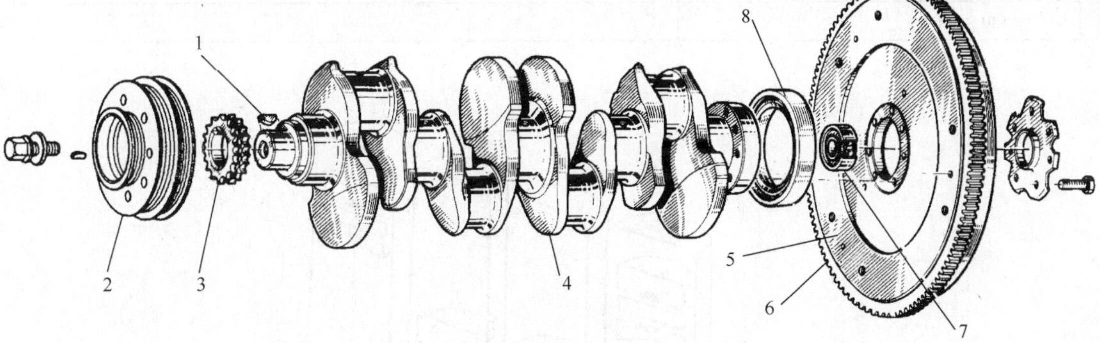

图 2–28 四缸发动机的曲轴飞轮组

1—____________；2—____________；3—____________；4—____________；
5—____________；6—____________；7—____________；8—____________

1．曲轴

1）曲轴基本结构

写出图 2-29 曲轴的构造名称：

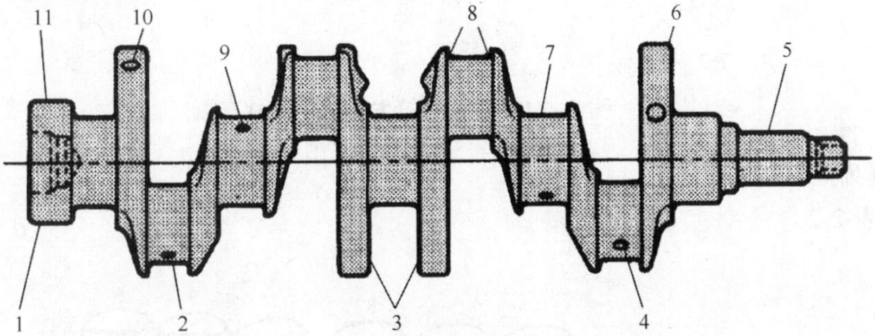

图 2–29 曲轴的结构

1—____________；2—____________；3—____________；4—____________；
5—____________；6—____________；7—____________；8—____________；
9—____________；10—____________；11—____________

2）曲拐的布置

常见的几种多缸发动机曲拐的布置和工作顺序如下。

① 直列四缸发动机

填写表 2-1。

表 2-1 四缸发动机工作循环表（做功顺序：1—2—4—3）

曲轴转角（°）	第 一 缸	第 二 缸	第 三 缸	第 四 缸
0～180				

续表

曲轴转角（°）	第 一 缸	第 二 缸	第 三 缸	第 四 缸
180～360				
360～540				
540～720				

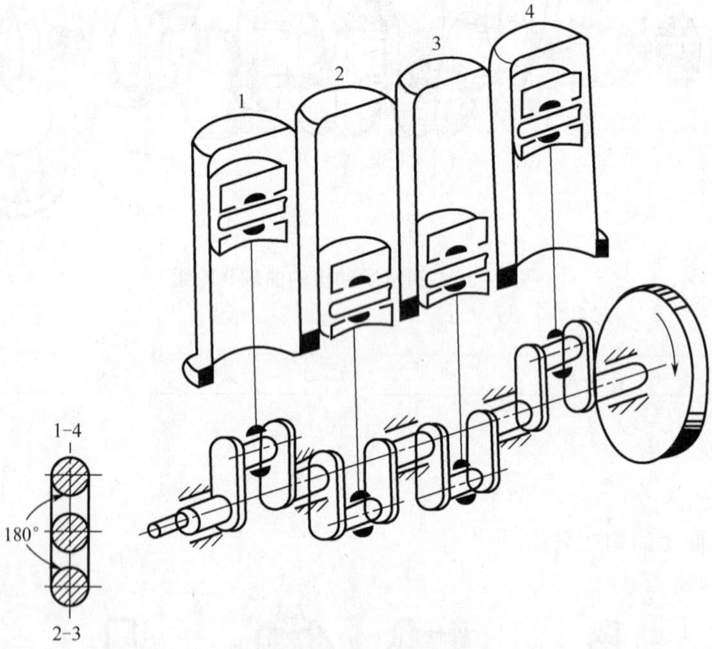

图 2-31　直列四缸发动机的曲拐布置

② 直列六缸发动机

填写表 2-2。

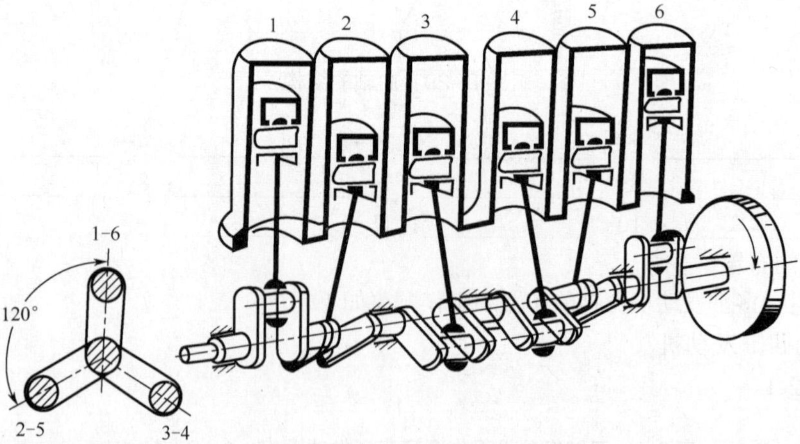

图 2-32　直列六缸发动机的曲拐布置

表 2-2　直列六缸发动机工作循环表（做功顺序：1—5—3—6—2—4）

曲轴转角（°）		第　一　缸	第　二　缸	第　三　缸	第　四　缸	第　五　缸	第　六　缸
0～180	0～60						
	60～120						
	120～180						
180～360	180～240						
	240～300						
	300～360						
360～540	360～420						
	420～480						
	480～540						
540～720	540～600						
	600～660						
	660～720						

2．平衡重

解释图 2-33 曲轴平衡重作用示意图要反映的内容：

____

____

____

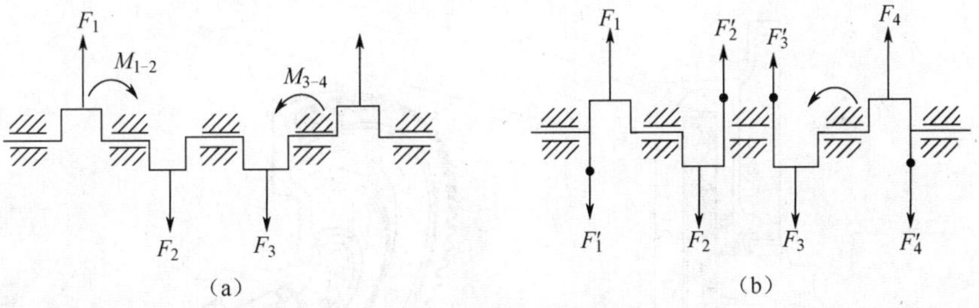

图 2–33　曲轴平衡重作用示意图

3．曲轴的定位

完成图 2-34 曲轴止推轴承的元件名称：

1—______________；2—______________；

3—______________

4．曲轴扭转减振器

写出图 2-35 曲轴扭转减振器作用：

____

____

____

____

____

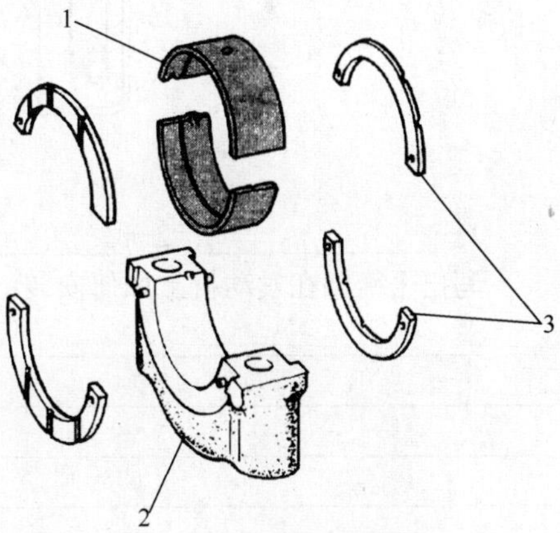

图 2–34　曲轴止推轴承

写出图 2-36 曲轴带轮上的正时记号的作用：

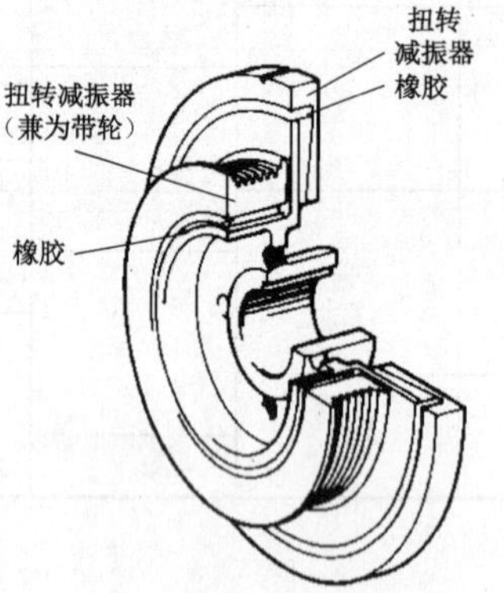

图 2-35　橡胶式曲轴扭转减振器

图 2-36　曲轴带轮上的正时记号

5. 飞轮

完成图 2-37 飞轮的元件名称：

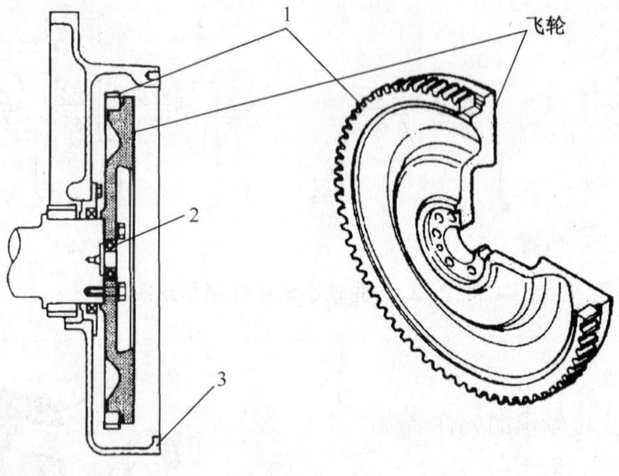

图 2-37　飞轮

1—________；2—________；3—________

写出平衡轴在发动机上如何安装：

2.3 零部件检修

1. 汽缸测量

按图实训，写出图 2-39、图 2-40 汽缸内径的测量结果，并写出测量的目的：

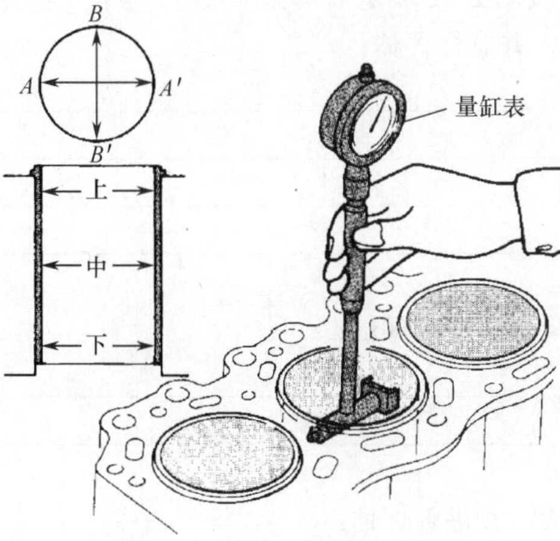

图 2–39　汽缸内径的测量

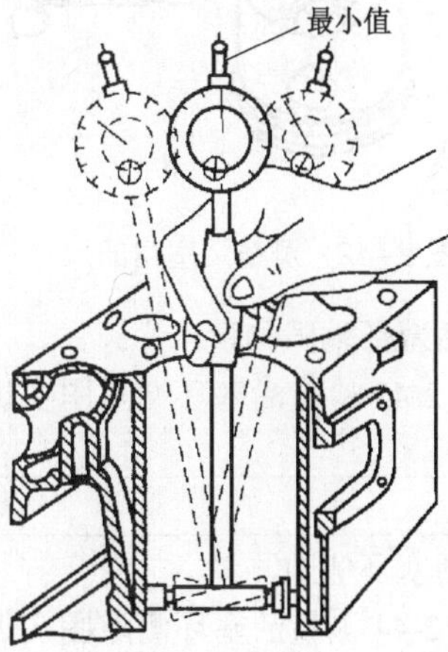

图 2–40　量缸表测杆与汽缸轴线要保持垂直

2. 汽缸体、缸盖测量

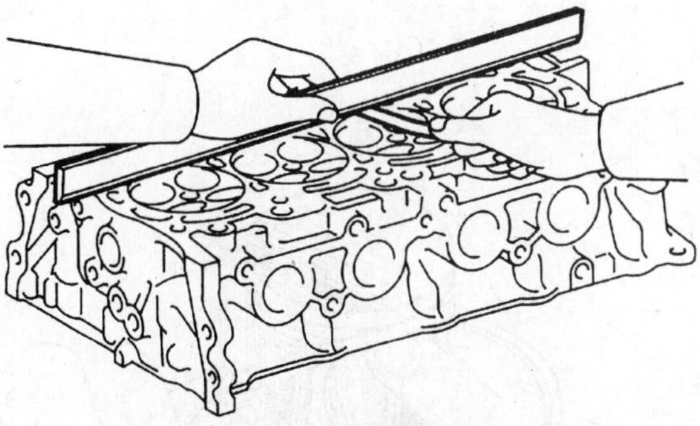

（a）汽缸体平面

（b）汽缸盖平面

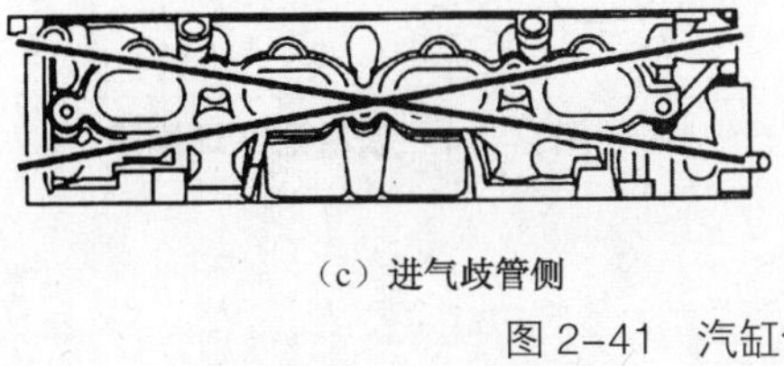

（c）进气歧管侧

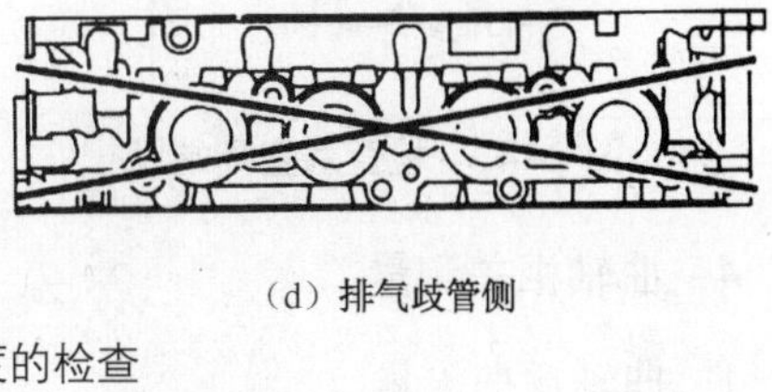

（d）排气歧管侧

图 2–41　汽缸体的平面度的检查

按图 2-41 实训，完成表 2-3 的内容。

表 2-3　汽缸体上面与汽缸盖下平面的平面度

测量范围	汽缸长度	铸铁		铝合金	
		汽缸体上平面	汽缸盖下平面	汽缸体上平面	汽缸盖下平面
任意 50×50					
整个平面	≤600				
	＞600				

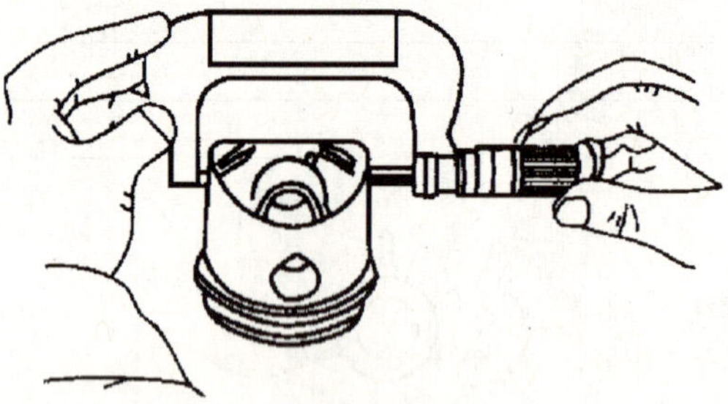

图 2-42　测量活塞裙部尺寸

3. 活塞相关测量

1）活塞直径测量

按图 2-42 测量活塞裙部尺寸实训，写出测量结果，并进行评估：

____

____

____

____

2）活塞环端隙测量

按图 2-43 检查活塞环端隙图实训，写出测量结果，并进行评估：

____

____

3）活塞环侧隙测量

按图 2-44 测量活塞环侧隙图实训，写出测量结果，并进行评估：

____

____

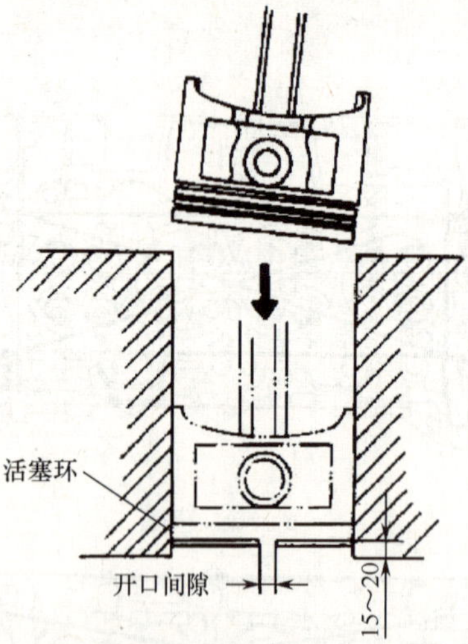

图 2-43　检查活塞环端隙

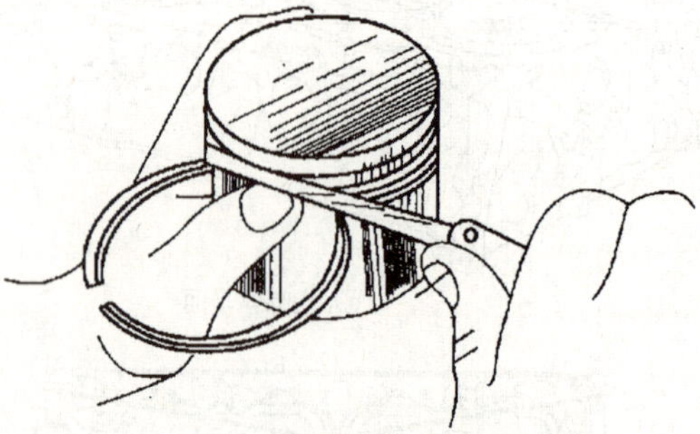

图 2-44　测量活塞环侧隙

4. 曲轴相关测量

1）曲轴弯曲测量

按图 2-45 曲轴弯曲检验实训，写出测量结果，并进行评估：

2）曲轴主轴颈测量

按图 2-46 轴颈的检查实训，写出测量结果，并进行评估：

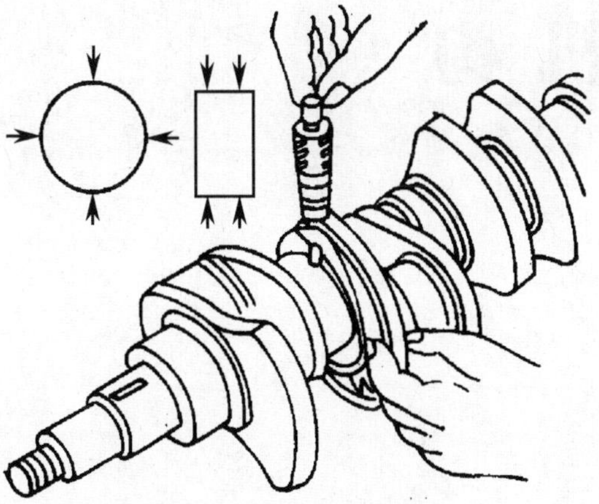

图 2-45　曲轴弯曲度检验

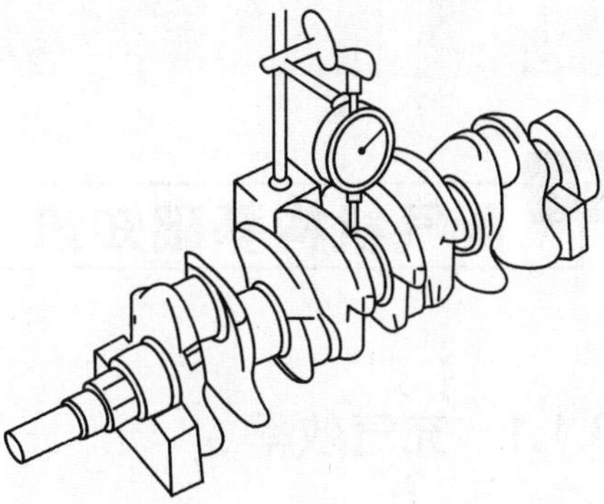

图 2-46　轴颈的检查

3）曲轴间隙测量

按图 2-47 用专用塑料线规测量主轴承间隙和图 2-48 曲轴的轴向间隙测量实训，写出测量结果，并进行评估：

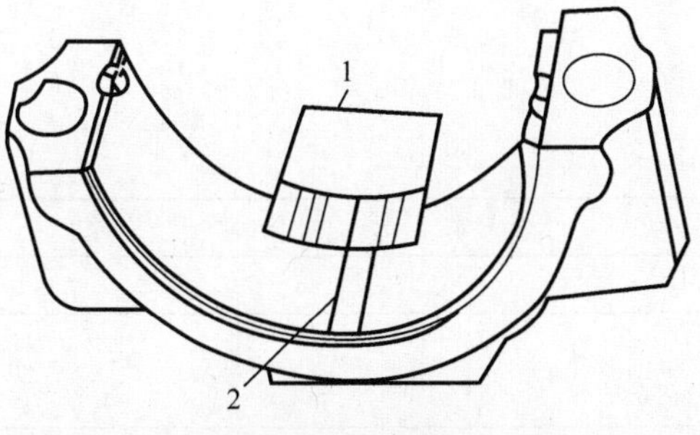

图 2-47　用专用塑料线规测量主轴承间隙

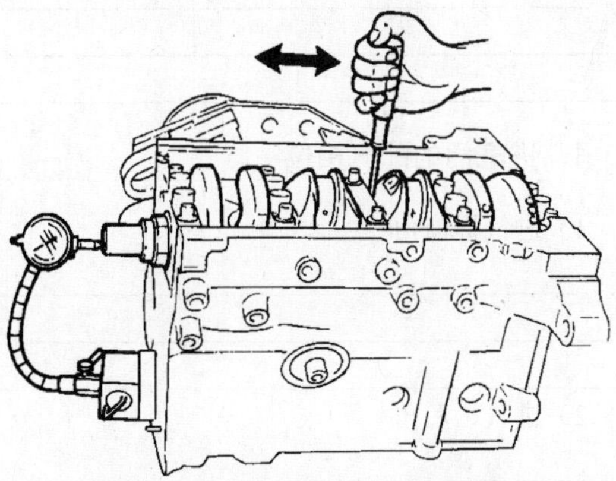

图 2-48　曲轴的轴向间隙测量

1—＿＿＿＿＿＿；2—＿＿＿＿＿＿

·第3章·

配气机构

3.1 配气机构基础知识

3.1.1 充气效率

什么是充气效率：

3.1.2 配气相位

什么是配气相位图：

1. 进气门的配气相位

1）进气提前角

2）进气迟后角

2．排气门的配气相位

什么叫自由排气阶段：

什么叫强制排气阶段：

1）排气提前角

2）排气迟后角

3．气门叠开

什么叫气门叠开，对发动机动力性的影响是什么？

4．配气相位影响

写出配气相位对发动机的影响：

3.2 配气机构的作用和组成

3.2.1 配气机构的作用

3.2.2 配气机构的形式

1. 凸轮轴下置式

____

____

____

写出图 3-2 凸轮轴下置式的元件名称：

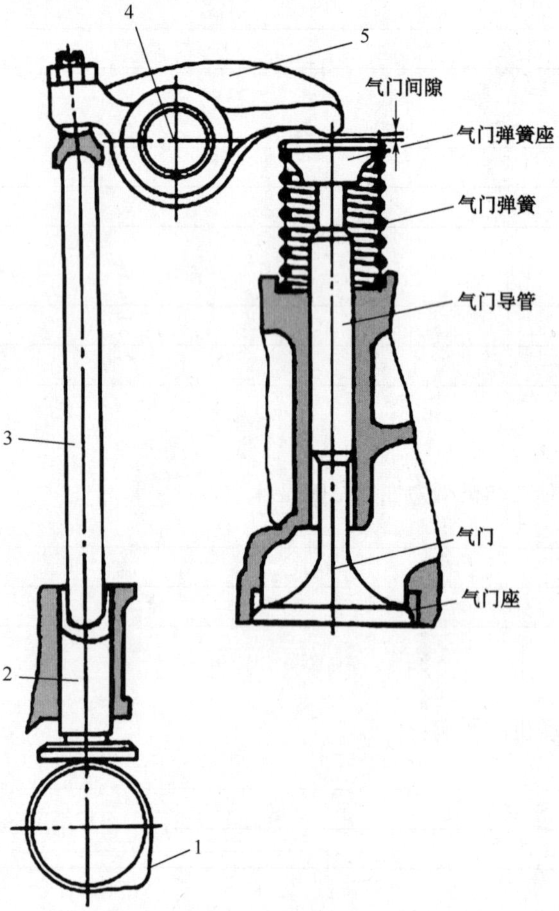

图 3–2 凸轮轴下置式

1—____________；2—____________；3—____________；
4—____________；5—____________

2. 凸轮轴中置式

____

____

____

3．凸轮轴顶置式

写出图 3-3 凸轮轴顶置式的元件名称：

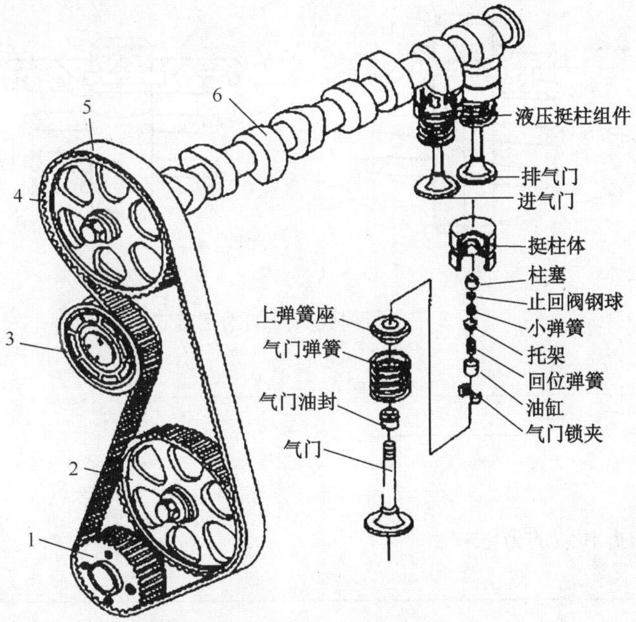

图 3-3 凸轮轴顶置式

1—＿＿＿＿＿＿；2—＿＿＿＿＿＿；3—＿＿＿＿＿＿；
4—＿＿＿＿＿＿；5—＿＿＿＿＿＿；6—＿＿＿＿＿＿

＿＿＿＿＿＿＿＿＿＿＿＿＿＿＿＿＿＿＿＿＿＿＿＿＿＿＿＿

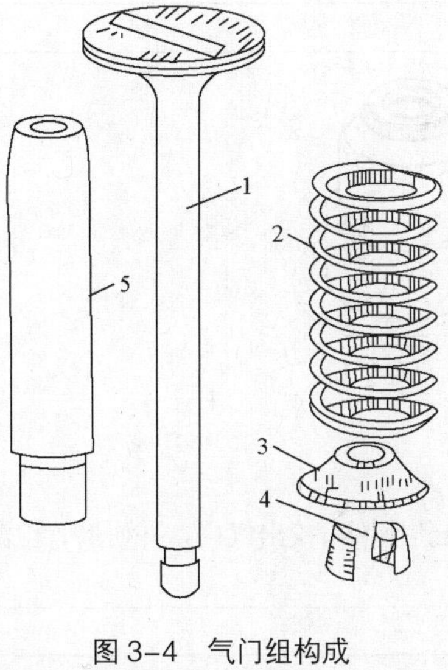

图 3-4 气门组构成

1—＿＿＿＿＿＿；2—＿＿＿＿＿＿；
3—＿＿＿＿＿＿；4—＿＿＿＿＿＿；
5—＿＿＿＿＿＿

3.2.3 气门组元件

写出图 3-4 气门组构成图的元件名称：

1．气门

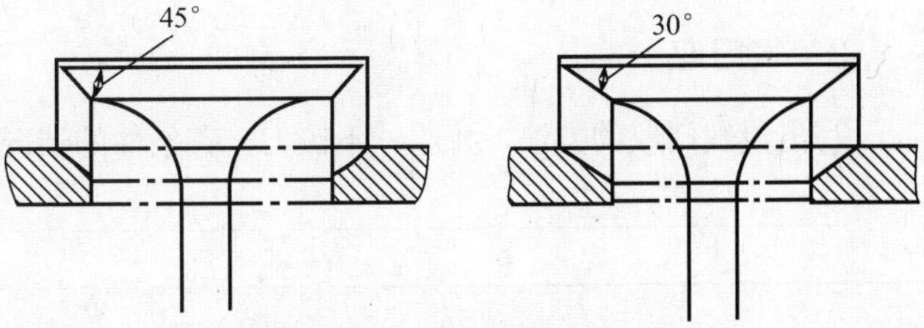

图 3-6 气门锥角

写出图 3-6 所示气门和座圈的研磨过程：

＿＿＿＿＿＿＿＿＿＿＿＿＿＿＿＿＿＿＿＿＿＿＿＿＿＿＿＿

写出图 3-7 的元件名称：

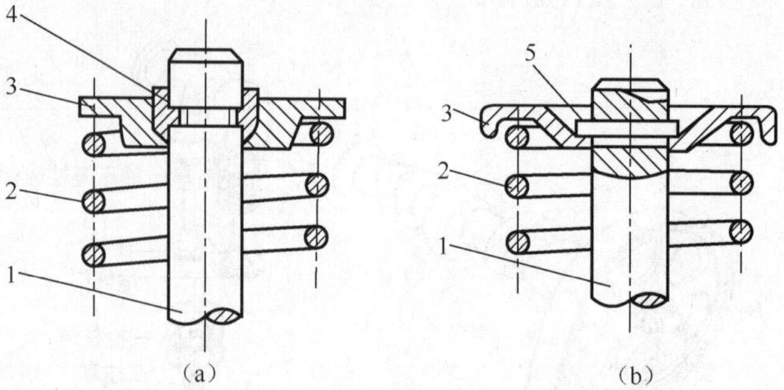

图 3–7　气门弹簧座的固定方式

1—____________；2—____________；3—____________；
4—____________；5—____________

2．气门导管

写出气门导管的拆和装的方法：

____

____

____

写出图 3-8 所示气门油封漏油现象是什么：

____

____

____

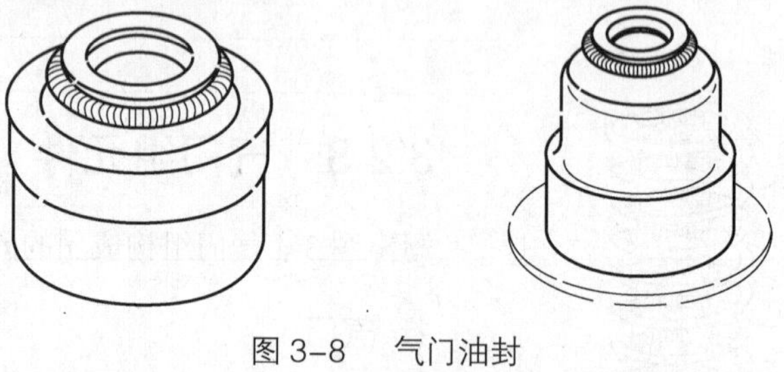

图 3–8　　气门油封

3．气门座

写出铰气门座的方法，并选一下铰刀，有条件的情况下，镶新座圈，铰出气门，并研磨、检漏：

____

____

____

4．气门弹簧

气门弹簧可能发生的故障是什么：

____

3.2.4 气门积炭故障

1. 故障现象

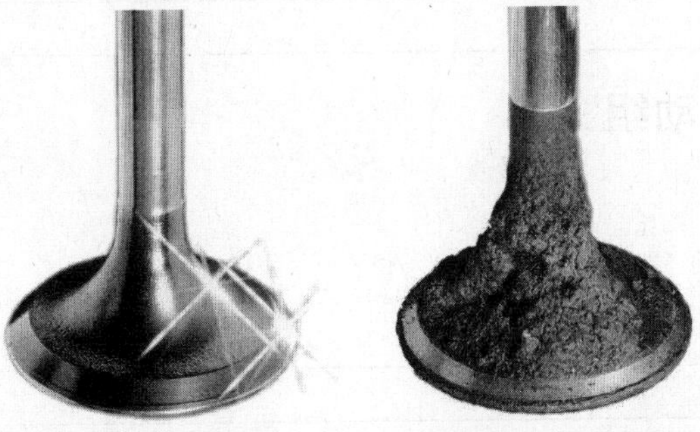

图 3-10 气门积炭故障

2. 积炭的分类及清理

1）发动机进气门和燃烧室积炭

（1）写出汽油质量差导致的积炭形成过程：

（2）写出发动机烧机油导致的积炭形成过程：

（3）写出曲轴箱通风导致的积炭形成过程：

（4）写出空气滤清器导致的积炭形成过程：

2）进气管积炭

写出进气管积炭形成过程：

3. 减少、预防、清除积炭的方法

①

②

③

④

⑤ 什么是免拆清洗，如何操作：

3.2.5 气门传动组

1. 凸轮轴

凸轮轴故障有哪些：

技术对比

正时链和正时带的各自特点。

2. 挺柱

写出图 3-12 所示液压挺柱结构的工作原理：

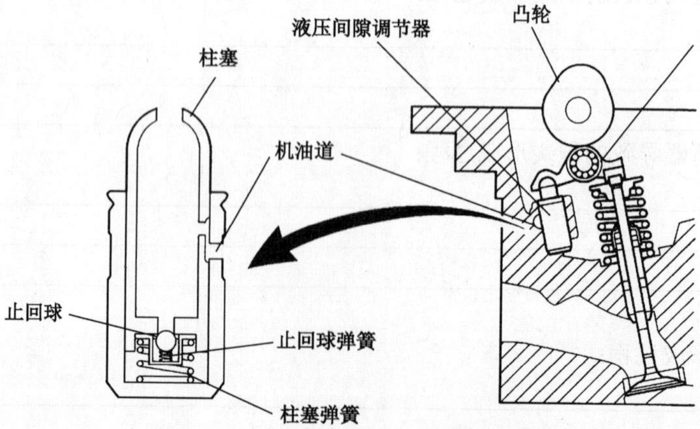

图 3–12 液压挺柱结构

写出图 3-13 液压挺柱注油过程，分析为什么要这样做：

____

____

____

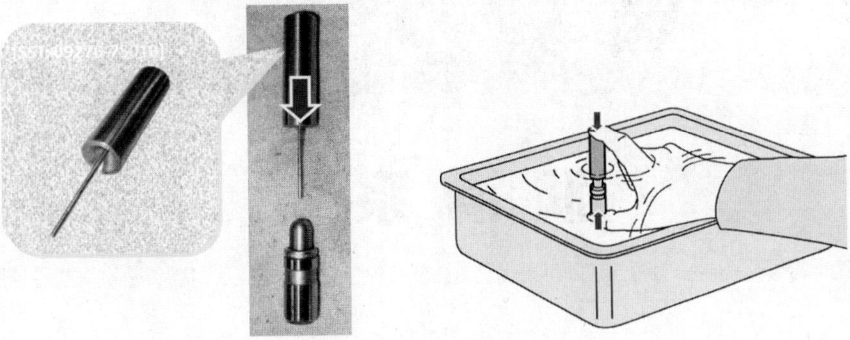

图 3-13　液压挺柱注油

·第4章·

润滑系统

4.1 润滑系统简介

1．润滑系统的作用

2．润滑系统的分类

1）从润滑方式的角度

（1）压力润滑

（2）飞溅润滑

（3）润滑脂润滑

2）从降低运行阻力的角度

图 4-1 所示干式油底壳特点是什么：

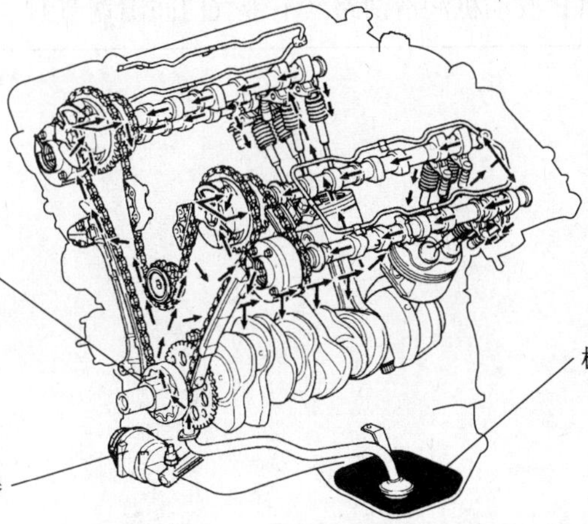

图 4-1 干式油底壳特点

3. 润滑系统的组成

润滑系统的组成如图 4-1 所示。

1）油底壳的作用

2）机油泵的作用

3）机油滤清器的作用

4）限压阀及旁通阀的作用

5）机油散热器的作用

6）机油压力监测的作用

____

____

4. 润滑系统油路

画出图 4-2 丰田 1NZ-FE 发动机润滑油路（不带气门间隙调节）。

画出图 4-3 丰田 CROWN 发动机润滑油路（带气门间隙调节）

4.2 选择和更换机油

目前世界上通用的机油分类分级标准包括美国石油学会（____，API）标准和美国汽车工程师协会的（______________________________，SAE）标准。

1．字母含义

API 将机油分为 S（________________机油）和 C（________________机油）两大类，如果机油桶上同时标有 S 和 C，则代表____。

以 S 系列为例，把机油品质级别从低到高分为 A～M 等不同级别，如 SA、SB、SC、SD、SE、SF、SG、SH、S______、S______、S______等，字母越靠后，机油的等级越高，当然价格也越贵。目前，SF 级以下的机油在我国已基本淘汰。SF 级机油适用于______年代开发的发动机，SG 级及以上机油则是专为______发动机预备的。随着发动机技术的不断进步，特别是汽油直喷和涡轮增压的应用，对润滑油要求也不断提高，API 最新最高的级别______、________级机油在汽油直喷 FSI 和增压直喷发动机 TSI 得到普遍应用。

2．前低后高原则

SAE 规定了机油黏度级别，表示在什么大气温度下使用什么级别的机油。这 11 个级别中有 6 个是冬季机油，用英文字母 W 表示。共有______W、______W、______W、______W、______W、______W。W 前边的数字表示该级机油适用的最低温度，数字越小，其低温黏度越小，低温流动性越好，适用的最低气温越低。例如，SAE0W 适应的最低温度是______℃，SAE5W 适应的最低温度是______℃，以此类推。夏季机油并不用字母表示，而是直接标注数字，共有______、______、______、______、______ 五个级别。这些数字表示机油适用的最高温度，例如，SAE50 机油表示其适应的最高温度是 50℃。

（1）如 SAE15W-40、SAE5W-40，“______”表示 Winter（冬季）

（2）SAE40，SAE50 这样只有一组数值的是______级机油，不能在__________使用。

（3）SAE15W-40、SAE5W-40 这样两组数值都有的就代表这种机油是先进的“__________机油”适合从低温到高温的广泛区域，黏度值会随温度的变化给予发动机全面的保护。

3．更换机油口诀

____

____

____

4.3 零件结构与检修

1．机油泵

写出机油泵的分类：

____

____

____

1）齿轮式机油泵

写出齿轮式机油泵的工作原理：______

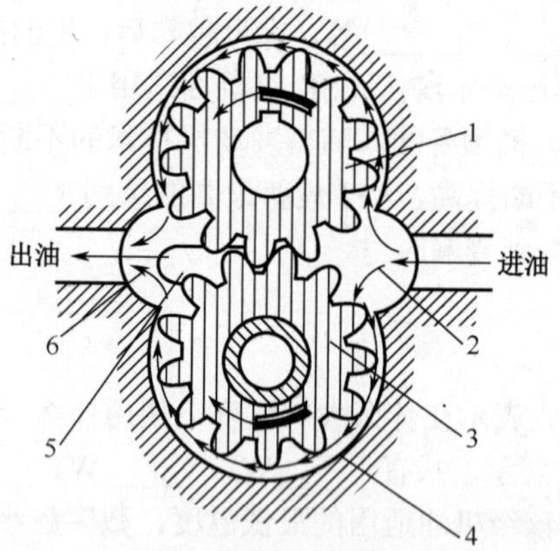

图 4-4　齿轮式机油泵的工作原理

1—______；2—______；3—______；

4—______；5—______；6—______

2）摆线转子式机油泵

写出摆线转子式机油泵工作原理：______

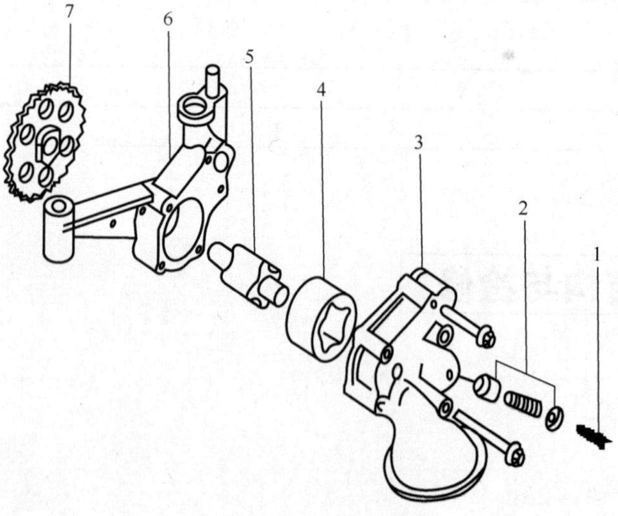

图 4-5　转子式机油泵

1—______；2—______；3—______；4—______；

5—______；6—______；7—______

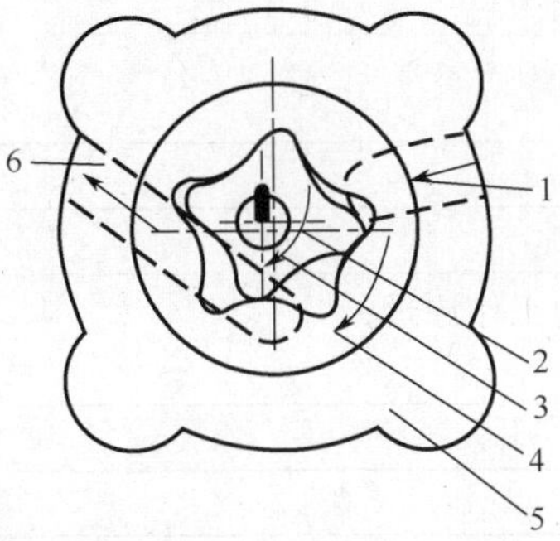

图 4-6　摆线转子式机油泵的工作原理

1—＿＿＿＿＿；2—＿＿＿＿＿；3—＿＿＿＿＿；
4—＿＿＿＿＿；5—＿＿＿＿＿；6—＿＿＿＿＿

外啮合齿轮泵如何变量：

叶片泵如何变量：

2. 机油滤清器

按工作原理可分：

按滤芯材料可分：

按其安装位置可分：

从发动机定期保养更换油滤清器的角度可分：

什么是全流式滤清器：

什么是分流式滤清器：

写出图 4-7 所示机油滤清器的工作原理：

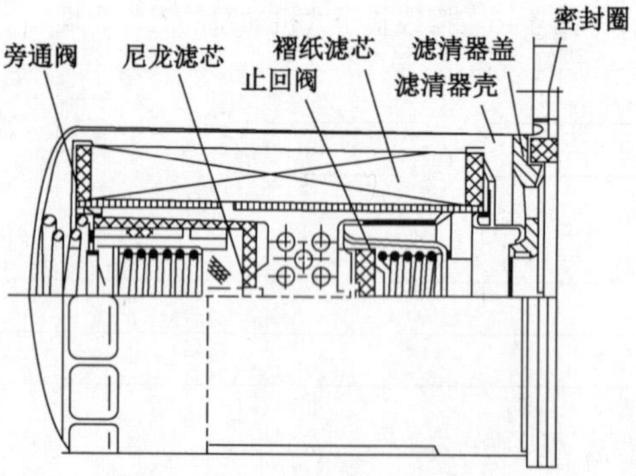

图 4–7 机油滤清器结构图

典型作业

如何更换机油滤清器。

写出图 4-8 带可更换滤芯的机油滤清器的操作步骤：

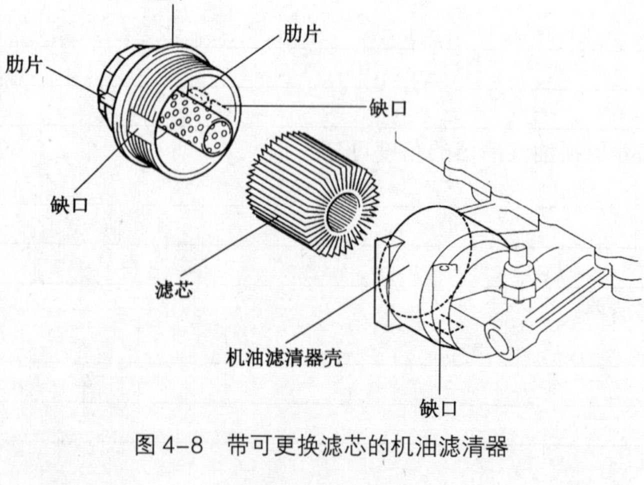

图 4–8 带可更换滤芯的机油滤清器

3．集滤器

集滤器目前分为__________集滤器和__________集滤器两种。

典型故障

集滤器常见的损坏形式有哪些？

4．机油散热器

典型故障

机油散热器故障体现在哪里？

5．机油压力开关

（1）发动机停车后一段时间后，机油压力过低开关是断开，还是闭合？

（2）发动机停车后一段时间后，机油压力过高开关是断开，还是闭合？

（3）机油滤清器堵塞监测开关的安装位置在哪里？

·第5章·

冷却系统

5.1 冷却系统简介

1．冷却系统概述

1）冷却系统的作用

2）适宜工作温度

3）冷却不足

4）冷却过度

2．冷却系统的分类

1）按冷却介质分类

发动机冷却系按冷却介质的不同，可分为水冷系统和风冷系统。

（1）什么是水冷系统

（2）什么是风冷系统

写出风冷发动机的两个特征：

2）按冷却系统是否能补水分类

（1）补水式的特点

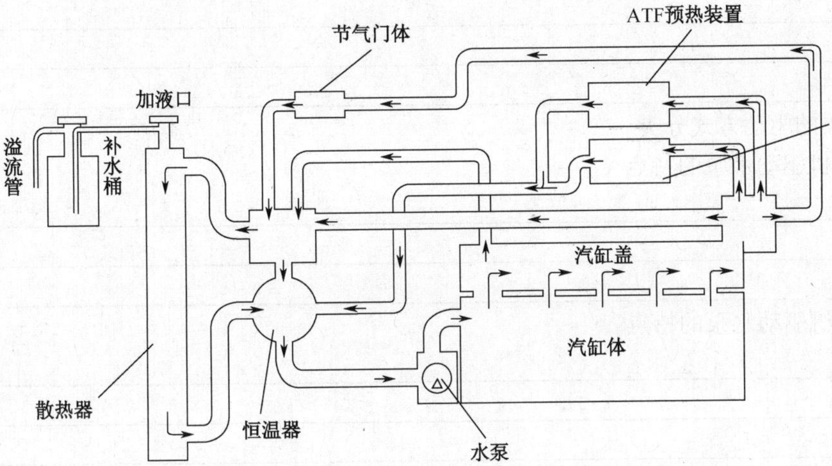

图 5-4　典型补水式冷却系统水路

（2）不能补水式的特点

3）按冷却液流向分类

（1）什么叫纵向流动

（2）什么叫横向流动

4）按冷却风扇转速控制方式分类

（1）有级调节特点

（2）无级调节特点

5）按冷却风扇和水流方向协同控制分类

（1）不带智能热管理的特点

（2）带智能热管理的特点

6）按水泵的驱动方式分类

（1）发动机驱动水泵的特点

（2）电动机驱动水泵的特点

技术指导

混合动力汽车以后，汽车上出现了哪两套系统。

对于纯电动汽车则只有哪套冷却系统。

3. 水冷循环

1）小循环的作用

2）大循环的作用

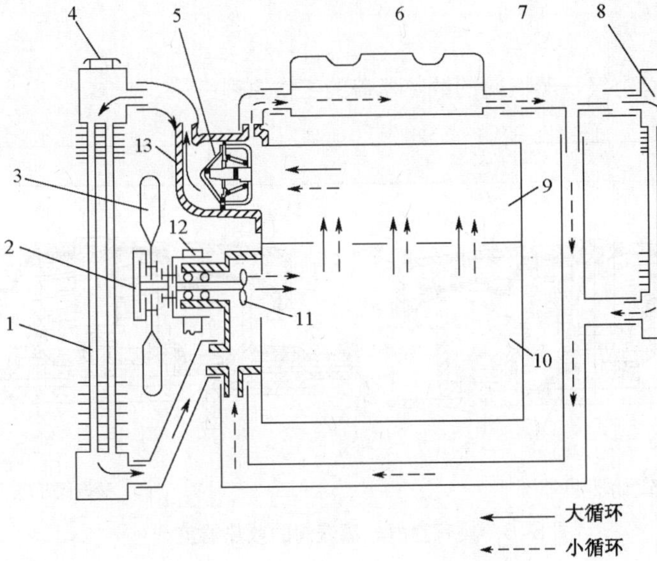

图 5–5　冷却系统组成示意图

1—________；2—________；3—________；4—________；5—________；
6—________；7—________；8—________；9—________；10—________；
11—________；12—________；13—________

写出图 5-5 所示冷却系统的小循环路径：

____

____

写出图 5-5 所示冷却系统的大循环路径：

____

____

5.2 主要部件

1. 散热器

写出散热器的特点：

____

____

修理指导

如何清洗散热器。

____

____

____

2. 散热器盖

写出图 5-6 所示具有空气—蒸汽阀的散热器盖的工作原理：

____

____

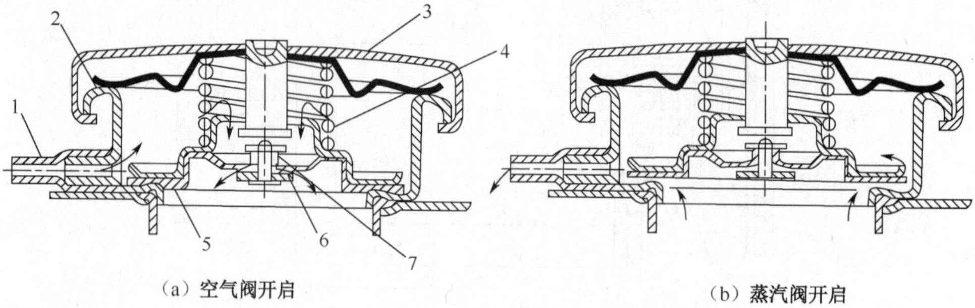

图 5-6　具有空气—蒸汽阀的散热器盖

1—________；2—________；3—________；4—________；
5—________；6—________；7—________

3. 节温器

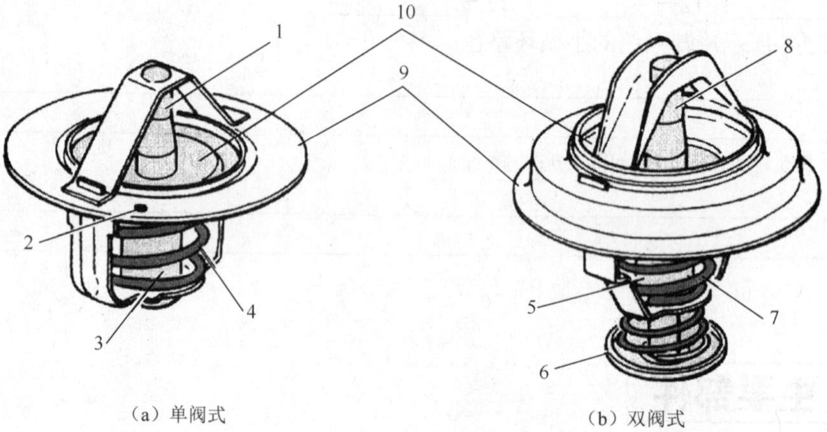

图 5-7　单阀式和双阀式节温器

1—________；2—________；3—________；4—________；5—________；
6—________；7—________；8—________；9—________；10—________

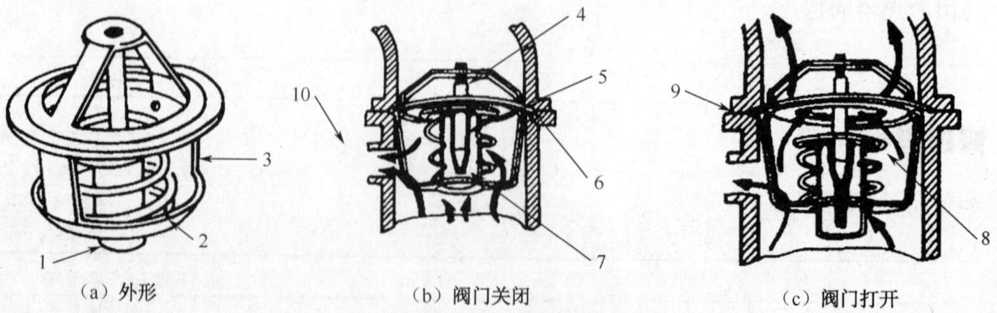

图 5-8　蜡式单阀门节温器

1—__________；2—__________；3—__________；4—__________；5—__________；
6—__________；7—__________；8—__________；9—__________；10—__________

4．硅油风扇离合器

写出图 5-9 所示硅油风扇离合器的工作原理：

____

____

____

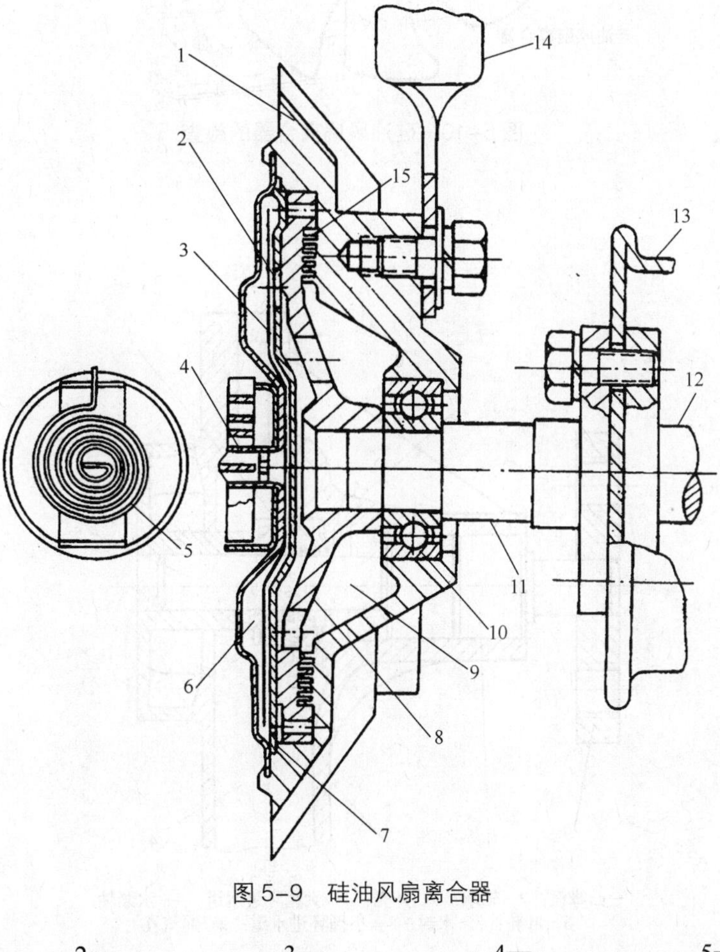

图 5–9 硅油风扇离合器

1—__________；2—__________；3—__________；4—__________；5—__________；
6—__________；7—__________；8—__________；9—__________；10—__________；
11—__________；12—__________；13—__________；14—__________；15—__________

修理指导

参考图 5-10，写出硅油风扇离合器如何检查。

____

____

____

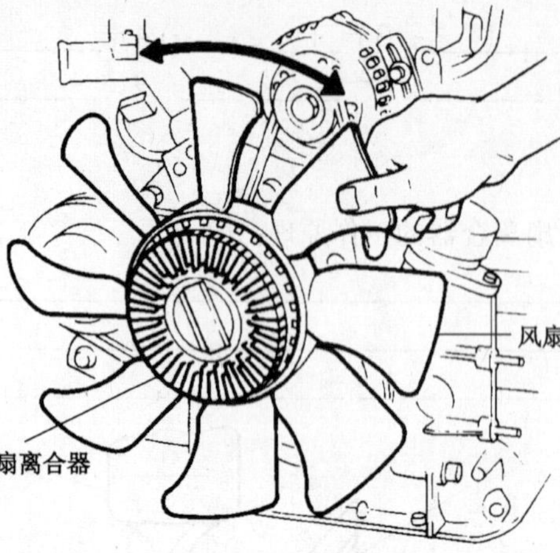

图 5-10　硅油风扇离合器的检查

5. 水泵

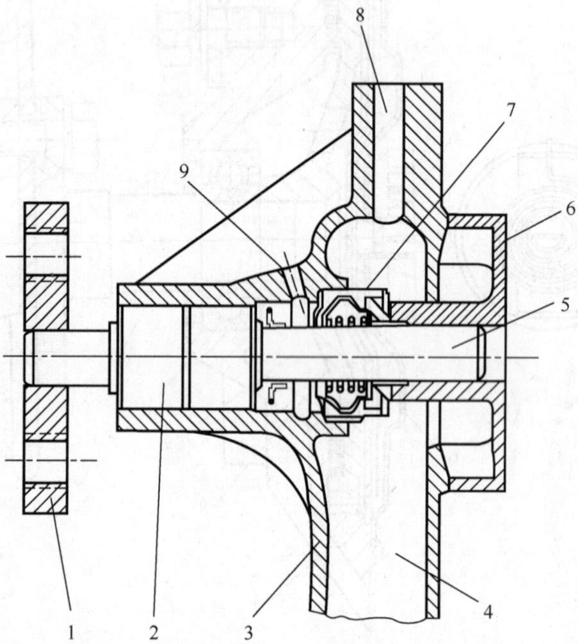

1—凸缘盘；2—轴承；3—外壳；4—大循环进水道；5—水泵轴；
6—叶轮；7—水封；8—小循环进水道；9—通气孔

图 5-11　水泵构造

典型故障

如何检查水泵漏水。

6．风扇温控开关

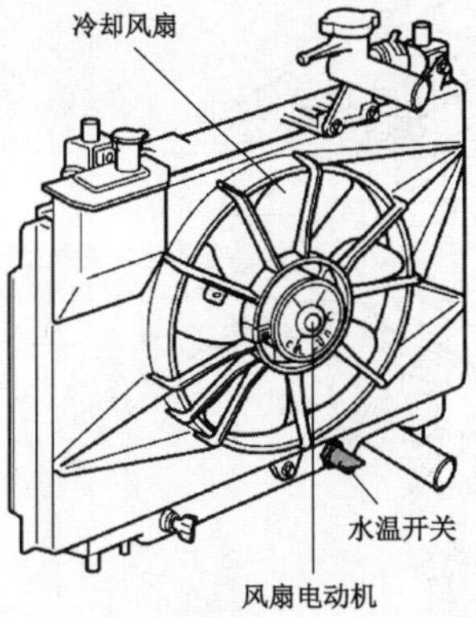

图 5–12 风扇温控开关（水温开关）

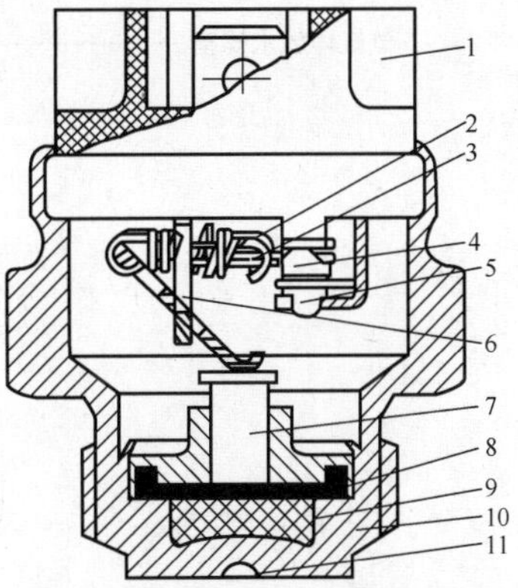

图 5–13 双温蜡质热敏温控开关

1—__________；2—__________；3—__________；4—__________；

5—__________；6—__________；7—__________；8—__________；

9—__________；10—__________；11—__________

写出图 5-13 双温蜡质热敏温控开关的工作原理：

____

____

____

安全指导

写出在电子扇附近工作时的注意事项。

____

____

____

5.3 保养与维修

1．冷却系统保养

1）如何检查冷却液液面高度

____

____

2）如何更换冷却液

____

____

____

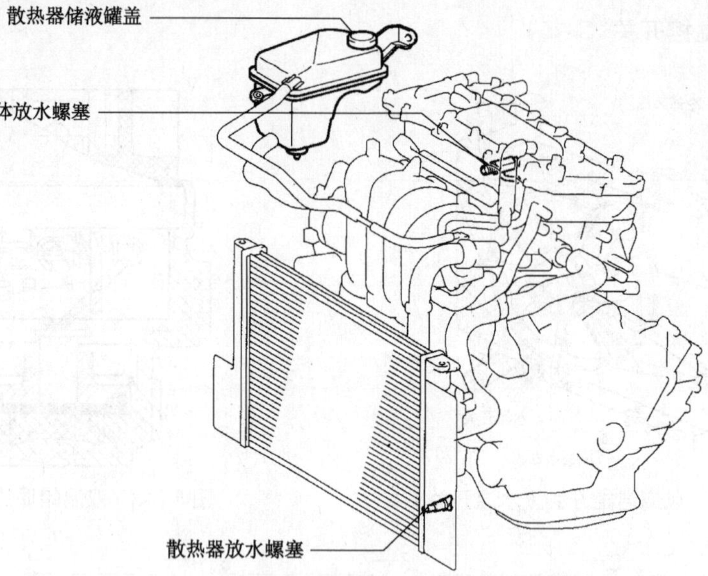

图 5-14　加注冷却液

3）如何检查、调整风扇皮带的松紧度

____

____

____

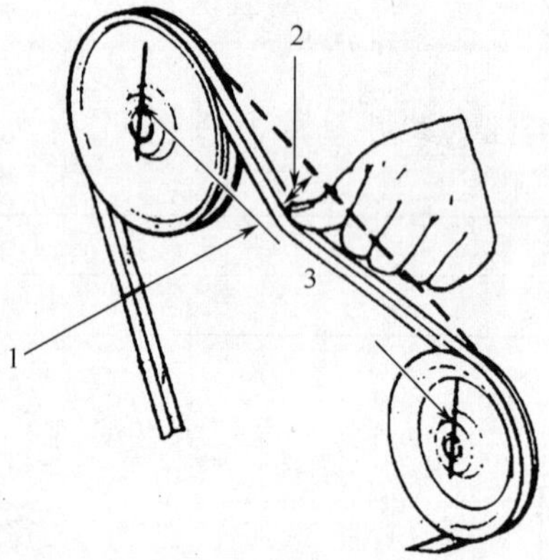

1—检查位置；2—偏移量；3—空调压缩机及动力转向泵皮带轮

图 5-15　检查皮带松紧度

4）如何检查水泵水封

____

____

____

2．冷却系统维修

冷却系统常见故障有______________、______________和______________等。

1）冷却液液面下降过快

（1）外部渗漏如何检查：

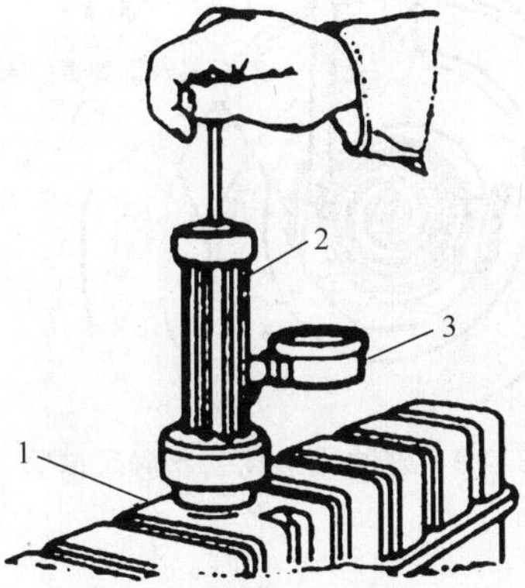

1—散热器；2—冷却系统压力试验仪；3—压力表

图 5–16　冷却系压力试验

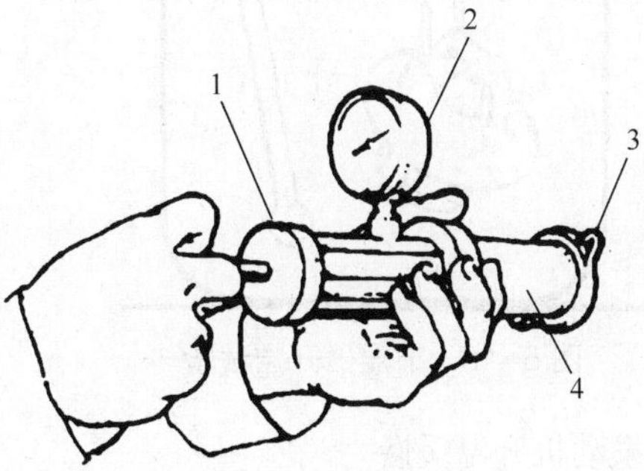

1—冷却系统压力试验仪；2—压力表；3—散热器盖；4—转接器

图 5–17　散热盖压力试验

（2）散热器盖及其密封垫损坏如何检查

2）发动机过热

车辆行驶中，水温表指针如长时间处在表盘上的红区，则表明发动机过热。发动机过热的可能原因有：

修理指导

如何用手摸一摸散热器出水管来判决节温器是否开启？并与图 5-18 节温器开启试验进行对比，指出优缺点。

什么是硅油风扇离合器静态试验？

什么是硅油风扇离合器动态试验？

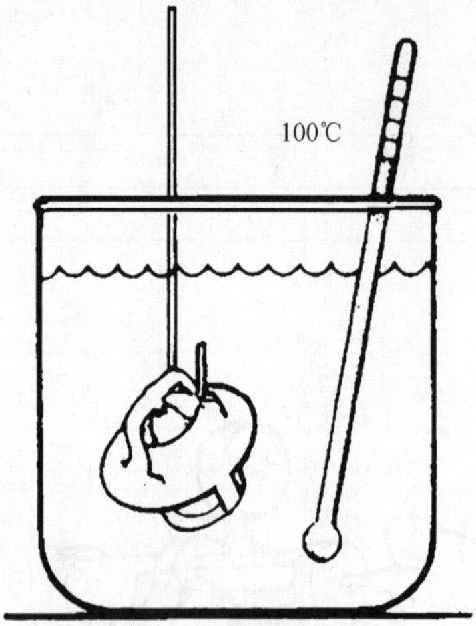

图 5-18　节温器开启试验

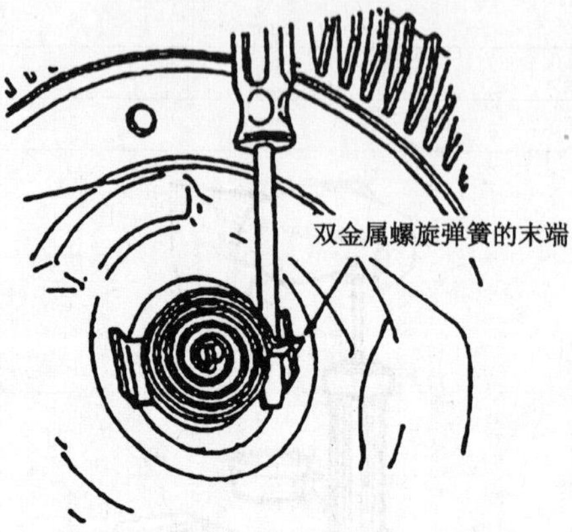

图 5-19　硅油风扇离合器静态试验

3）发动机升温缓慢

5.4 冷却液

1. 冷却液成分

1）防冻液分类

2）防冻液性能要求

2. 选用防冻液

表 5-1 防冻液母液调制浓度和冰点

浓度（%）	冰点（℃）	密度（20℃时）	浓度（%）	冰点（℃）	密度（20℃时）
28.4	−10	1.0340 g/cm^3	54	−40	1.0713 g/cm^3
32.8	−15	1.0426 g/cm^3	57	−45	1.0746 g/cm^3
38.5	−20	1.0506 g/cm^3	59	−50	1.0786 g/cm^3
45.3	−25	1.0586 g/cm^3	80	−45	1.0958 g/cm^3
47.8	−30	1.0627 g/cm^3	85	−30	1.1001 g/cm^3
50	−35	1.0671 g/cm^3	100	−13	1.1130 g/cm^3

根据表 5-1 防冻液母液调制浓度和冰点，分析是否是发动机加防冻液母液最防冻？另外，如何配制。

冰点为−35℃的防冻液？

3．使用冰点仪

请用图 5-20 手持式电解液比重检测仪检查发动机冷却液的冰点：

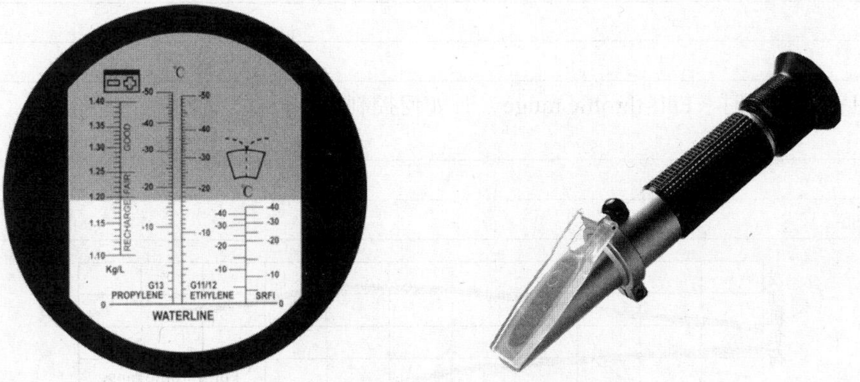

图 5-20 手持式电解液比重检测仪

4．防冻液选择原则

5．如何正确使用防冻液

使用防冻液时应注意以下几个问题：

6．更换冷却液

如何更换冷却液：

7．水温报警故障排除

发动机过热一般有如下原因：

5.5 电控冷却系统（拓展）

发动机在部分负荷（Part-throttle range）时如何控制：

发动机在全负荷时（Full-throttle range）时如何控制：

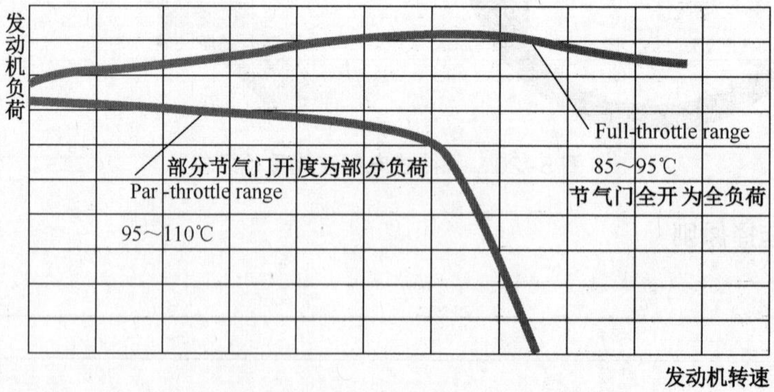

图 5-22　发动机冷却液温度在部分负荷和全负荷的温度控制

1．冷却液温度调节必要性

冷却液温度调节的必要性：

写出图 5-23 所示温度调节单元 F265 的控制：

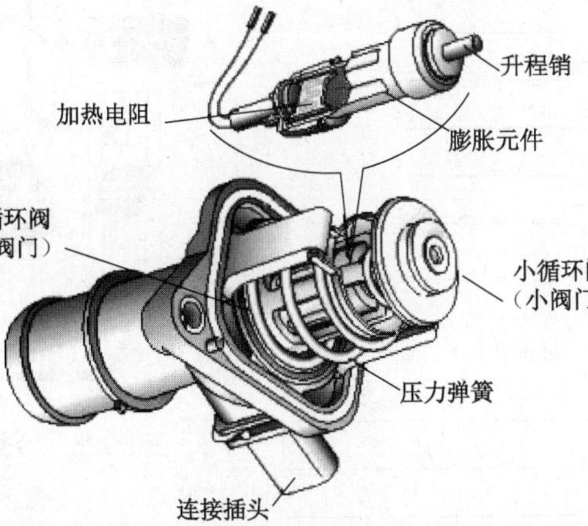

图 5–23 冷却液温度调节单元 F265

2. 风扇转速调节的必要性

风扇转速调节的必要性：

3. 控制系统原理图

图 5-24 所示为冷却液温度电子控制原理。

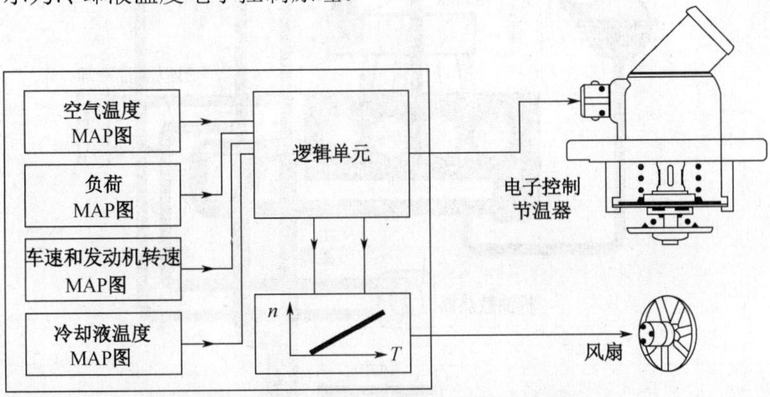

图 5–24 冷却液温度电子控制原理图

写出图 5-24 所示冷却液温度电子控制原理：

____

____

4．控制系统组成

写出图 5-25 冷却液温度电子控制系统组成：

1—__________；2—__________；

3—__________；4—__________；

5—__________；6—__________；

7—__________；8—__________；

9—__________；10—__________；

11—__________；12—__________；

13—__________

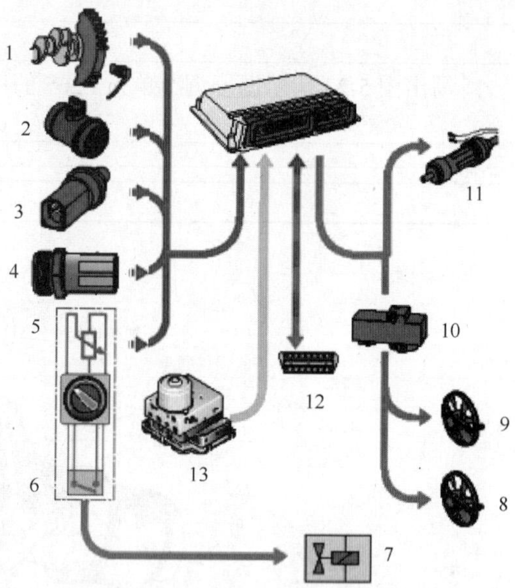

图 5-25　冷却液温度电子控制系统组成

5．冷却液分配单元

____

____

____

____

____

6．冷却系统流向控制

如图 5-27 和图 5-28 所示为冷却系统布局和发动机冷启动、小负荷工况工作原理图和状态图。

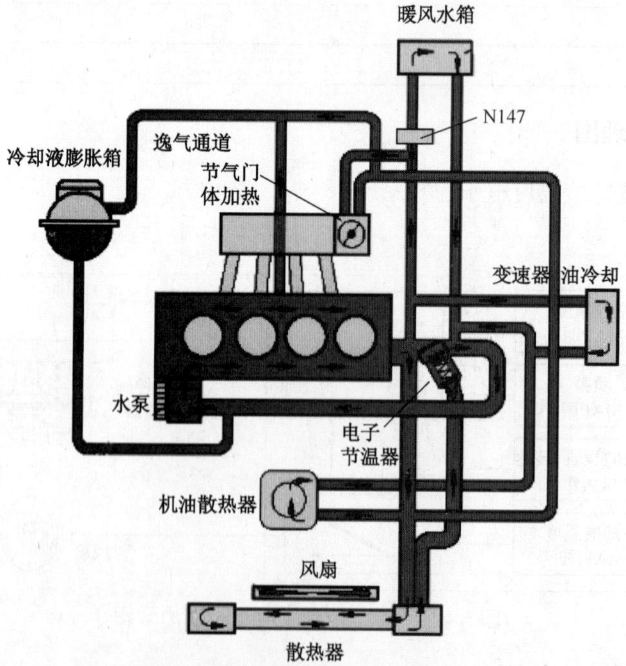

图 5-27　冷却系统布局和发动机冷启动、小负荷工况工作原理图

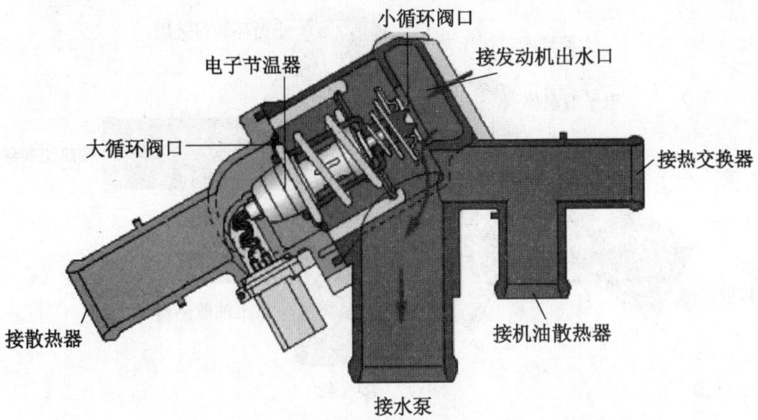

图 5-28 发动机冷启动、小负荷工况节温器状态图

1）发动机冷启动、小负荷时

2）发动机全负荷时

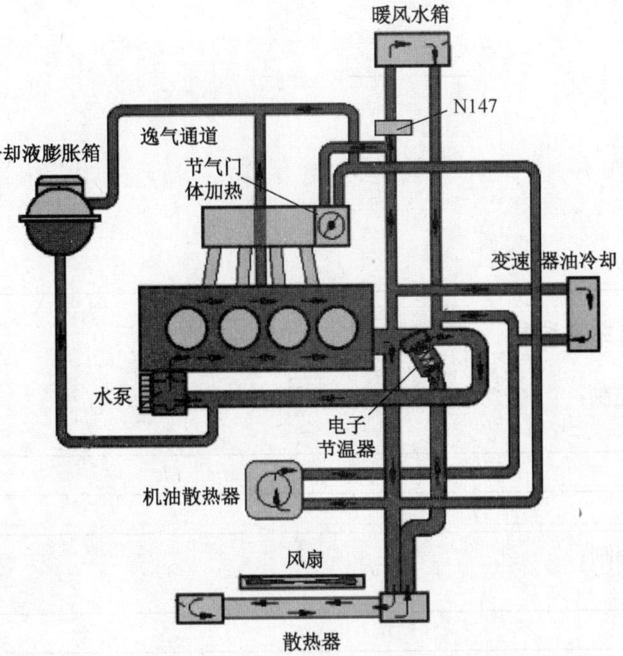

图 5-29 发动机全负荷工况状态图

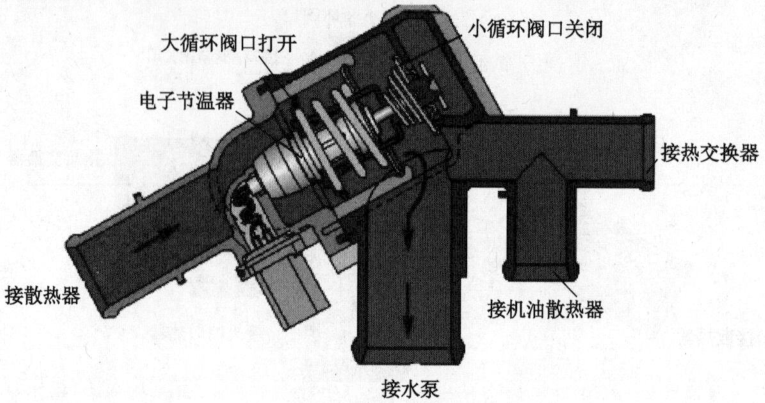

图 5–30　发动机全负荷工况电子节温器状态图

7. 电控冷却系统原理

画出图 5-31 宝来 APF 电子冷却系统电路图。

8. 全负荷和高车速控制

全负荷时如何控制：

高车速时如何控制：

9．冷却风扇失效控制

如果故障发生在第一个风扇的输出端：

如果故障发生在第二个风扇的输出端：

如果冷却液温度传感器 G62 损坏：

如果冷却液温度传感器 G83 损坏：

如果 G62 和 G83 传感器中的一个温度超出极限：

如果 G62 和 G83 两个传感器都损坏：

·第 6 章·

汽油机燃烧理论

6.1 汽油的使用性能

影响燃料性能的 4 个主要因素是什么：

1. 汽油的蒸发性

低挥发性的燃油可能导致下列情况发生：

在环境温度较高时，挥发性过强的燃油在油管和油泵内可以形成蒸气泡沫，这种蒸气泡沫可以导致气阻或导致发动机性能下降，可能引起的其他问题有：

如果在夏天使用冬季汽油，可能发生下列问题：

2. 含硫量

3．燃油添加剂

4．汽油的抗爆性

5．汽油的化学安定性和物理稳定性

6．汽油中腐蚀性物质的影响

7．汽油中机械杂质和水分的影响

6.2 正常燃烧条件

6.2.1 正常燃烧对空燃比的要求

1．空燃比和过量空气系数 λ

什么叫“空燃比”？通常用什么表示？填写表 6-1。

表 6-1　不同燃料的理论空燃比和热量

燃　料	热量（Btu/gal）	理论空燃比
汽油	大约 130000	
乙醇	大约 76000	
甲醇	大约 60000	

什么是过过量空气系数 λ

若 $\lambda>1$ 表示

若 $\lambda<1$ 表示

2．不考虑排放达标的情况下空燃比对发动机动力性和经济性的影响

3．在考虑排放达标的情况下对空燃比的要求

4．发动机工况

1）发动机工况分类

（1）不稳定工况

（2）稳定工况

2）化油器稳定工况的混合气要求

3）电喷发动机不同工况混合气

4）过渡工况要求的混合气（4 个不稳定工况）

（1）冷车启动时

（2）冷车暖机

（3）发动机加速时

（4）减速倒拖时

6.2.2 汽油发动机正常燃烧对点火正时和能量的要求

1. 能产生足够的点火能量

1）能产生足以击穿火花塞电极间隙的电压

2）火花应具有足够的电流和放电时间

2. 点火时刻必须适应发动机工作情况

首先，点火系统应按发动机汽缸的工作顺序进行点火；其次，必须在最佳的时刻进行点火。

1）点火时刻

2）最佳点火时刻

3）影响最佳点火提前角的主要因素

影响最佳点火提前角的主要因素有：

（1）启动及怠速点火角

（2）发动机转速

（3）负荷

（4）汽油辛烷值

（5）空燃比

（6）大气压力

（7）冷却水温

（8）进气温度

（9）压缩比

（10）火花塞的数量

6.3 汽油机排放基本理论

1．不充分燃烧造成废气排放

2. 空气成分造成废气排放

3. 五种主要排放气体

1）二氧化碳（CO_2）正常燃烧排放值，以及排放升高和降低的故障分析

2）氧气（O_2）正常燃烧排放值，以及排放升高和降低的故障分析

3）一氧化碳（CO）正常燃烧排放值，以及排放升高和降低的故障分析

4）碳氢化物（HC）正常燃烧排放值，以及排放升高和降低的故障分析

5）氮氧化物正常燃烧排放值，以及排放升高和降低的故障分析

4. 空燃比与五种气体的排放关系

如何进行尾气分析：

·第 7 章·

发动机系统传感器

7.1 传感器的性能要求

1. 发动机传感器种类

写出图 7-1 所示皇冠发动机电控系统元件组成：

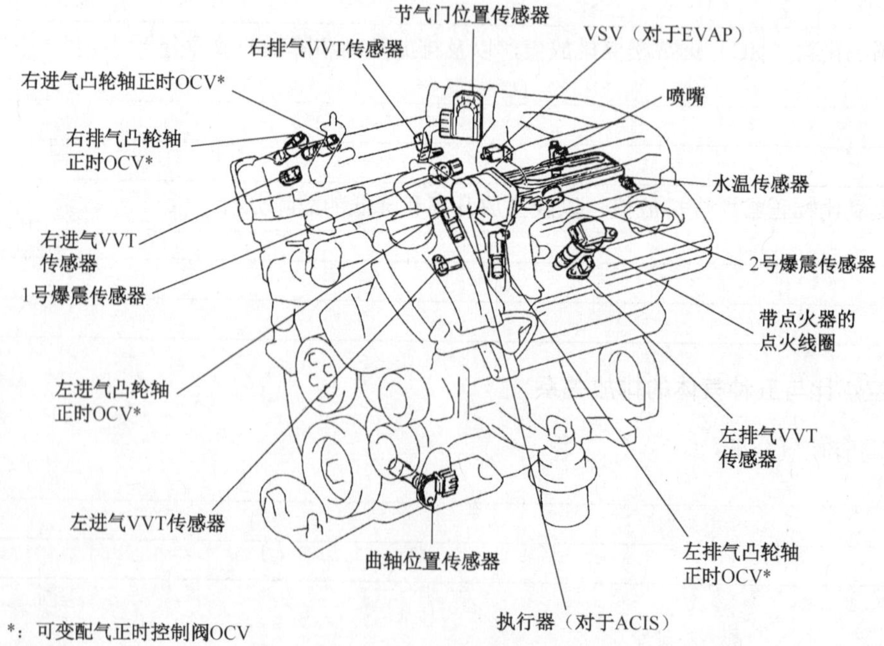

图 7–1 皇冠发动机电控系统元件组成（1）

写出图7-2所示皇冠发动机电控系统元件组成：

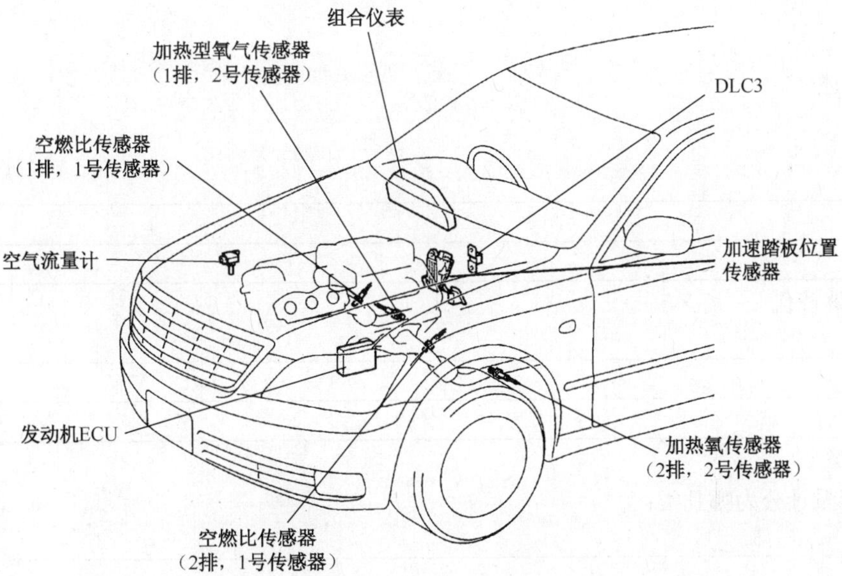

图7-2 皇冠发动机电控系统元件组成（2）

2. 传感器的性能要求

1）为什么线性特性不一定重要

2）为什么传感器的数量不受限制

3）描述传感器信号可以共用和加工

4）为什么可以进行间接测量

7.2 空气流量计

1. 概述

1）作用

2）失效替代

3）分类

空气流量计分为哪几类：

4）热线式空气流量计

写出图 7-4 所示热线式空气流量计原理：

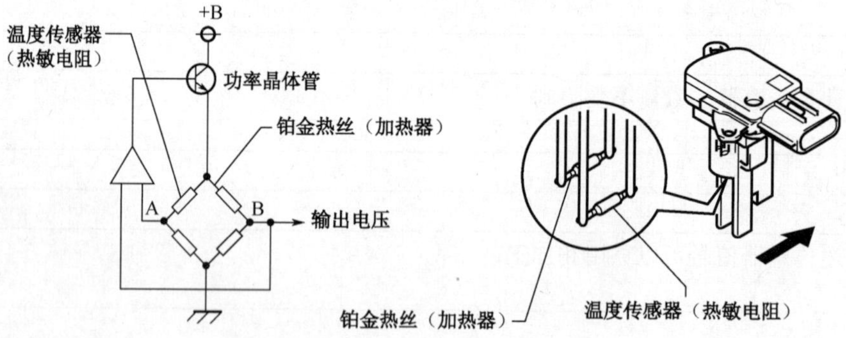

图 7–4 热线式空气流量计原理图

2. 电路图

写出图 7-5 所示热线式空气流量计原理：

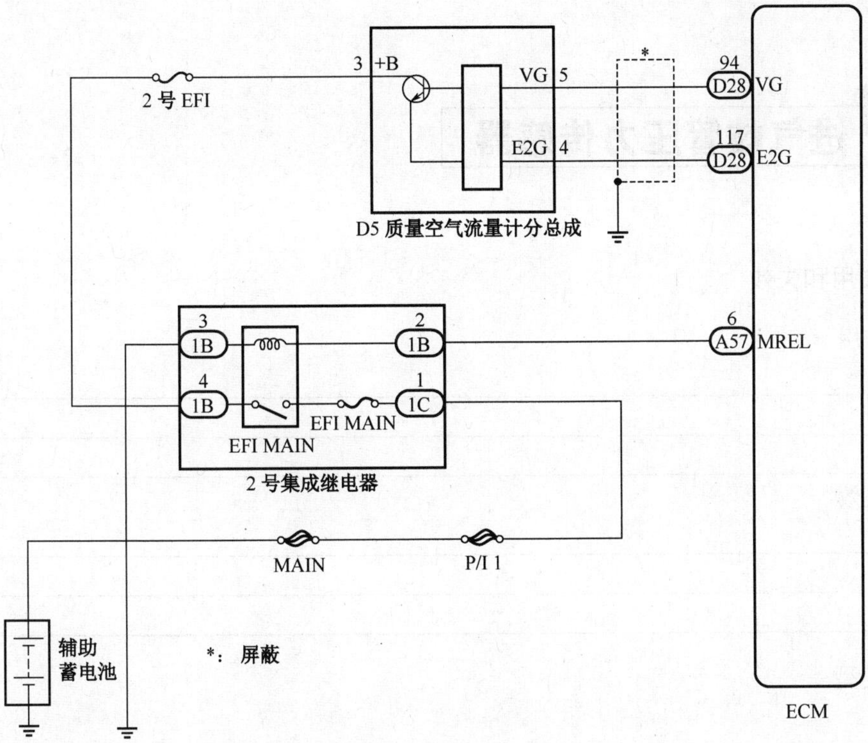

图 7-5　热线式空气流量计电路图

3. 故障分析

1）空气流量计信号过小

2）空气流量计信号过大

3）对换挡的影响

4）对空调的影响

7.3 进气歧管压力传感器

1．作用和失效

1）作用

2）失效

2．类型

3．半导体压敏电阻式压力传感器

1）压阻效应

2）结构

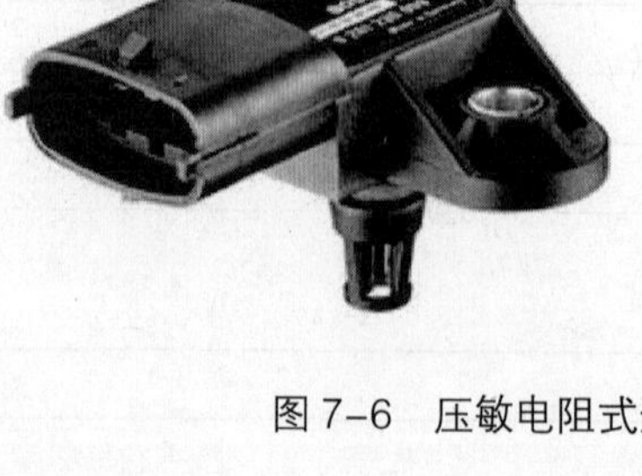

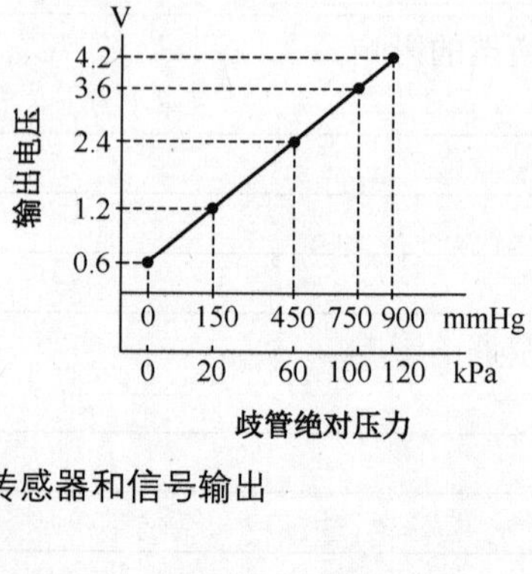

图 7–6　压敏电阻式进气压力传感器和信号输出

3）工作原理

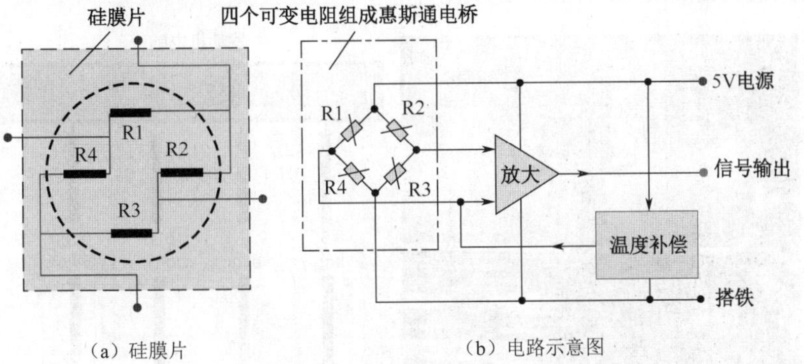

图 7–7　压敏电阻式进气压力传感器工作原理

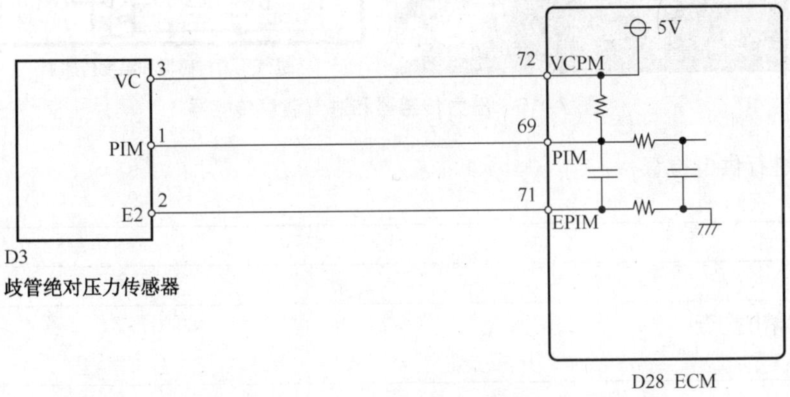

图 7–8　歧管绝对压力传感器电路图

4．有关压强的概念

1）什么叫绝对压强

2）什么叫相对压强

3）什么叫真空度

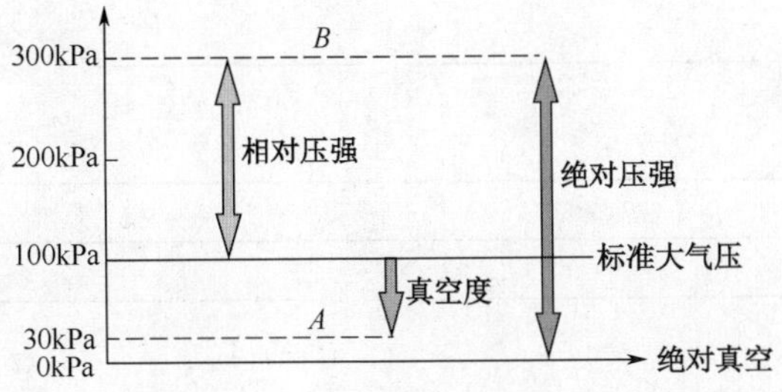

图 7–9　绝对压强、相对压强、真空度三者之间的关系

根据图 7-9 解释 A 和 B 点的绝对压强、相对压强和真空度：

5. 进气压力传感器诊断

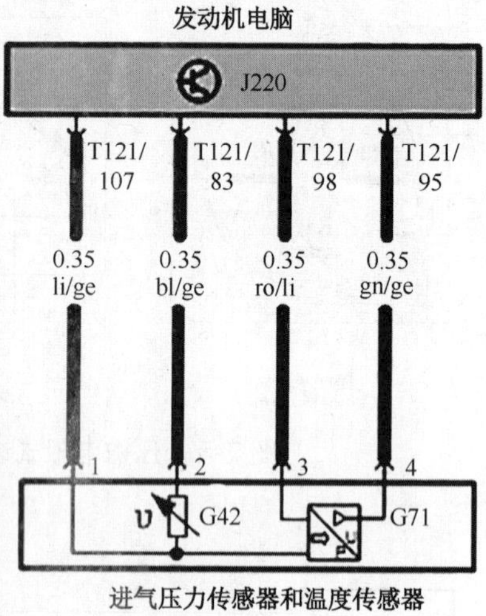

图 7-10　压力传感器和进气温度传感器

1）如何进行供电检查

2）信号输出检查

3）写出数据流检查的结果

6. 绝对压力传感器影响因素和故障

影响进气歧管真空度的主要因素有：______、______、______。

1）点火时间过迟原因

（1）

（2）

（3）

2）配气相位不正常的原因

3）进排气系统泄漏和堵塞对进气压力的影响

7. 附加内容

1）电容式进气压力传感器的信号输出特点

2）大气压力传感器的特点

7.4 发动机温度类传感器

1. 传感器种类

1）水温传感器特点

2）进气温度传感器特点

3）排气温度传感器特点

2. 发动机温度传感器分类

3. 热敏式温度传感器

负温度系数（NTC）温度传感器特点：

4. 传感器信号采集

1）水温传感器原理

根据图 7-12 所示丰田车系水温传感器电路图写出工作原理：

图 7-12　丰田车系水温传感器电路图

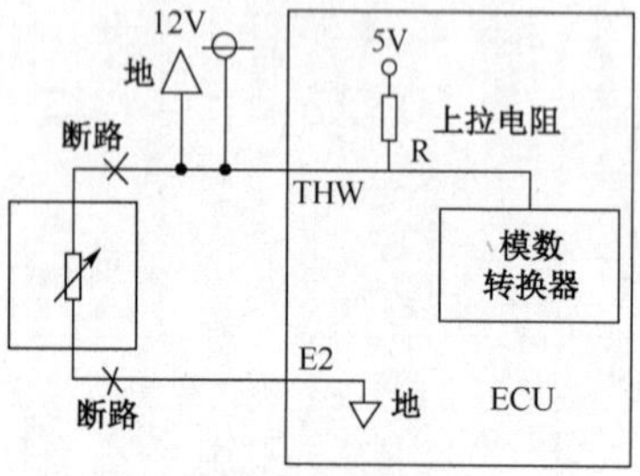

图 7-13　水温传感器的自诊断

2）水温传感器的自诊断

图 7-13 所示为水温传感器的自诊断。

（1）线路诊断

• 什么叫对负极短路

• 什么叫对正极短路

• 什么叫断路

（2）时间模型诊断

5. 温度传感器替代

1）水温传感器如何替代

2）进气温度传感器如何替代

6. 温度传感器诊断

1）阻值测量

填写表 7-2。

表 7-2 汽车用负温度系数发动机用水温及进气温度传感器的温度和阻值关系

温度（℃）	电阻（kΩ）	电压（V）	温度（℃）	电阻（kΩ）	电压（V）
-20			-20		
0			0		
20			20		
40			40		
60			60		
80			80		
100			100		

2）检测仪检测

① 读取水温传感器故障码后确认的故障是什么？

② 读取水温传感器数据流分析的结果是什么？

7.5 爆震控制

1. 什么是爆震

2. 爆震危害

3. 类型

1）磁致伸缩式爆震传感器信号特点

2）非共振型压电式爆震传感器信号特点

3）窄幅共振型压电式爆震传感器信号特点

4）宽幅共振电压式传感器信号特点

4．常用爆震传感器结构

根据图 7-17 和图 7-18 描述非共振型和共振型爆震传感器的结构：

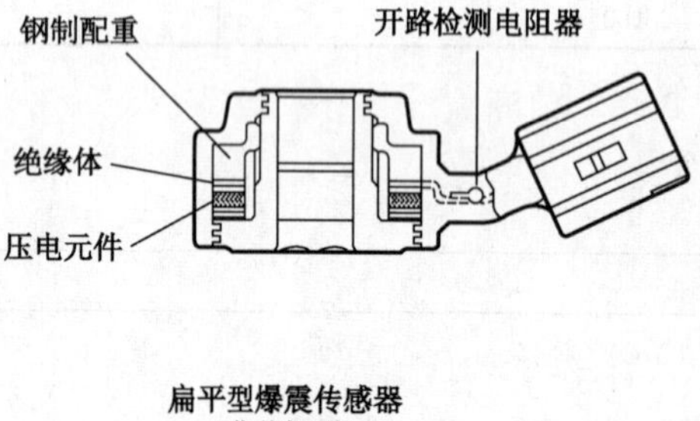

图 7-17　非共振型爆震传感器的结构

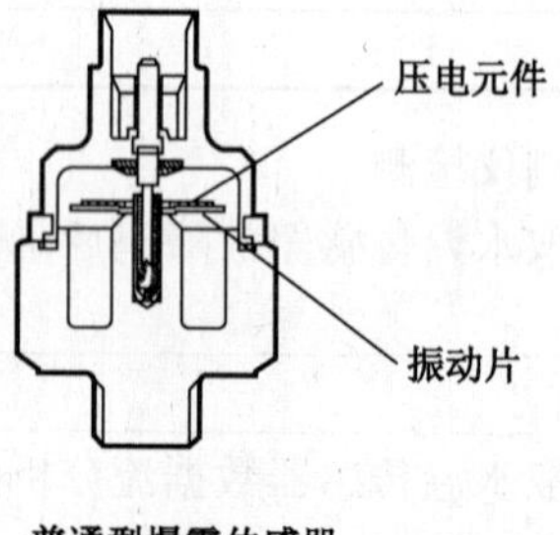

图 7-18　共振型爆震传感器的结构

5．爆震控制电路

如图 7-19 所示为平面型爆震传感器电路图。平面型爆震控制传感器（非谐振型）可检测频率在 6～15 kHz 的宽频带振动。

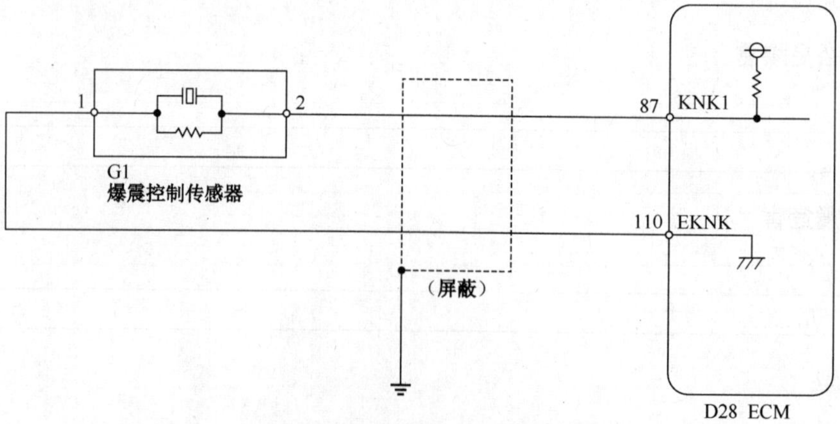

图 7-19　平面型爆震控制传感器电路图

根据图 7-19 所示平面型爆震控制传感器电路图写出电路原理：

6．爆震控制

1）爆震信号如何判断

2）爆震缸如何判别

根据图 7-21 写出丰田六缸发动机爆震缸判断方法：

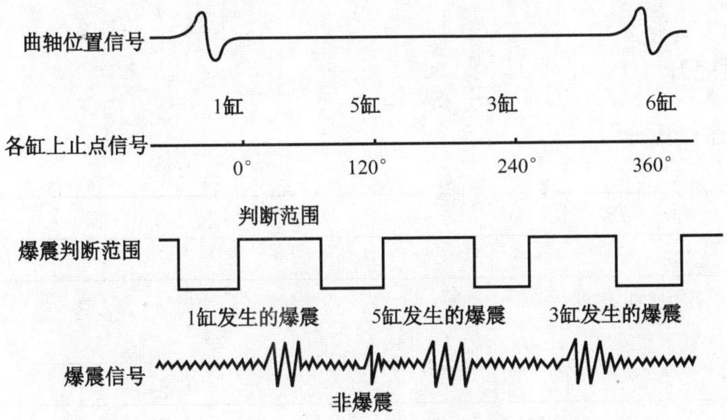

图 7–21　丰田六缸发动机爆震判断的范围

根据图 7-22 写出点火提前角减小和点火提前角增大控制方法：

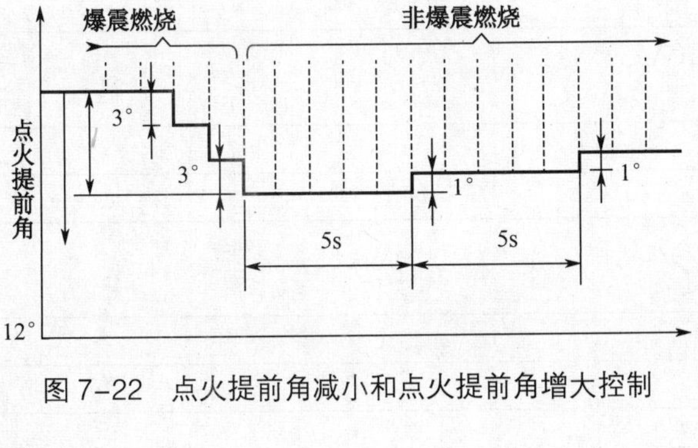

图 7–22　点火提前角减小和点火提前角增大控制

7．爆震数据流分析

以高尔夫 A4 的发动机数据流为例，写出点火提前分析结果。

8. 爆震传感器自诊断

爆震传感器如何诊断自身的故障：

7.6 怠速转矩控制

1. 负荷扭矩提升

1）什么叫怠速扭矩提升

2）写出怠速工况识别方法

2. 怠速负荷提升信号

1）发电机负荷信号

2）空调作用信号（A/C）

3）空挡位置开关

4）离合器开关信号

5）制动开关信号

6）动力转向开关信号

7.7 催化转化器

1. 三元催化器

写出三元催化器的作用：

2. 催化转化器的结构和类型

1）陶瓷单体式催化转化器的特点

2）金属单体式催化转化器的特点

3. 催化转化对象

1）双床催化转化器的特点

2）三元催化转化器的特点

3）NO_x 储存式催化转化器的特点

4．催化转化器的工作条件

写出催化转化器的工作条件：

5．氧传感器

为什么使用氧传感器：

7.8 窄带型氧传感器

1．功能性陶瓷材料

什么叫功能性陶瓷：

2．氧化锆式氧传感器

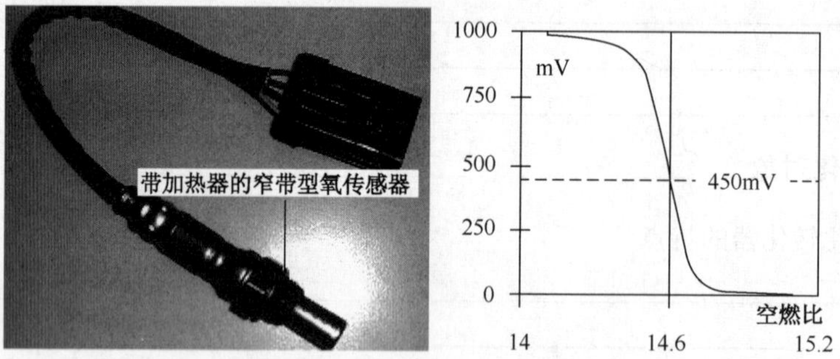

图 7–26　窄带型氧化锆式氧传感器和输出信号

1）氧化锆式氧传感器结构

2）氧化锆式氧传感器工作原理

根据图 7-27 写出氧传感器工作原理：

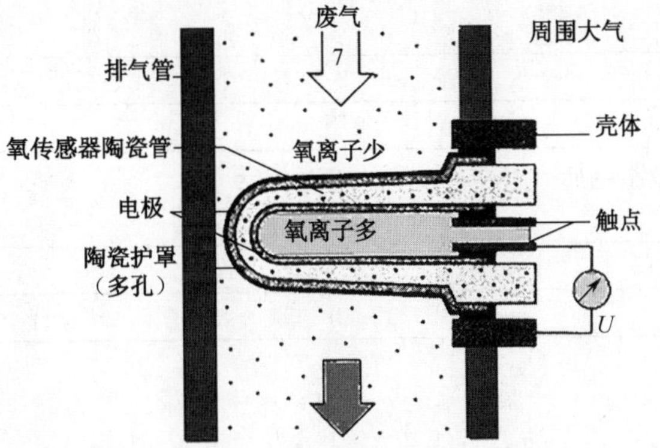

图 7-27 氧化锆式氧传感器工作原理

3. 氧化钛式氧传感器

写出氧化钛式氧传感器工作原理：

4. 氧传感器功能

1）如何进行空燃比反馈控制

2）如何监测催化器转化效率

5. 氧传感器加热器

氧传感器为什么要加热：

6. 氧传感器故障诊断

写出 ECU 对氧传感器故障诊断的方法：

（1）

（2）

（3）

（4）

7. 氧传感器万用表检查

1）直接测量间接信号

2）间接测量氧传感器电压

7.9 空燃比反馈控制

1. 为什么要进行空燃比反馈控制

为了获得三元催化反应器所要求的空燃比，必须十分精确地控制喷油量。但在如下情况下无法精确地控制喷油量：

（1）

（2）

（3）

（4）

（5）

（6）

（7）

2．空燃比反馈控制过程

根据图 7-30 写出空燃比修正过程：

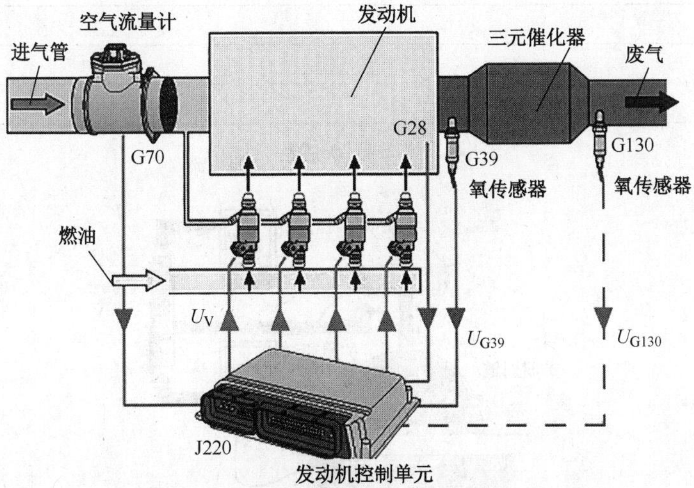

图 7-30　喷油量的确定和修正

3．反馈控制实施条件

4．学习空燃比控制

写出空燃比学习控制过程：

7.10 宽带型氧传感器

1．宽带型氧传感器结构

描述宽带型氧传感器的结构：

2．宽带型氧传感器原理

根据图 7-34 描述宽带氧传感器的原理：

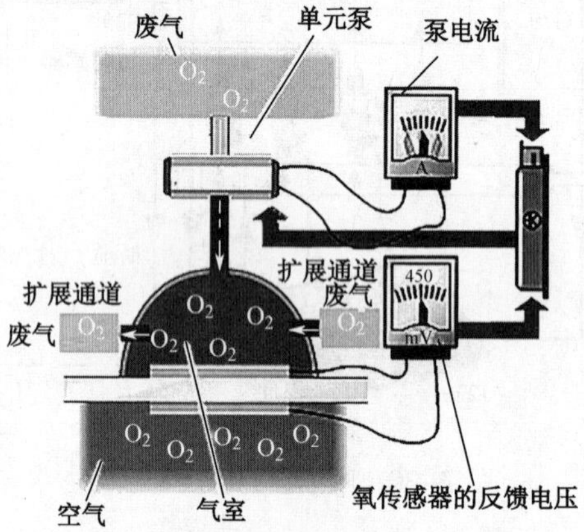

图 7–34　宽带氧传感器的原理图

根据图 7-35 所示的宽带型氧传感器的结构和输出曲线写出信号输出特点：

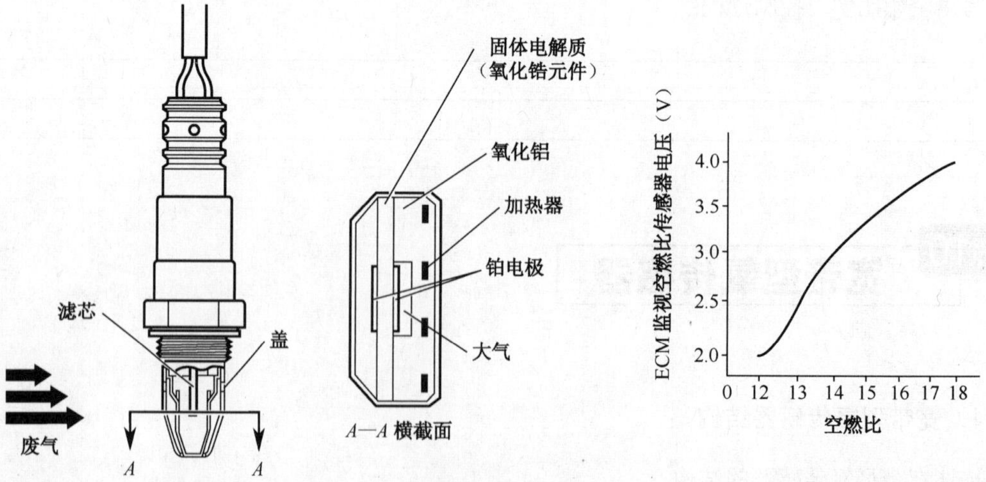

图 7–35　宽带型氧传感器的结构和输出曲线

7.11 氧传感器故障诊断

如何分析氧传感器信号：______________________________

____

____

1. 宝来氧传感器自诊断

检查条件：______________________

1）前氧传感器的自诊断（老化检测）

检查前氧传感器的老化情况：发动机高怠速运转，进入发动机控制单元 08 读数据流。

Read measuring Value block 34			
1800～2200 转/分	MIN350℃	MAX2.5 秒	B1-S1 OK

第 1 区：发动机转速。

第 2 区：从转速和发动机负荷计算出的值。

第 3 区：周期表示传感器两次电压跳变（如浓—稀—浓）的时间。因此可用来表示传感器的老化状况，如果超出规定时间 2.5s，说明__________。

第 4 区：先从________变为________，经过一段时间的检测，变为 B1-S1 OK，显示区 4 显示 B1-S1，________说明已经老化。

2）检查加热器（01－08－041）

Read measuring Value block 41			
前加热器电阻	Htg.bc.on/off	后加热器电阻	Htg.bc.on/off

第 1 区：前加热器电阻，加热器电阻________Ω。

第 2 区：Htg.bc.on/off，__________情况，on 为通电，off 为断电。

第 3 区：后加热器电阻, 加热器电阻________Ω。

第 4 区：Htg.bc.on/off，__________情况，on 为通电，off 为断电。

3）检查氧传感器 G39

分别进入发动机系统 01—08—030、032、033、036 组。

（1）030 组（前后部宽、窄型氧传感器状态监测）。

Read measuring Value block 30	
111	110

第 1 区为前氧传感器，规定值：__________。第 1 位：Lambda 加热器已接通为 1；第 2 位：Lambda 调节已准备好为 1；第 3 位：Lambda 调节有效为 1。这 3 位数的第 1 位在 0～1 之间来回变动表示前传感器加热器为频率调节状态，3 位数的第 3 位在部分负荷及废气温度较高时被置为 1。

第 2 区为后氧传感器 Lambda 状态__________，前两位与前氧传感器相同，后氧传感器用于检测三元催化器的效率，不用于调节混合气浓度，所以为 0。

如果达到规定值，则进入 032 组，检查第 1 区和第 2 区。

（2）032 组。

Read measuring Value block　32
-10.0%～10.0%　　　-10.0%～10.0%

第 1 区：-10.0%～10.0%（____________时的自学习值）。

第 2 区：-10.0%～10.0%（____________时的自学习值），超过-10.0%～10.0%表示偏离很大，最大值为-25.0%～25.0%。

如果达到规定值，则进入 033 组，检查第 1 区和第 2 区。

（3）033 组（后部窄型氧传感器电压状态）。

Read measuring Value block　33
-10.0%～10.0%　　　1.0～2.0

第 1 区：催化转换器前 λ 调节器-10%～10%。并以至少 2%的幅度在 0 左右波动。

第 2 区：前 λ 电压值 1.0～2.0V。__________V 为混合气过浓、__________V 为混合气过稀。第二区：若恒定为________V 为断路；恒定为 4.9V 对正极短路；恒定为 0V 对地短路。电压应以________次/分的幅度波动（因正常氧传感器周期为 2.5～3.0s）。

（4）036 组（后部窄型氧传感器电压状态）。

Read measuring Value block　36
0.0—1.0　　B1—S2 OK

第 1 区：0.00～1.00V（可稍微波动），若恒定为____________V 为断路、________V 以上为对正极短、________V 为对地短路。

第 2 区：B1—S2__________，显示区 2 变为 B1—S2 OK 可能需要几分钟的时间。如果显示 B1—S2　NO OK，应清除传感器上的沉积物，再次检查，如果未达到规定值，应检查线路。

2. 检查前/后部的氧传感器加热器

1）检测条件

____

2）数据流分析结果

____

3）万用表测量结果

____

·第 8 章·

燃油喷射系统

8.1 汽油喷射系统简介

1．汽油喷射系统分类

完成表 8-1 汽油喷射系统的分类的空白部分。

表 8-1　汽油喷射系统的分类

<table>
<tr><th>类　型</th><th colspan="2">类　型</th><th colspan="2">类　型</th></tr>
<tr><td rowspan="6">缸外喷射</td><td colspan="2"></td><td colspan="2">电子间歇喷射（淘汰）</td></tr>
<tr><td rowspan="5"></td><td rowspan="2">连续喷射</td><td colspan="2">机械喷射系统（淘汰）</td></tr>
<tr><td colspan="2">机械—电子燃油喷射（淘汰）</td></tr>
<tr><td rowspan="3">间歇喷射</td><td rowspan="3">电子喷射系统</td><td>同时喷射系统（淘汰）</td></tr>
<tr><td>分组喷射系统（淘汰）</td></tr>
<tr><td></td></tr>
<tr><td colspan="5"></td></tr>
</table>

目前，奥拓循环发动机进气门之前的喷射汽油雾化方式最高效率还达不到_____%，直喷汽油机最高效率也达不到_____%，米勒发动机采用重混结构最高效率可以达到_____%。

截至 2013 年年末，公路上行驶汽车的发动机控制系统有________型、________型、_________型、________型四种。

什么是 M 型：____________________________

什么是 ME 型：___________________________

什么是 MED 型：__________________________

什么是米勒循环型：_______________________

2．缸外混合气形成系统

1）单点燃油喷射特点

2）多点燃油喷射特点

3．缸外汽油喷射发动机的优点

8.2 燃油喷射方式

1．缸外喷射燃油供给系统

1）有回油管的燃油供给系统

写出图 8-3 所示有回油管的燃油供给系统的组成和供油路径：

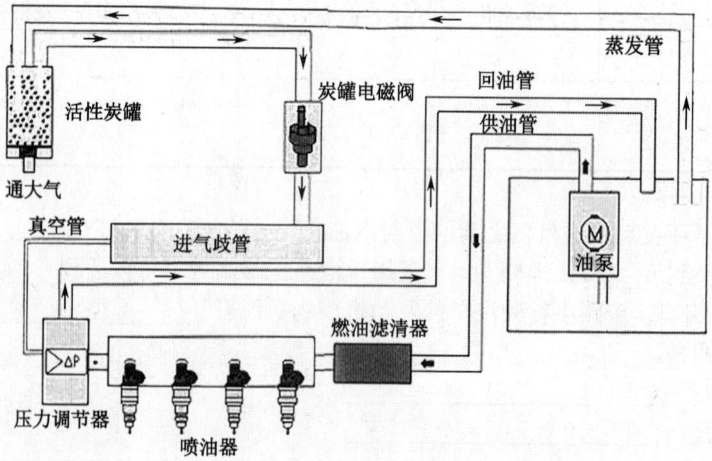

图 8–3　有回油管的燃油供给系统

2）无回油管的燃油供给系统

写出图 8-4 所示无回油管的燃油供给系统的组成和供油路径：

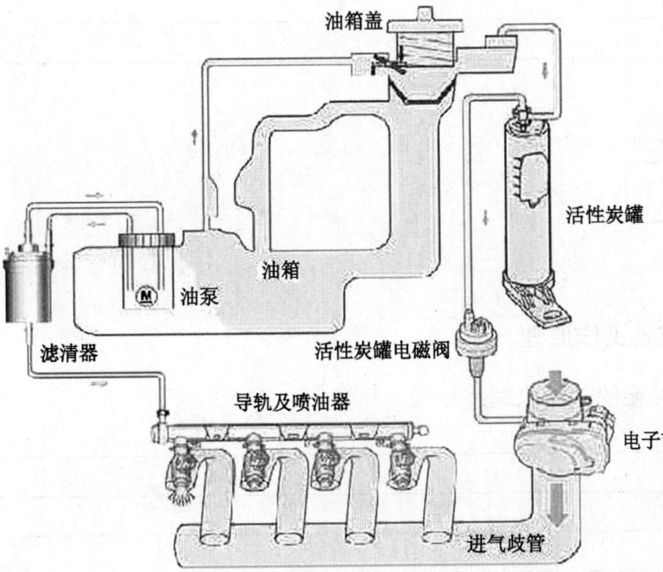

图 8-4 无回油管的燃油供给系统

2．缸外喷射方式

什么是同步喷射：

什么是非同步喷射：

1）同时喷射的特点

2）分组喷射的特点

3）顺序喷射的特点

3．缸内直接喷射系统

1）什么叫分层燃烧，如何实现

2）什么叫均质燃烧，如何实现

8.3 燃油泵

1. 燃油泵的组成及工作原理

写出图 8-15 所示油泵的工作原理：

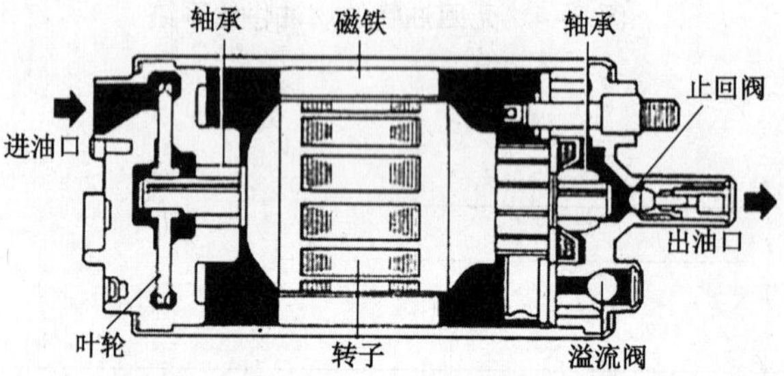

图 8-15　油泵组成

2. 燃油泵诊断

下面介绍一些快速诊断燃油泵磨损的方法。

1）油压表指针在某一中间位置略有停顿的分析方法

2）打启动开关不着火，第二次或第三次才着火的分析方法

3．燃油泵电路

1）车门开关控制

2）点火开关控制

3）发动机转速控制

4）启动挡控制

5）撞车断油控制

4．丰田油泵电路

1）3GR-FE、5GR-FE 燃油泵控制电路

丰田皇冠采用了 3GR-FE、5GR-FE 发动机，如图 8-16 所示为其燃油泵控制电路。

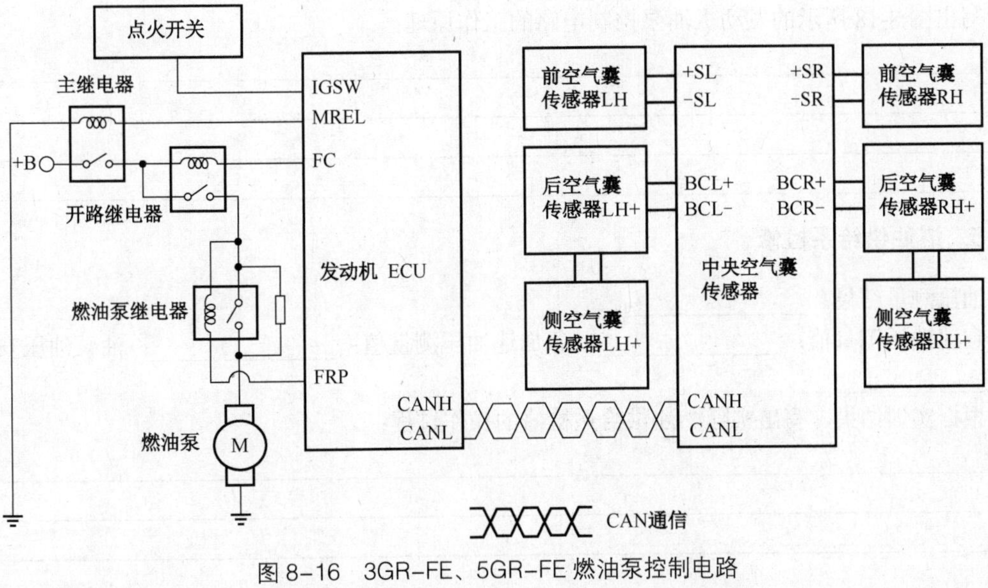

图 8-16 3GR-FE、5GR-FE 燃油泵控制电路

写出图 8-16 所示的燃油泵控制电路的工作原理：

2）CROWN 3.0 燃油泵无级调速电路

写出图 8-17 所示的燃油泵控制电路的工作原理：

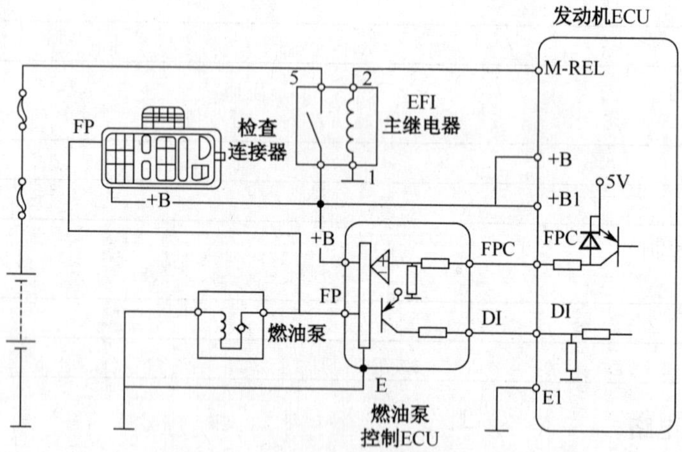

图 8–17　CROWN 3.0 燃油泵控制电路

3）大众油泵控制电路

写出图 8-18 所示的发动机油泵控制电路的工作原理：

5. 燃油供给系检修

油压测量结果：________。

怠速油压测量值：________；急加速油压测量值：________；油泵油压安全阀值：________。

根据实训结果，写出实际燃油供给系检修的操作过程：

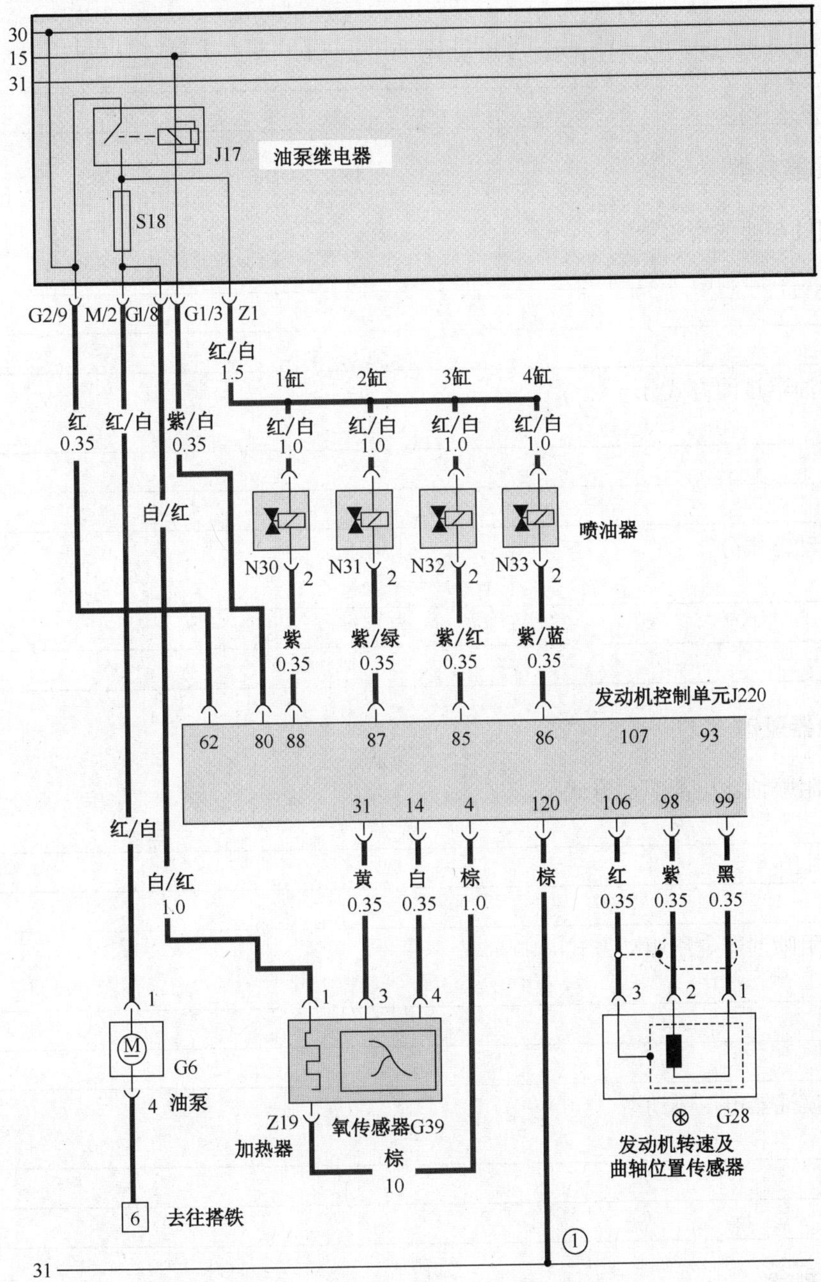

图 8-18　捷达二阀 ATK 发动机油泵控制电路

8.4 喷油器

1. 喷油器结构

简述喷油器结构：

2. 喷油器分类

1）按阀针与座的密封分

2）按喷油器进油方式分

3）按驱动方式分

3. 喷油器驱动

1）低电阻喷油器电流驱动方式

2）低电阻喷油器电压驱动方式

3）电阻喷油器电压驱动型

4. 平衡测试

（1）写出如何做喷油量平衡测试，并写出测试结果。

（2）写出如何做电阻平衡测试，并写出测试结果。

5. 清洗喷油器

1）喷油器的自适应复位

2）超声波清洗的特点和效果

8.5 供油系统的其他元件

1. 燃油滤清器

写出燃油滤清器堵塞现象，并说出多长时间更换一次燃油滤清器。

2. 燃油导轨

你汽车的燃油导轨有没有油压测量孔，若没有，在何处进行油压测量：

3. 燃油压力调节器

写出图 8-21 所示燃油压力调节器的工作原理：

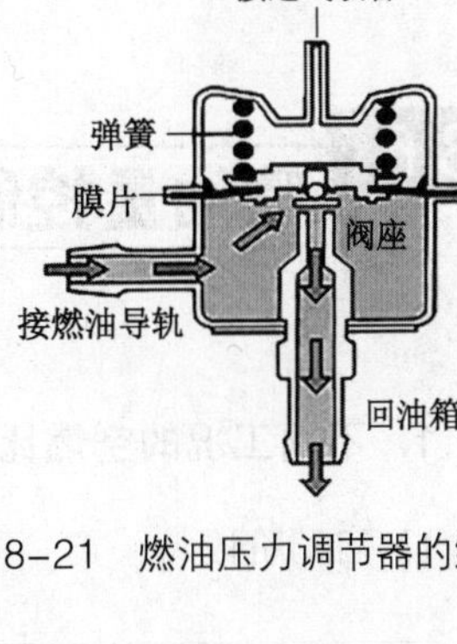

图 8–21 燃油压力调节器的结构

根据图 8-22 所示的进气歧管内压力与燃油导轨内压力关系图分析怠速油压和节气门全开油压：

根据图 8-23 所示的滤清器总成内的限压阀写出其工作原理：

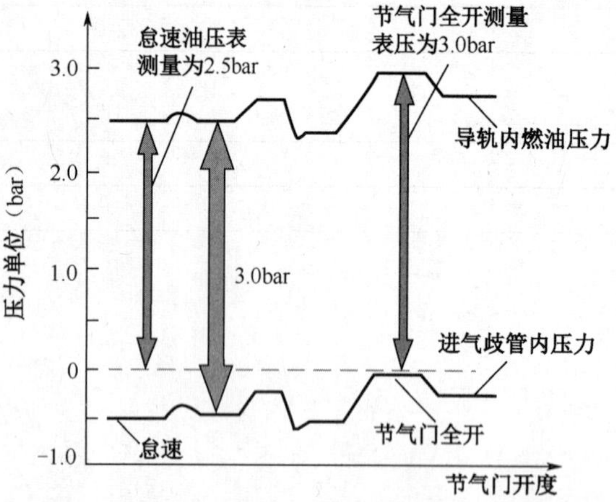

图 8-22　进气歧管内压力与燃油导轨内压力关系图

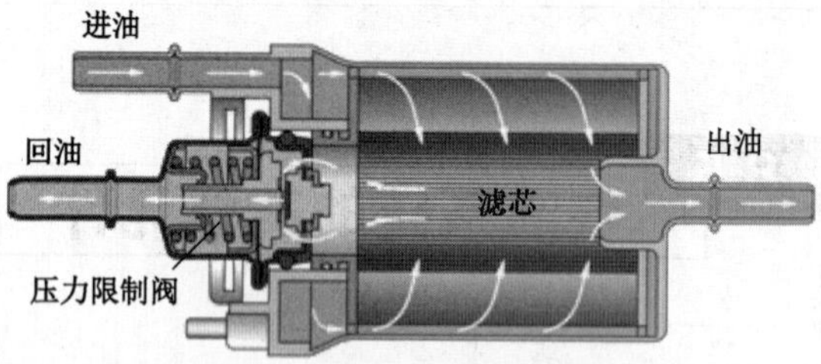

图 8-23　滤清器总成内的限压阀

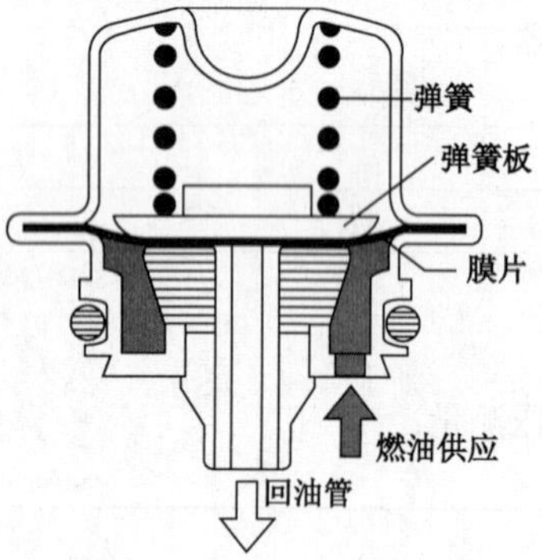

图 8-25　燃油压力衰减器

4．脉动阻尼减振器

根据图 8-25 所示的燃油压力衰减器写出其工作原理：

8.6 喷油量控制

1．不同工况的空燃比

1）启动阶段

2）怠速阶段

____

____

3）加、减速时

____

____

____

2. 喷射时间

喷射时间 T_i 等于基本喷射时间 T_b、修正喷射时间 T_c 及电压修正时间 T_a 三项之和，即

$$T_i=\_\_\_\_\_\_+\_\_\_\_\_\_+\_\_\_\_\_\_$$

式中，T=_______时间、i=_______喷射、b=______基本、c=________修正，a=_________蓄电池。

1）基本喷射时间 T_b

基本喷射时间 T_b 由吸入空气质量 Q 及转速 n 按下式算出，式中 K 为常数。

T_b=____

2）修正喷射时间 T_c

修正喷射时间 T_c 取决于对应工况的各项修正系数，并由各类传感器检出，则：

T_c=____

3）电源电压修正时间 T_a

T_a 为电源电压修正时间，T_a 是根据________________直接进行修正的。

4）燃油喷射系统控制框图

画出图 8-26 燃油喷射系统控制框图。

3. 燃油停供

1）什么叫减速时燃油停供

____

____

____

2）什么叫发动机超速断油

____

____

____

3）什么叫启动时燃油停供

8.7 喷油器波形分析

1. 信号的区别

1）什么是喷油器驱动信号

2）什么是喷油器信号

2. 喷油器驱动信号

1）电压控制型特点

2）电流控制型特点

3. 喷油器波形分析

1）电压控制型

（1）工作过程

（2）喷油器电压波形分析

根据图 8-28 和图 8-29 分析波形形成：

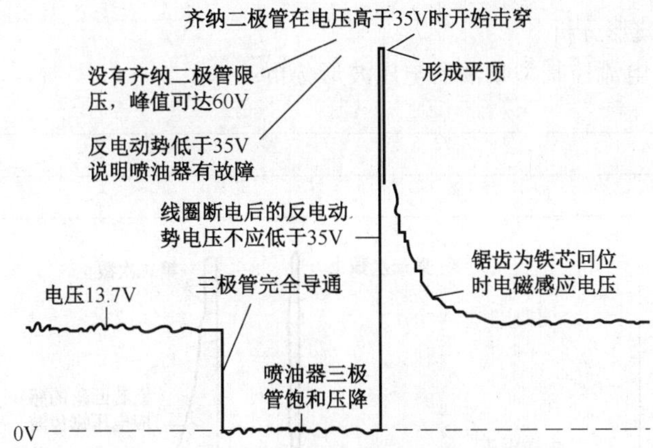

图 8-28　电压控制型喷油器波形

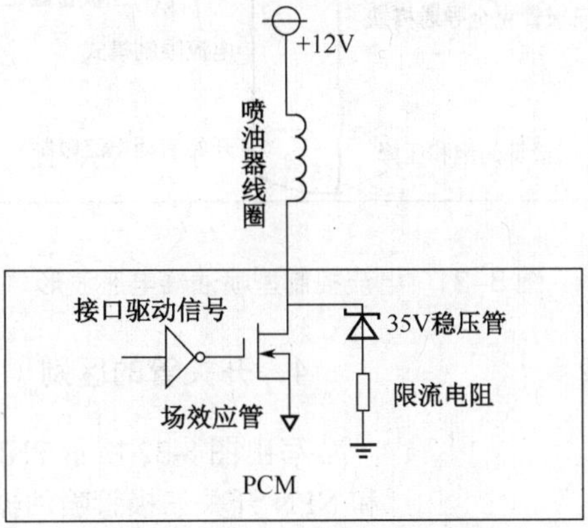

图 8-29　稳压管保护电路

2）电流控制型

（1）工作过程

____

____

____

（2）电流控制型方法

根据图 8-30 写出电流控制型喷油器的恒流方法：

____

____

____

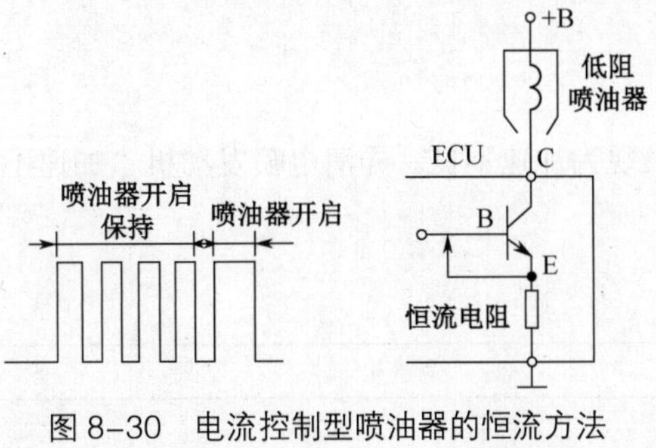

图 8-30　电流控制型喷油器的恒流方法

(3)喷油器电压波形分析

根据图 8-31 写出电流控制型喷油器电压波形分析：

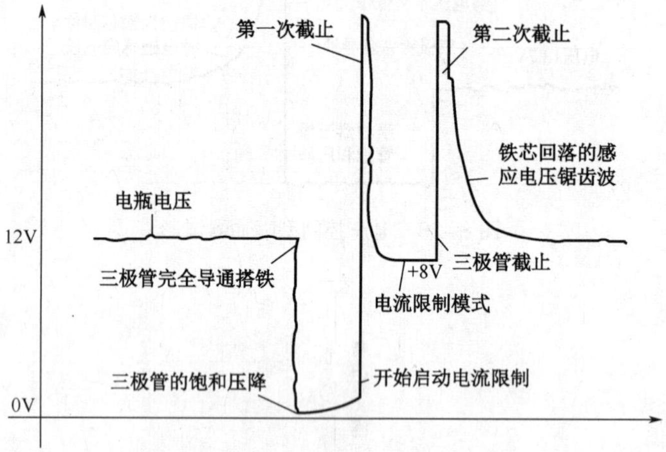

图 8-31　电流控制型喷油器电压波形

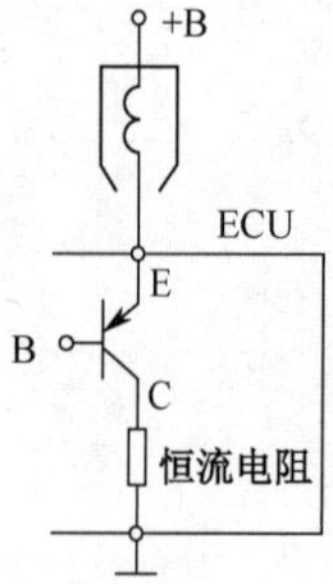

图 8-32　PNP 型的开关三极管喷油器电路

4．开关管的区别

写出图 8-32 所示 PNP 型的开关三极管喷油器电路和 NPN 开关三极管喷油器的波形区别：

8.8 典型燃油压力故障

1．加速不良

燃油压力有故障主要表现为加速不良。弄清电喷发动机“加速不良”和“动力不足”的区别是正确诊断的关键。

什么是加速不良：

2．急加速不良的原因分析

造成没有提供或进入汽缸的不是较浓混合气的原因有三点：燃油压力不足、进气门头部积炭过多、传感器信号滞后或不良。

1）燃油压力不足的原因

2）进气门头部积炭过多的原因

3）传感器信号滞后或不良的原因

3．急加速不良故障诊断步骤

4．燃油系统的日常检修

日常维护要记住以下几点：

1）定期更换

2）使用规定标号汽油

3）清除积炭

（1）如何处理发动机积炭。

发动机积炭的原因：

（2）发动机积炭的处理方法。

- 方法一

- 方法二

- 方法三

4）经常油箱低油位行驶

5）油箱中的水和污物

8.9 缸内直喷技术

8.9.1 缸内直喷简介

1. 缸内直喷分类

1）均质

2）非均质

2. 缸内直喷的优点

1）可实现脉冲增压

2）可采用更大的气门叠开角

3）进气管内无燃料沉积

4）进气管造型不受制约

5）可以提高压缩比

6）可以实现混合气分层

7）冷却燃烧室部件

8.9.2 直喷稀燃发动机理论

1. 直喷稀燃方法

1）主副燃烧室式稀燃方法

2）直接喷射式稀燃方法

2. 直喷稀燃存在的问题

1）发动机转矩控制问题

（1）转矩需求

（2）转矩协调

（3）转矩执行

2）NO_x的处理

3．设计和构造

1）高压喷油器作用

2）压力控制电磁阀作用

3）高油压传感器作用

4）低油压传感器作用

5）电子节气门（ETC）作用

6）宽带型氧传感器作用

7）进气管压力传感器作用

4. 运行方式

1）燃油供给和燃油喷射

（1）低压油路

（2）高压油路

· 高压泵的作用和运行方式

· 蓄压器/油轨的作用和运行方式

· 压力传感器的作用和运行方式

· 压力控制阀的作用和运行方式

· 喷油器的作用和运行方式

2）混合气的形成和点火

（1）低负荷范围如何控制

（2）高负荷范围如何控制

（3）负荷范围变换如何控制

8.9.3 大众直喷发动机

1. 直喷系统组成

写出图 8-33 所示发动机供油系统的组成：

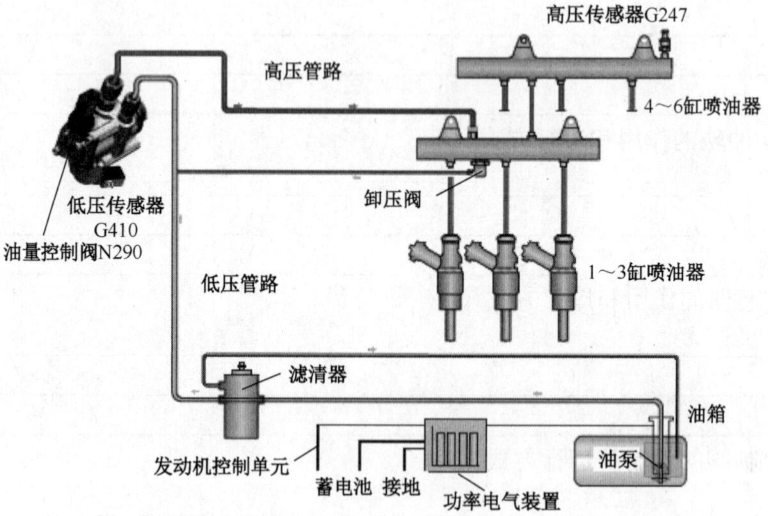

图 8-33　C6A6 Audi A6L3.2LV6FSI 发动机供油系统

2. 低压系统元件

3. 高压系统元件

1）高压油泵

（1）单活塞高压泵简介

（2）工作原理

· 吸气冲程

· 做功冲程

· 压缩冲程

2）拆装高压喷油器注意事项

·第 9 章·

点火系统控制

9.1 传统点火系统

1．机械触点点火系统

写出图 9-1 所示的传统点火原理：

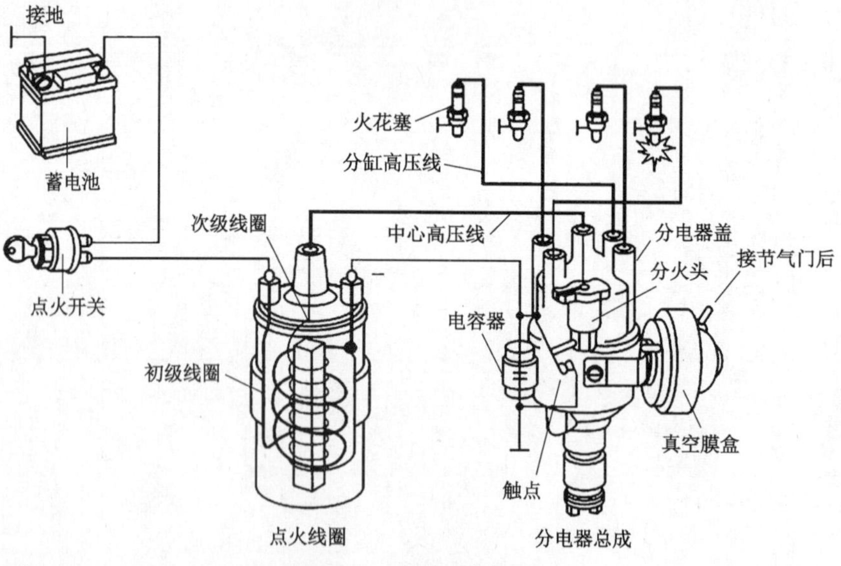

图 9–1　传统点火原理

写出图 9-2 所示分电器中元件的作用：

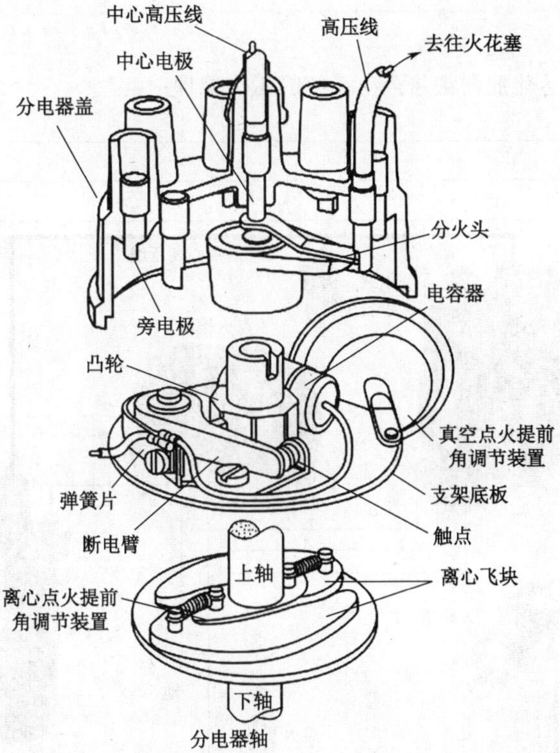

图 9–2　分电器构造（电容器多放在分电器壳体外部）

2. 电磁点火系统

写出图 9-4 所示磁感应点火系统的工作原理：

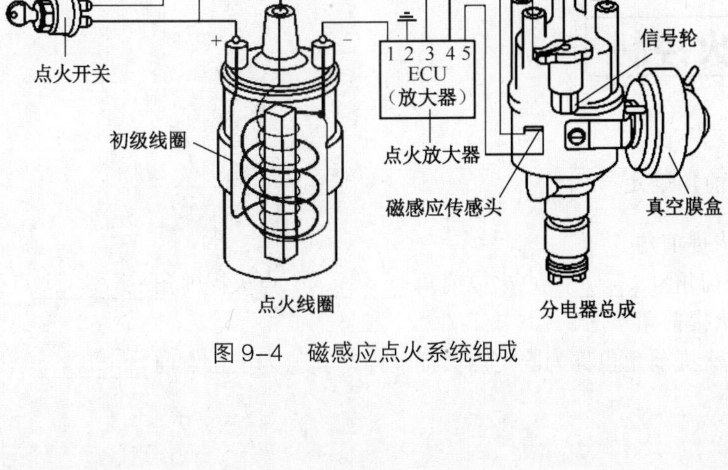

图 9–4　磁感应点火系统组成

3. 霍尔点火系统

写出图 9-5 所示捷达化油器霍尔点火系统的工作原理：

____

____

____

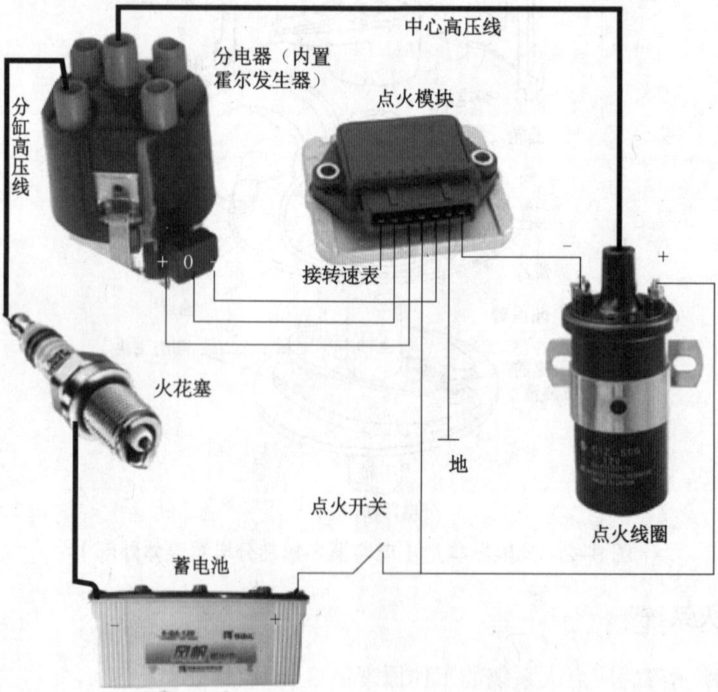

图 9–5　捷达化油器霍尔点火系统组成

4. 微机点火系统

微机点火系统主要有以下优点：

____

____

____

9.2 点火控制

1. 点火提前角确定

1）实际点火提前角

实际点火提前角=________点火提前角+________点火提前角+________点火提前角。

2）原始点火提前角

原始设定点火提前角也称为固定点火提前角，其值为上止点前________°。

3）基本点火提前角

（1）怠速的基本点火提前角如何确定。

（2）平常行驶的基本点火提前角如何确定。

4）修正点火提前角

（1）暖机修正提前角修正方法。

（2）稳定怠速点火提前角修正方法。

（3）空燃比反馈修正方法。

（4）爆震修正方法。

2. 点火控制

下面以大众车型为例说明点火时刻控制。如图 9-10 所示为点火时刻控制图。控制单元的工作步骤如下。

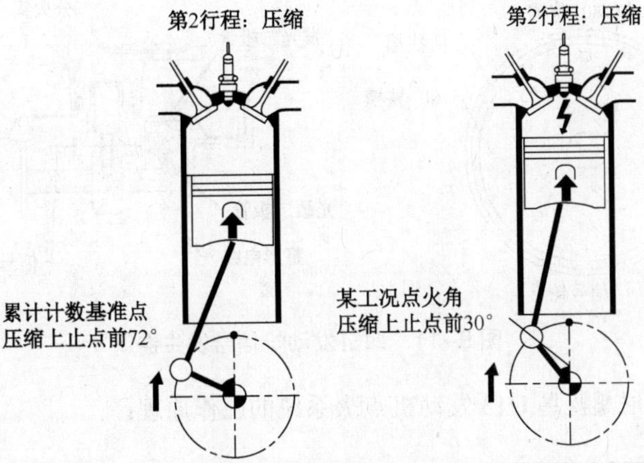

图 9-10　点火时刻控制图

1）发动机 ECM 如何算出点火提前角

2）发动机 ECM 如何收到计数基准点信号

3）曲轴 1° 转角需要经历的计算机时间如何计算

4）发动机 ECM 如何累计计数

5）发动机 ECM 如何实现多缸点火

3. 点火能量控制方法

写出闭合角控制方法：

9.3 尼桑点火系统

写出图 9-11 所示四缸发动机信号发生器的工作原理：

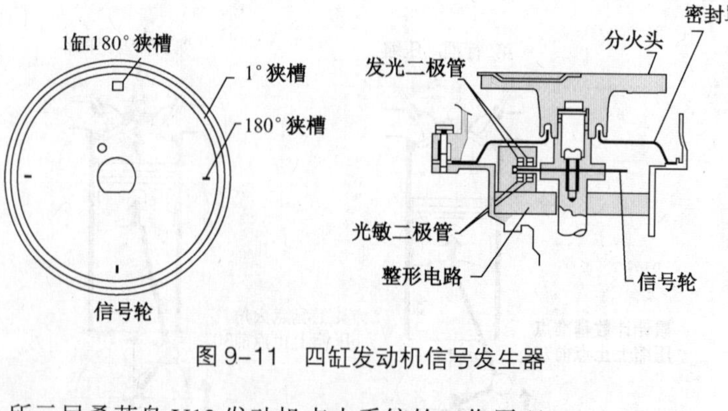

图 9-11　四缸发动机信号发生器

写出图 9-12 所示尼桑蓝鸟 U13 发动机点火系统的工作原理：

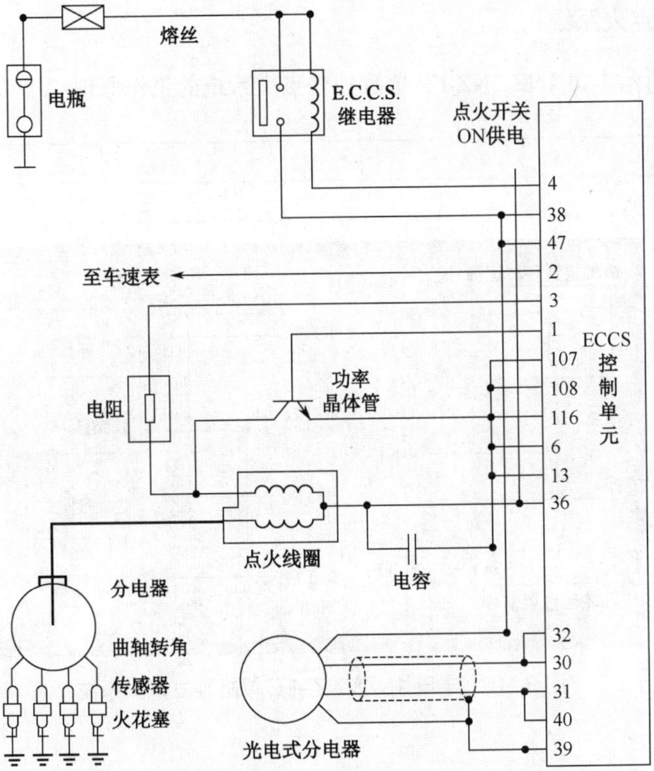

图 9-12 尼桑蓝鸟 U13 发动机点火系统电路

9.4 丰田点火系统

1. 分电器点火系统

写出图 9-14 所示丰田 5A/8A 发动机点火系统的工作原理：

____

____

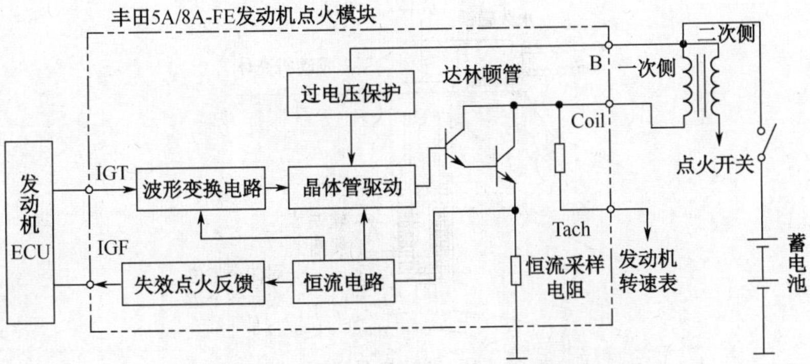

图 9-14 丰田 5A/8A 发动机点火系统框图

2．单缸独立点火系统

写出图 9-16 所示丰田 1NZ/2NZ-FE 单缸独立点火系统的工作原理：

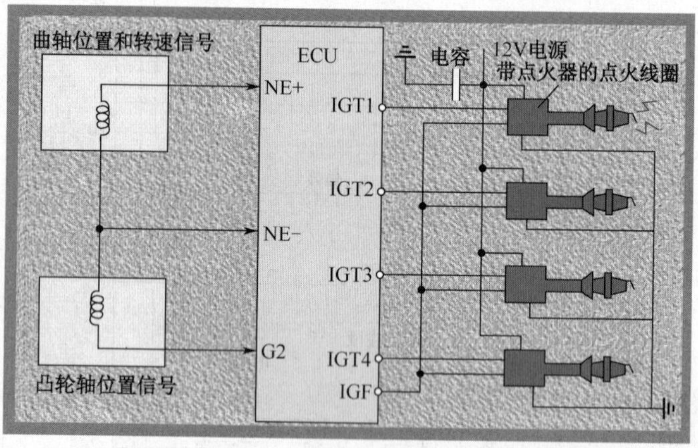

图 9-16 丰田 1NZ/2NZ-FE 单缸独立点火系统

9.5 大众点火系统

1．曲轴转速/位置传感器

1）写出图 9-18 所示发动机转速传感器的工作原理：

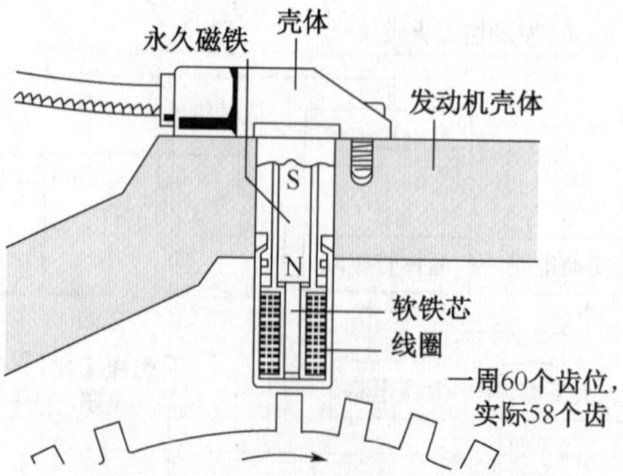

图 9-18 发动机转速传感器

2）曲轴位置的识别方法

2. 凸轮轴位置传感器

写出图 9-20 所示霍尔传感器 G40 的工作原理：

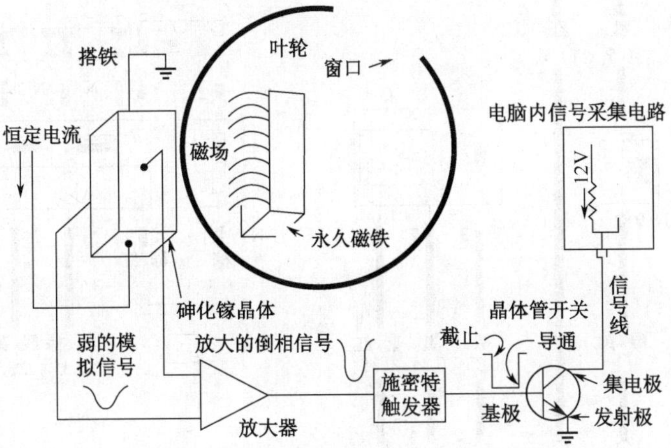

图 9-20 霍尔传感器 G40 的工作原理

3. 点火控制信号

分析图 9-21 所示凸轮轴和曲轴信号的波形与点火对应关系：

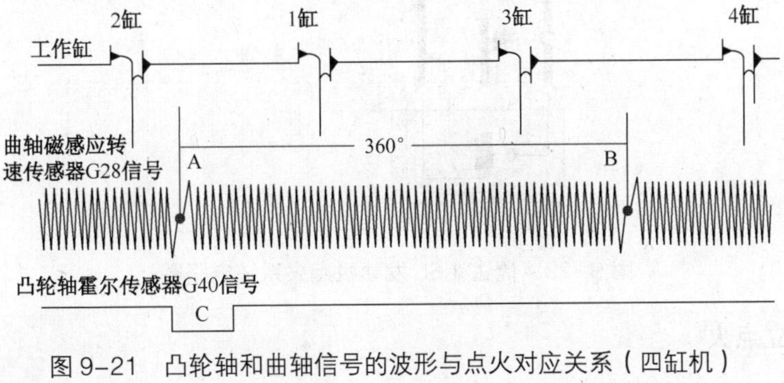

图 9-21 凸轮轴和曲轴信号的波形与点火对应关系（四缸机）

4. 双缸同时点火

分析图 9-23 所示捷达 1.6L 发动机点火系统的工作原理：

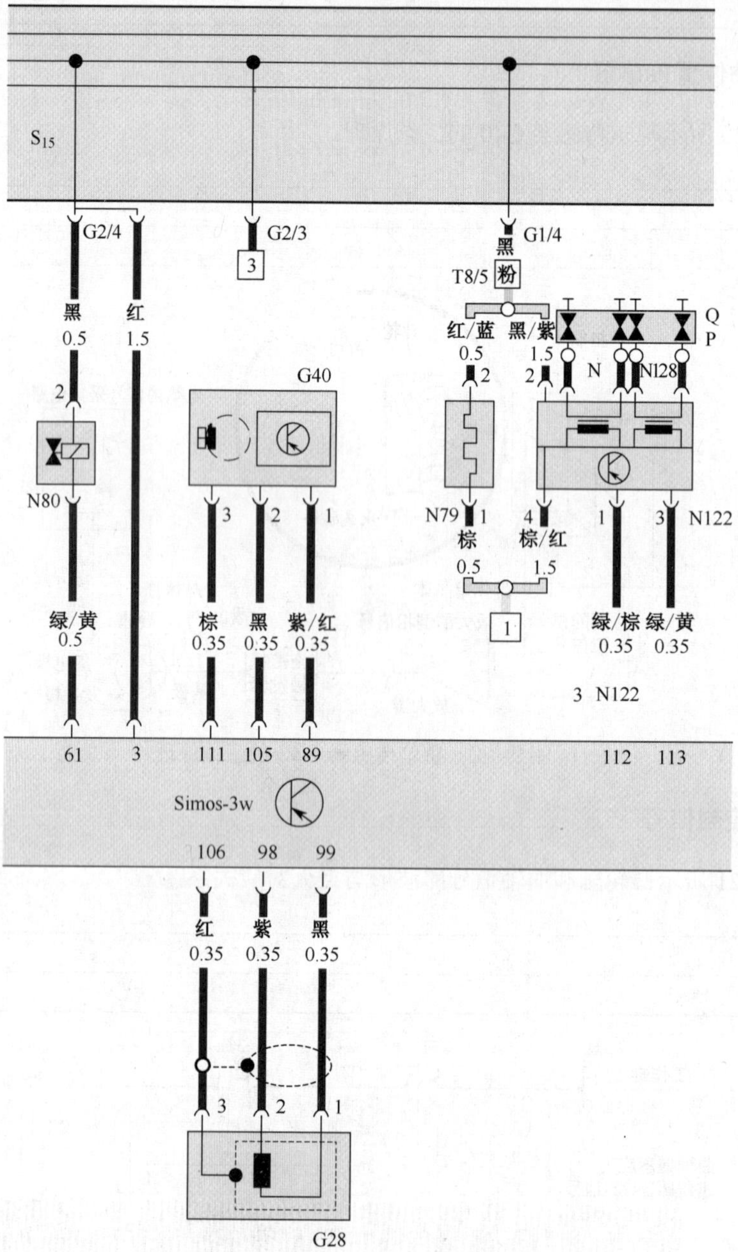

图 9-23　捷达 1.6L 发动机点火系统电路图

5. 单缸独立点火

分析图 9-25 所示奥迪 1.8T 发动机点火系统的工作原理：

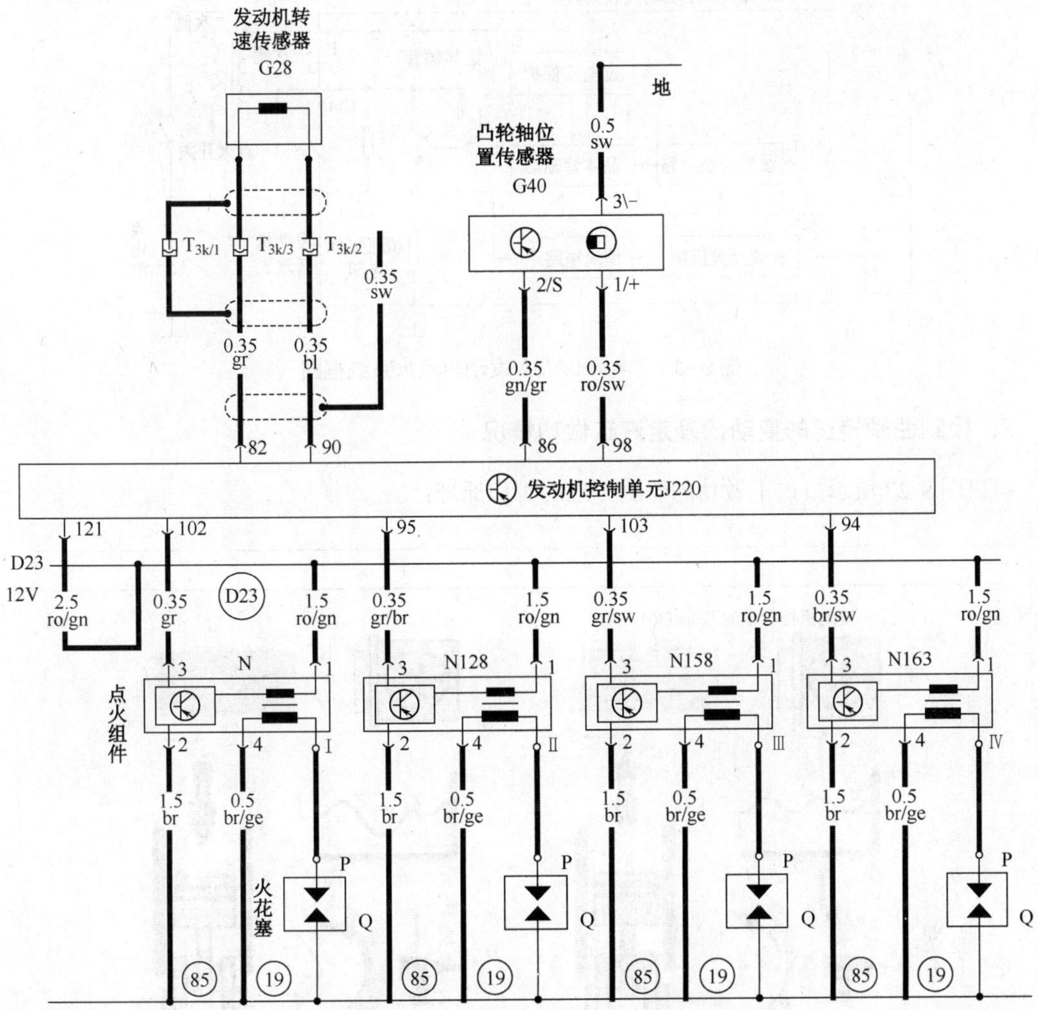

图 9-25 奥迪 1.8T 发动机点火系统电路图

9.6 汽缸不做功判断

1. 通过点火器监视功率三极管

再次按图 9-14 分析丰田 5A/8A 发动机点火系统失火监测原理：

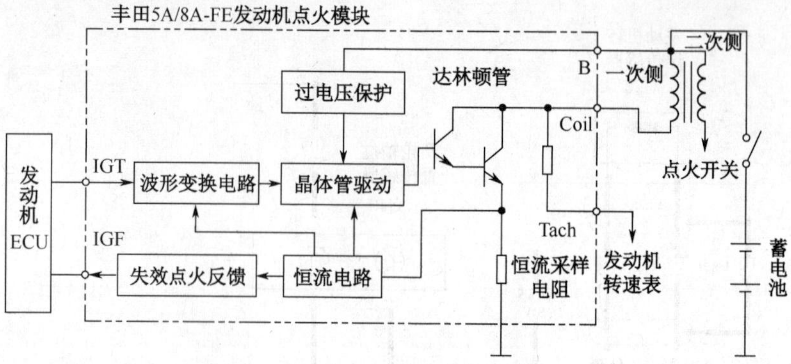

图 9-14　丰田 5A/8A 发动机点火系统框图

2．检测曲轴转速的变动，确定汽缸做功情况

写出图 9-27 所示缸内不做功的监测方法的工作原理：

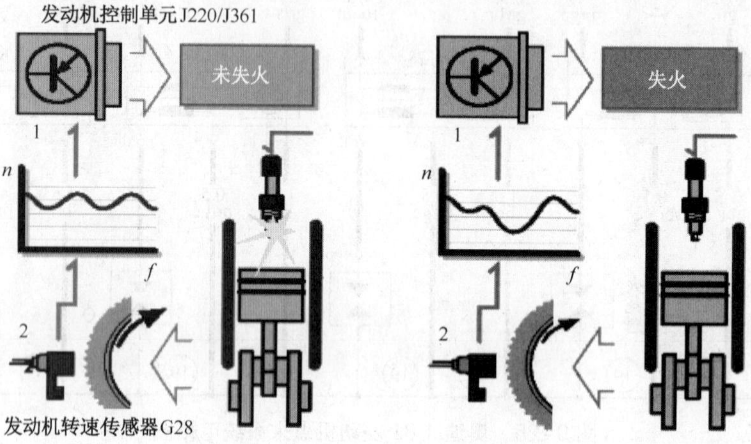

图 9-27　缸内不做功的监测方法

9.7 分电器点火故障诊断

1．分电器点火系统

低压部件有：

高压部件有：

2．分电器点火系统的检测

故障检测时同传统点火系统判断故障一样，先判断是初级电路导致的故障，还是次级电路导致故障。方法是：

若无火，判断是初级电路故障。检查：

若有火，判断是次级电路故障。此时检查：

1）点火线圈检查

2）信号传感器检查

3）高压线检查

4）火花塞检查

9.8 点火能量不足

1．点火能量不足故障

2. 高速时耸车

1）火花塞故障原因

2）高压线故障原因

3）点火线圈故障原因

4）点火放大器故障原因

·第 10 章·

怠速控制

10.1 怠速控制概述

1. 什么是怠速转矩

2. 什么是怠速转速

3. 怠速控制本质

4. 转矩提升条件

5. 怠速控制内容

1）启动控制

2）启动后控制

3）暖机过程控制

____

____

4）转速反馈控制

____

____

5）负荷变化控制

____

____

6）学习控制

____

____

7）减速控制

____

____

10.2 怠速控制类型

1．旁通气道式

1）旋转滑阀式

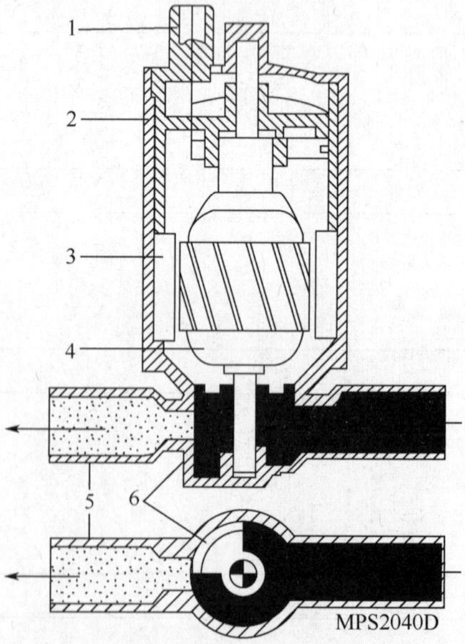

图 10-1　旋转滑阀式怠速控制

1—________；2—________；3—________；4—________；5—________；6—________；

2）步进电动机式

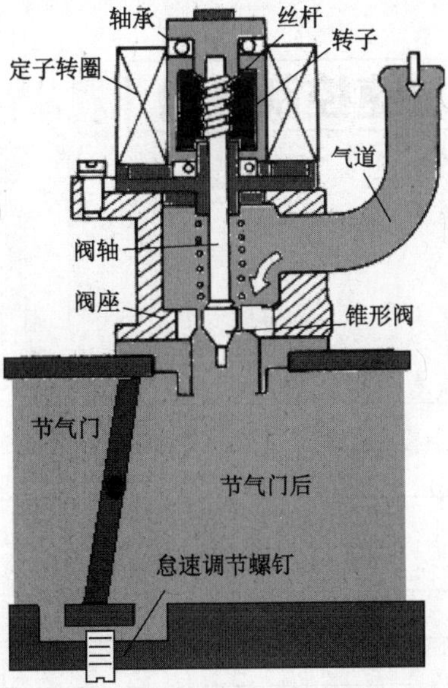

图 10-2　步进电动机式怠速控制

2. 节气门直动式

1）半电子节气门式

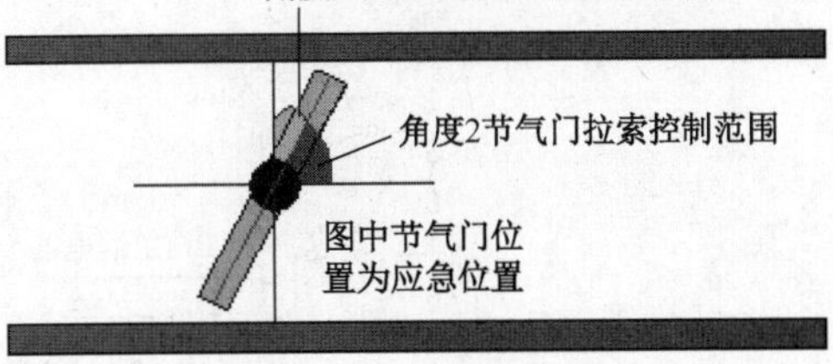

图 10-3　节气门直动式怠速控制机构

2）全电子节气门式

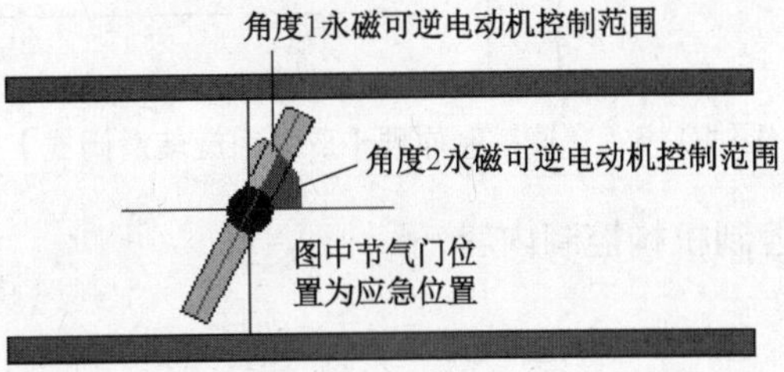

图 10-4　节气门直动式怠速控制和全程控制机构

10.3 旋转滑阀式怠速控制机构

1. 旋转滑阀简介

1）单绕组式特点

2）双绕组式特点

2. 旋转滑阀电路

写出图 10-6 所示怠速控制原理电路原理：

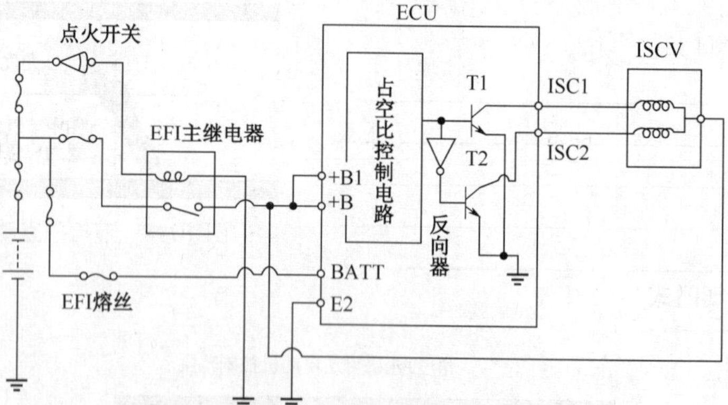

图 10-6　怠速控制原理（双绕组旋转滑阀式）

3. 旋转滑阀式怠速控制机构控制内容

1）启动控制

2）暖机控制

3）反馈控制

4）发动机负荷变化时的控制

5）学习控制

4．旋转滑阀式怠速控制机构的检查

1）检查 ISC 阀阻值

2）检查 ISC 阀

10.4 步进电动机怠速控制机构

1．六线步进电动机

1）步进电动机的结构

根据图 10-7 和图 10-8 写出步进电动机的工作原理：

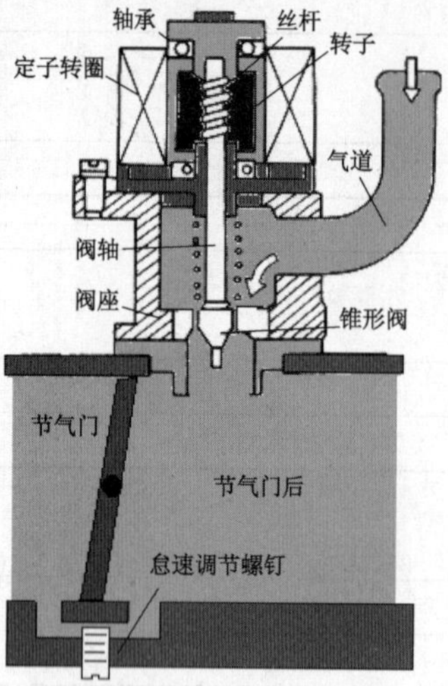

图 10-7　步进电动机式怠速控制执行机构

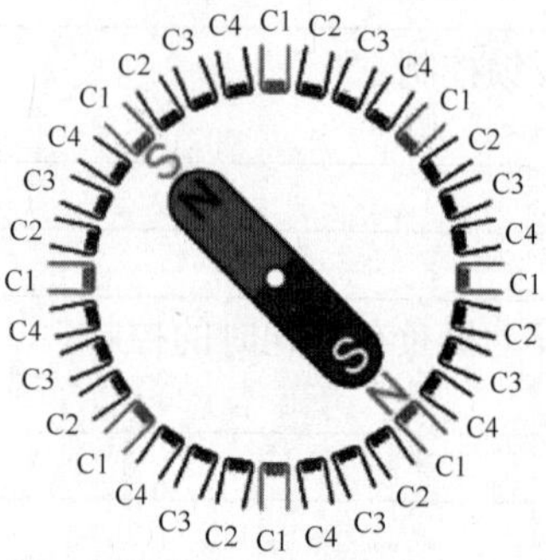

图 10-8　步进电动机原理图

2）步进电动机电路

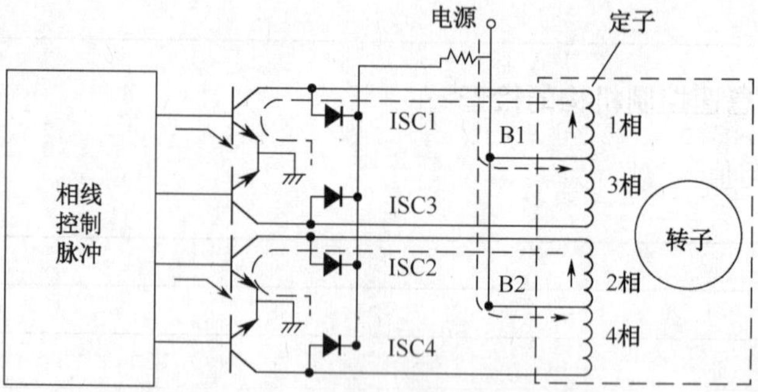

图 10-9　相线绕组的控制电路

2. 步进电动机式怠速控制执行机构的控制内容

1）启动初始位置设定

2）启动后控制

3）暖机控制

4）反馈控制

5）发动机转速变化的预控制

6）学习控制

3．怠速控制执行机构检查

1）车上检查

2）检查 ISC 阀电阻

3）检查 ISC 阀工作情况

4．四线制步进电动机检查

1）IAC 阀的结构和原理

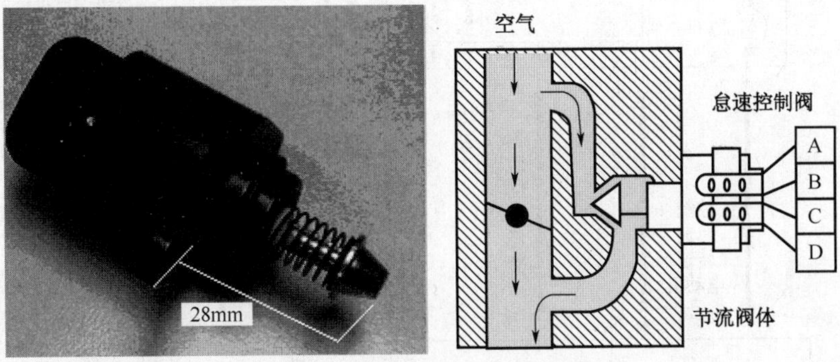

图 10-10　通用四线制步进电动机

2）检修 IAC 阀

10.5 电子节气门式怠速控制机构

1．大众半电子节气门

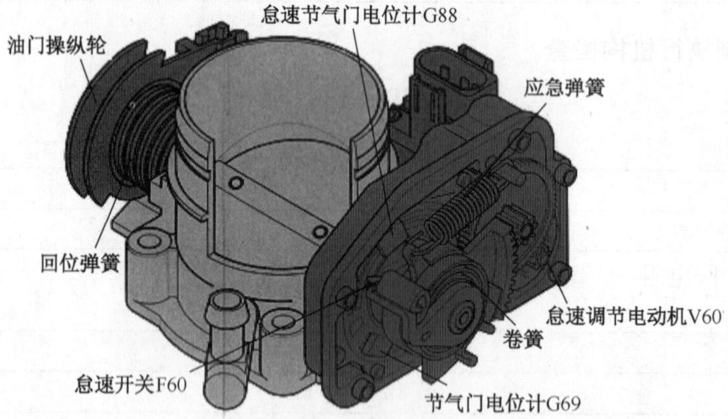

图 10-11　大众半电子节气门控制部件节流阀体

1）节气门电位计（G69）

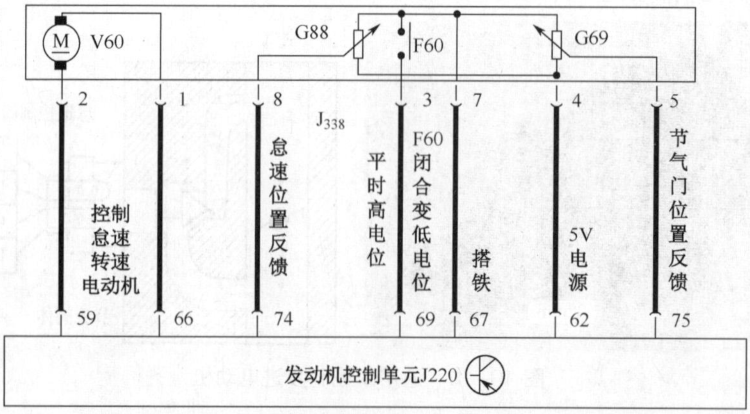

图 10-12　大众捷达半电子节气门位置传感器电路图

2）怠速节气门电位计（G88）

3）怠速开关（F60）

4）怠速调节电动机（V60）

节流阀体检修：

2．全电子节气门

10.6 基本设定和自适应

1．基本设定

2．怠速基本设定

3．自适应

4．怠速自适应

5．基本设定条件

6．节气门基本设定过程

1）通道号设定

检查条件：

2）故障导航设定

10.7 故障诊断与排除

1．怠速进气量不足

1）故障现象

2）故障原因

3）故障诊断与排除

2. 单、双旁通气道影响

1）单旁通气道

2）双旁通气道

3. 错误调整

4. 电子节气门体过脏导致 ASR 灯亮

1）故障现象

2）故障原因

5. 空气计量方式影响

1）外漏

2）内漏

6. 怠速接口驱动装置损坏

1）测量端子现象

2）故障原因

7．系统性检查

1）检查顺序

2）诊断仪检查过程

·第 11 章·

节气门体控制系统

11.1 加速踏板位置传感器

1．加速踏板位置传感器类型

画出图 11-2 加速踏板位置传感器分类。

2．霍尔式节气门位置传感器

1）霍尔效应的应用

（1）当输入控制电流 I 保持不变时：

（2）当磁场强度也就是磁感应强度 B 保持不变时：

（3）由于传感器的输出正比于输入电流 I 和磁感应强度 B 的乘积：

2）工作原理

霍尔效应式加速踏板位置传感器示意图如图 11-3 所示。

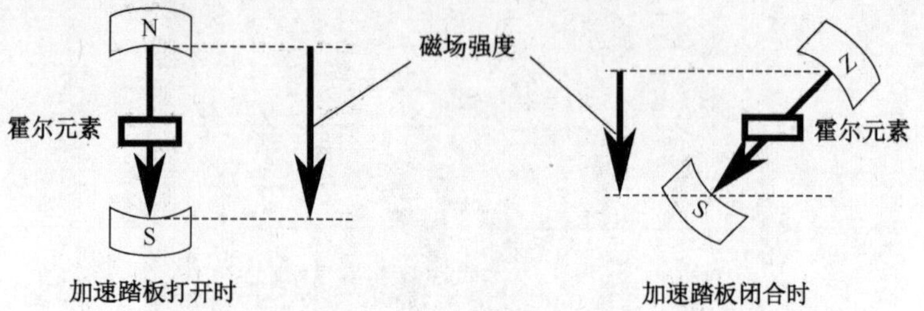

图 11-3　霍尔效应式加速踏板位置传感器示意图

写出图 11-4 所示加速踏板位置传感器输出信号的特点：

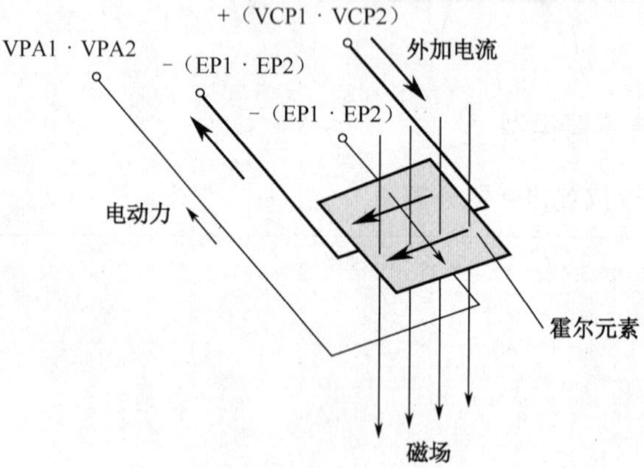

图 11-4　霍尔效应式加速踏板位置传感器内部电路

3）传感器信号输出

加速踏板位置传感器的输出电压特性如图 11-5 所示。

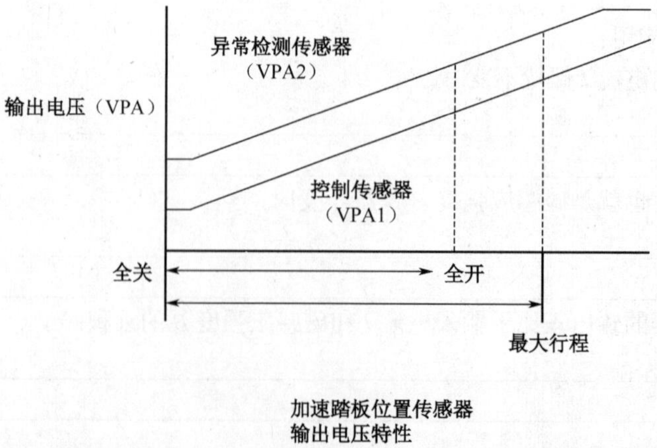

图 11-5　加速踏板位置传感器的输出电压特性

写出图 11-5 所示加速踏板位置传感器输出信号的特点：

3．变压器式

描述图 11-7 和图 11-8 所示变压器式加速踏板位置传感器的工作原理：

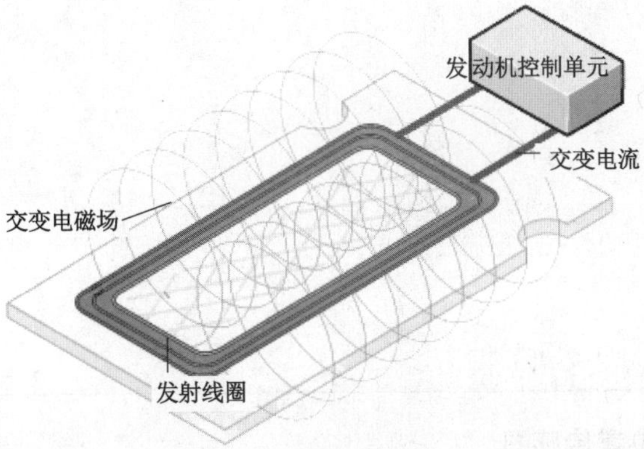

图 11–7　初级线圈励磁信号

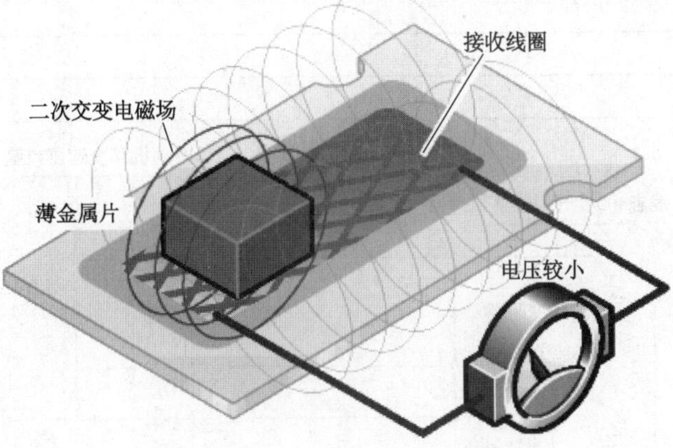

图 11–8　次级线圈输出信号

11.2 节气门位置传感器

1．节气门位置传感器的作用

2. 节气门位置传感器的分类

画出图 11-9 节气门位置传感器分类。

3. 接触式节气门位置传感器

写出图 11-10 凌志 400 节气门位置传感器工作原理：

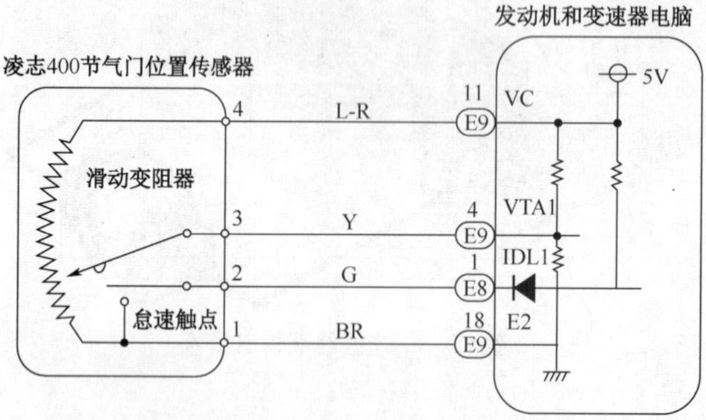

图 11-10 凌志 400 节气门位置传感器工作原理

4. 霍尔式节气门位置传感器

1）节气门体结构

写出图 11-11 所示非接触型节气门位置传感器的结构：

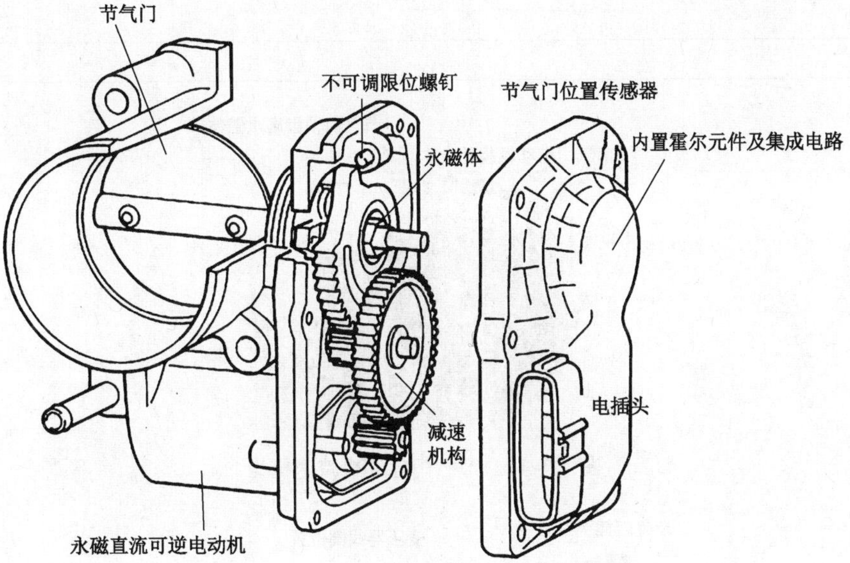

图 11-11 非接触型节气门位置传感器

2）信号输出

写出图 11-12 所示霍尔式节气门位置传感器信号输出特点：

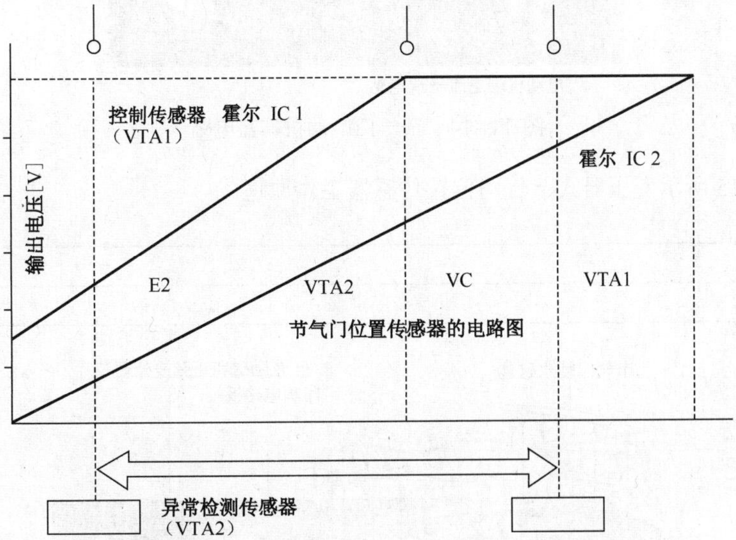

图 11-12 霍尔式节气门位置传感器信号输出

5. 变压器式节气门位置传感器

写出图 11-13 和图 11-14 所示结构特点：

图 11-13　节气门电动机减速机构

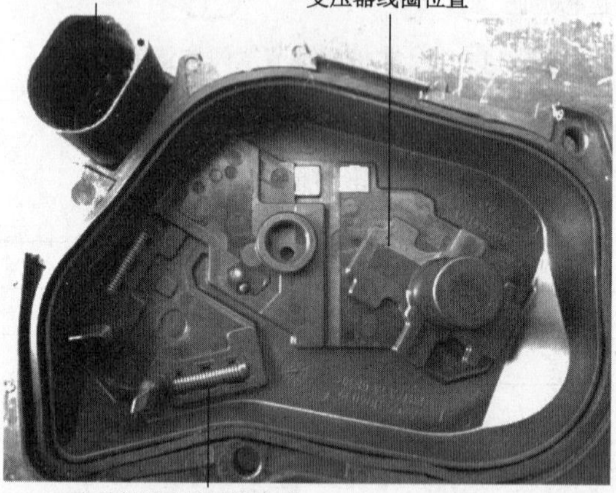

图 11-14　节气门电动机端盖电路

写出图 11-15 所示变压器式节气门位置传感器工作原理：

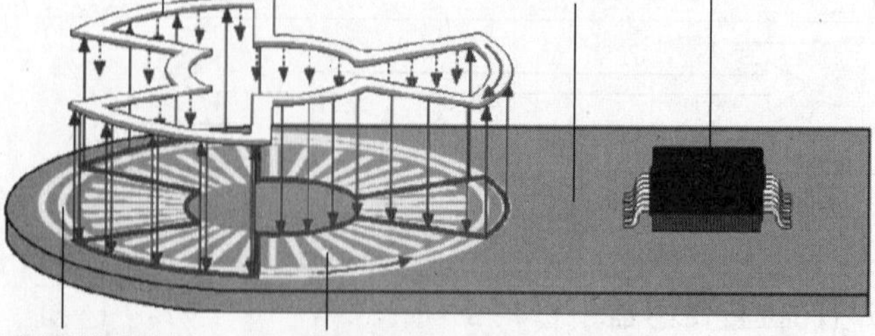

图 11-15　变压器式节气门位置传感器工作原理

11.3 全电子节气门体控制系统

1. 系统组成

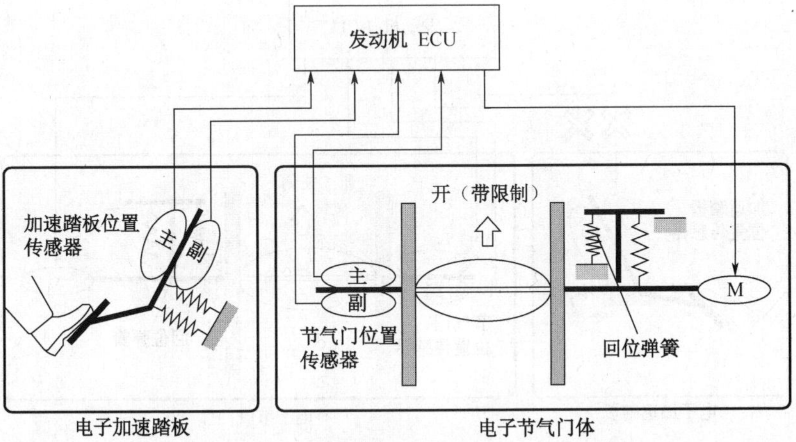

图 11-16 丰田发动机电子节气门系统组成

2. 发动机扭矩控制

____

____

____

____

3. 加速踏板传感器失效

加速踏板位置传感器信号失效分为以下两种工作情况。

1）一个传感器的信号失效

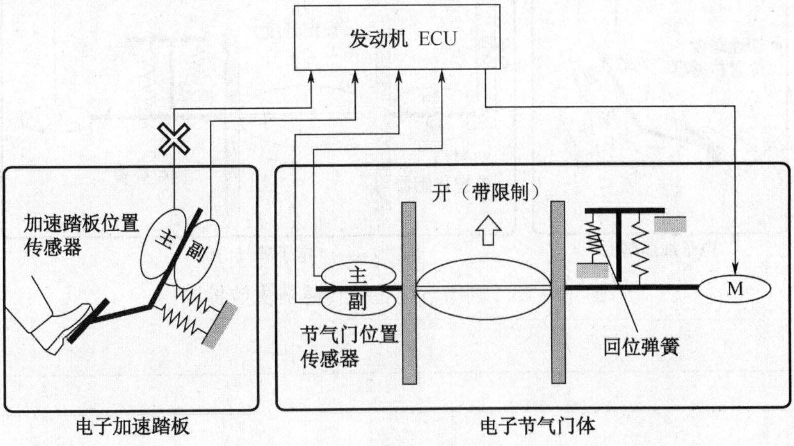

图 11-17 一个传感器的信号失效

2）两个传感器的信号失效

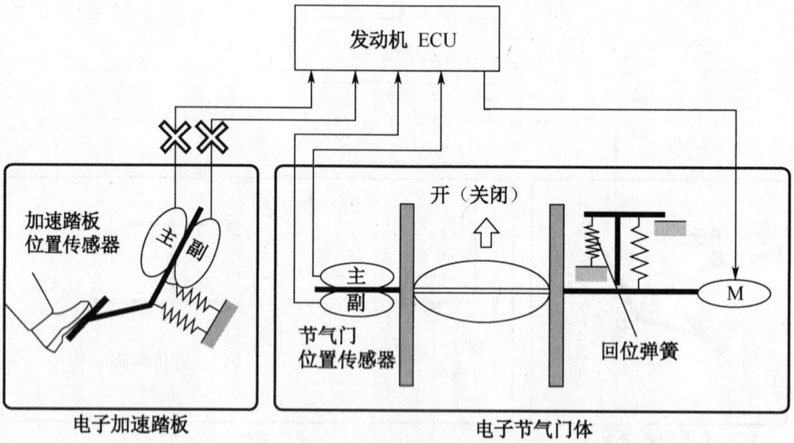

图 11–18　主、副加速踏板信号失效的应急控制

4．节气门位置传感器失效

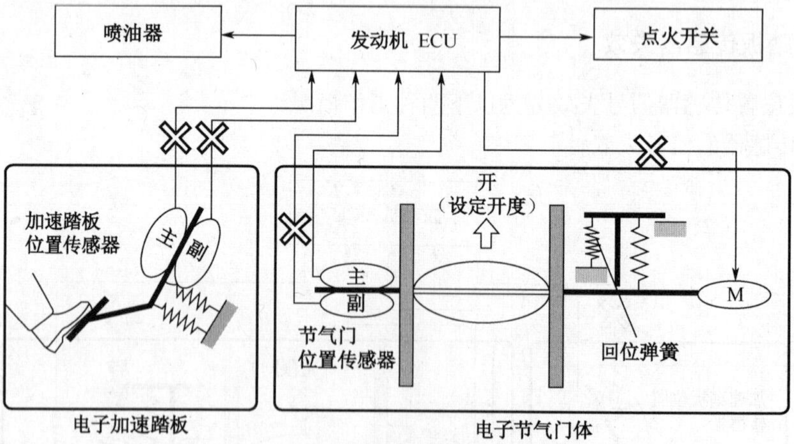

图 11–19　副节气门位置传感器失效控制

11.4 节气门体故障

1．节气门体过脏超过自适应上限

如图 11-20 所示节气门体积炭过脏如何解决：

图 11-20 节气门体积炭过脏

2．节气门体加热管堵塞

如图 11-21 所示节气门体加热管内部堵塞如何解决：

图 11-21 节气门体加热管内部堵塞

3. 基本设定的意义

如图 11-22 所示的节气门如何做基本设定：

图 11-22　节气门应急开度和最小开度

4. 节气门电动机 V60 扫膛

如图 11-23 所示节气门电动机 V60 扫膛故障如何解决：

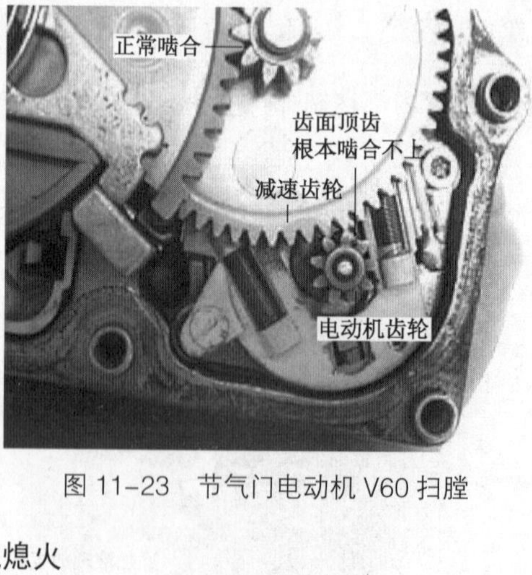

图 11-23　节气门电动机 V60 扫膛

5. 紧急制动时发动机熄火

大众汽车紧急制动熄火原因：

·第 12 章·

进气系统控制

12.1 可变配气相位技术

1. 链张紧式可变进气相位技术

1）扭矩调整

图 12-5　左后列从前向观看的可变进气正时的扭矩调整

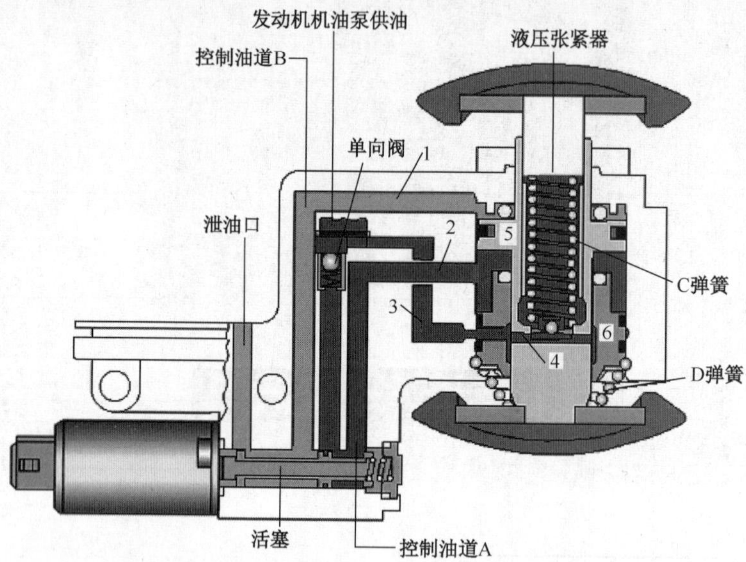

图 12-6　可变进气正时的扭矩调整原理

2）功率调整

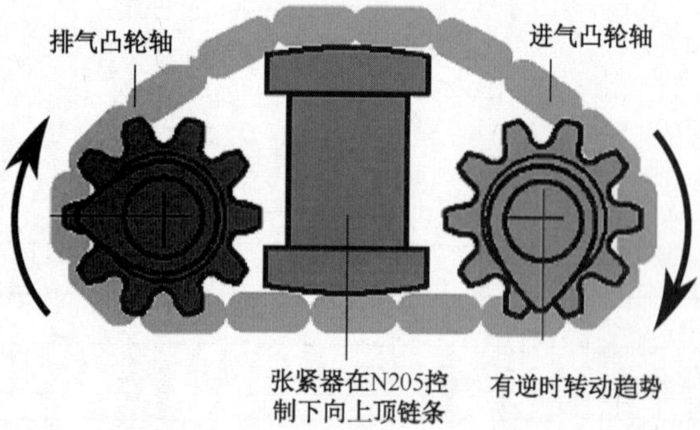

图 12-7　左后列从前向后看的可变进气正时的功率调整

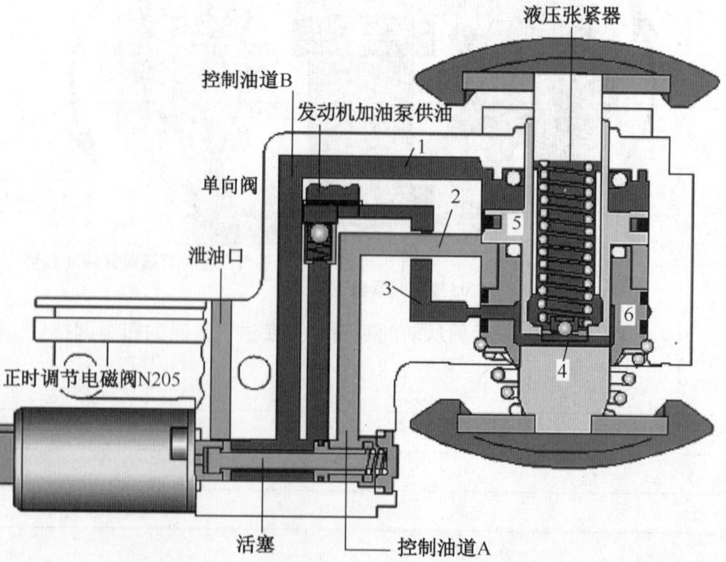

图 12-8　可变进气正时的功率调整原理

3）传动链条的安装

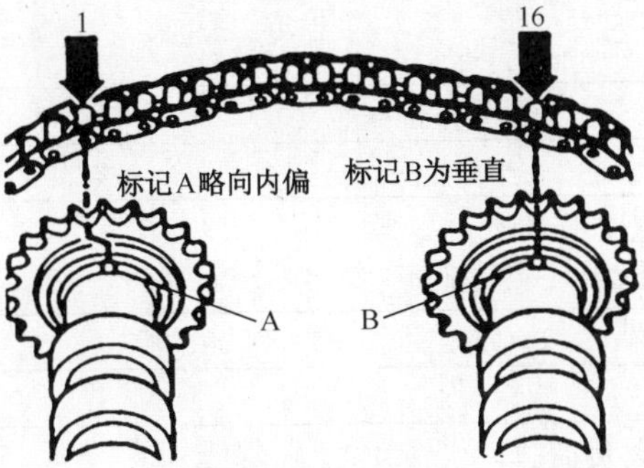

图 12-9 中链轮上第 1 和第 16 个链辊位置

4）可变配气正时系统的控制和自诊断

5）大众可变进气正时机构检查

2. 叶片式正时调节机构

写出图 12-10 所示 V 型发动机智能可变气门正时系统（VVT-i）元件名称：

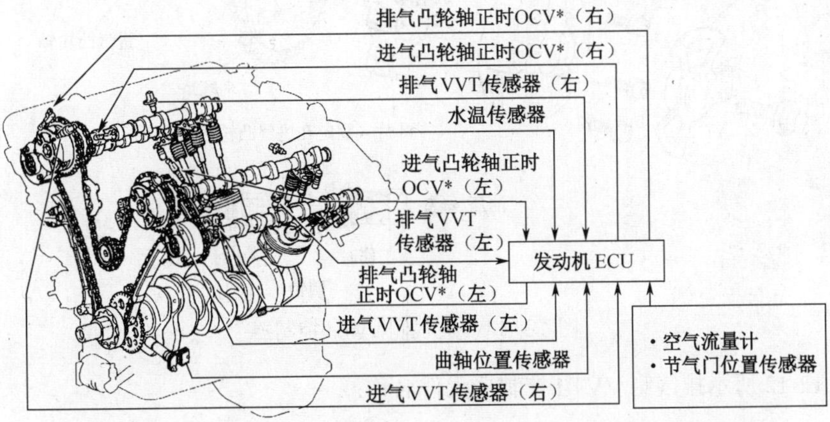

图 12-10 V 型发动机智能可变气门正时系统（VVT-i）元件布置图

1）基本要求

（1）怠速。

（2）中等负荷。

（3）低速大负荷和中速大负荷。

（4）高速大负荷。

（5）低温。

写出图 12-11 所示进气侧 VVT-i 控制器的元件名称：

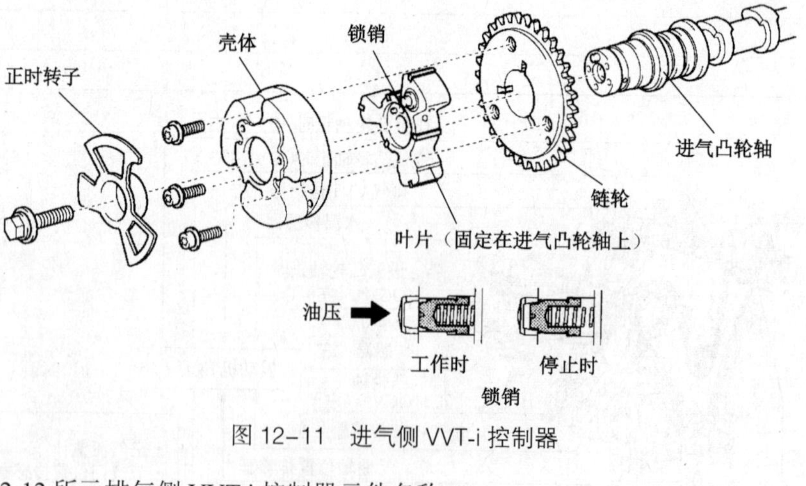

图 12-11　进气侧 VVT-i 控制器

写出图 12-12 所示排气侧 VVT-i 控制器元件名称：

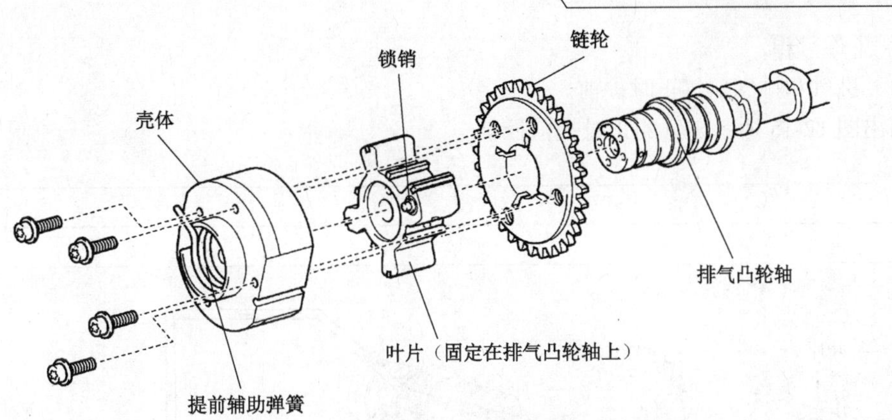

图 12-12　排气侧 VVT-i 控制器

写出图 12-13 所示进气凸轮轴正时油压控制阀工作原理：

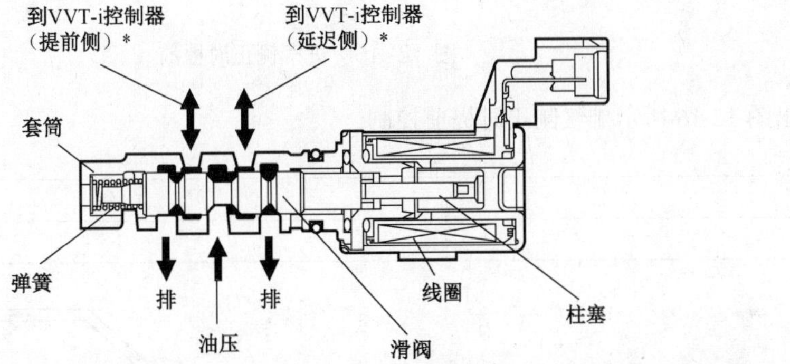

图 12-13　进气凸轮轴正时油压控制阀（*排气侧油压控制阀，提前侧和延迟侧相反）

写出图 12-14 所示可变气门正时机构工作原理：

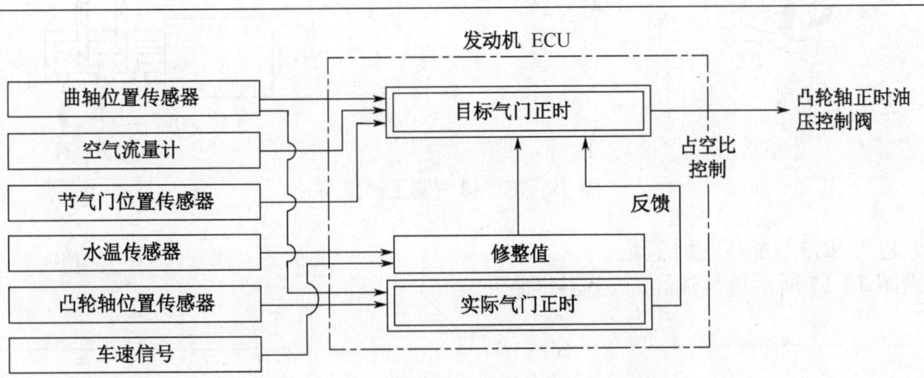

图 12-14　可变气门正时机构工作原理图

2）工作过程

（1）进气和排气配气正时提前。

写出图 12-15 所示进气侧正时提前控制：

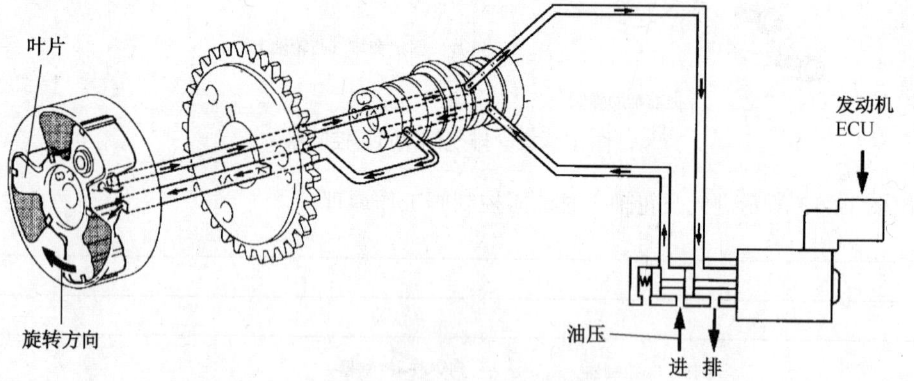

图 12-15　进气侧正时提前

写出图 12-16 所示排气侧正时提前控制：

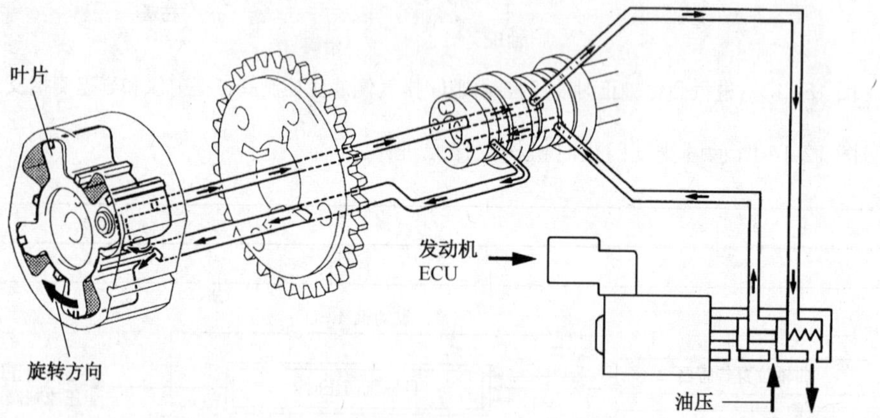

图 12-16　排气侧正时提前

（2）进气和排气配气正时延迟。

写出图 12-17 所示进气侧正时延迟控制：

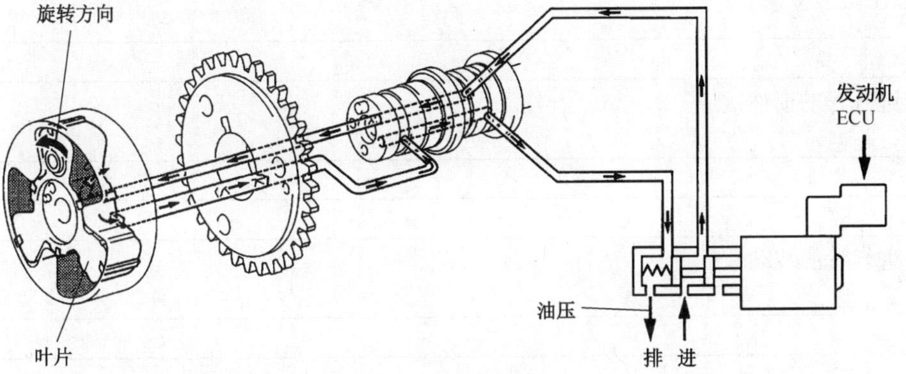

图 12-17 进气侧正时延迟

写出图 12-18 所示排气侧正时延迟控制：

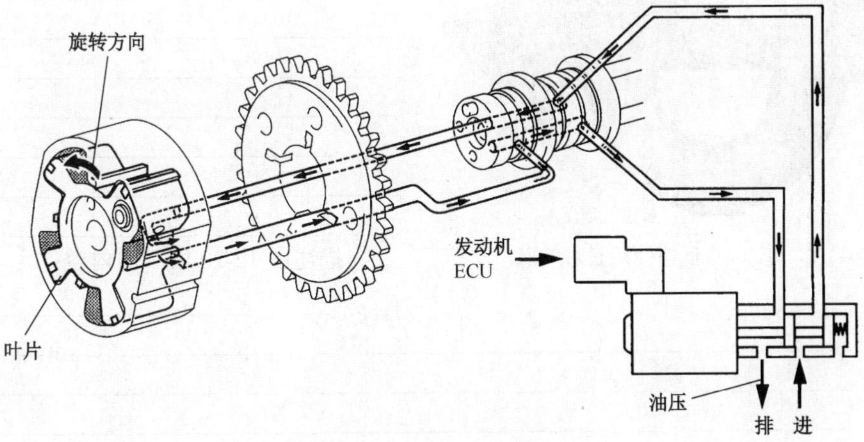

图 12-18 排气侧正时延迟

（3）进气和排气配气正时保持。

12.2 可变进气管长度技术

1. 可变进气管长度技术

什么叫动态效应：

1）进气管的惯性效应

2）进气管的波动效应

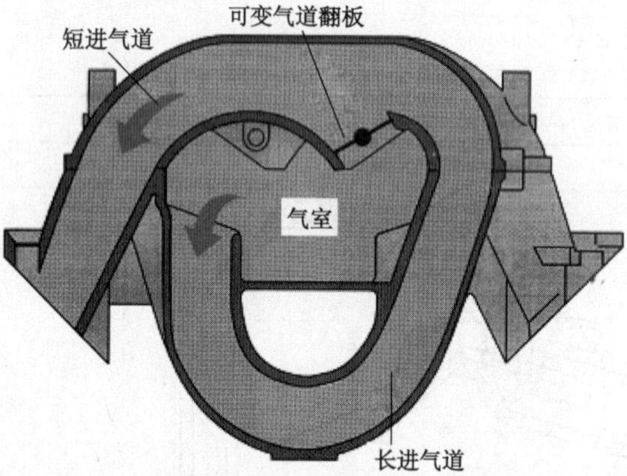

图 12-19　奥迪 A6 低速使用长进气道

2. 可变进气管长度技术

1）长进气道

描述图 12-19 所示的工作原理：

描述图 12-20 所示的内容：

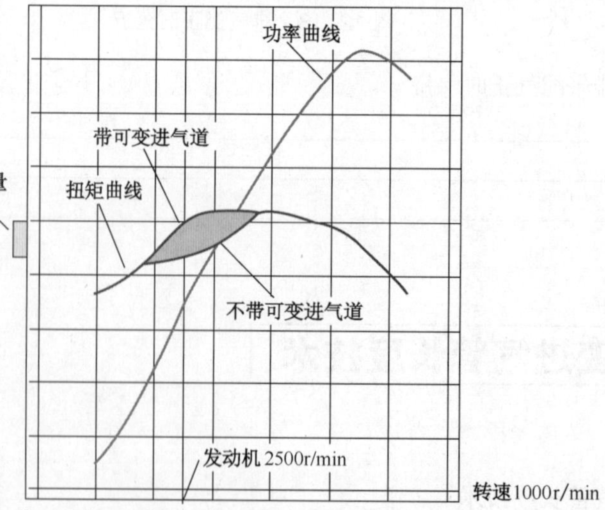

图 12-20　低转速区域内的扭矩对比

2）短进气道

描述图 12-21 所示的原理：

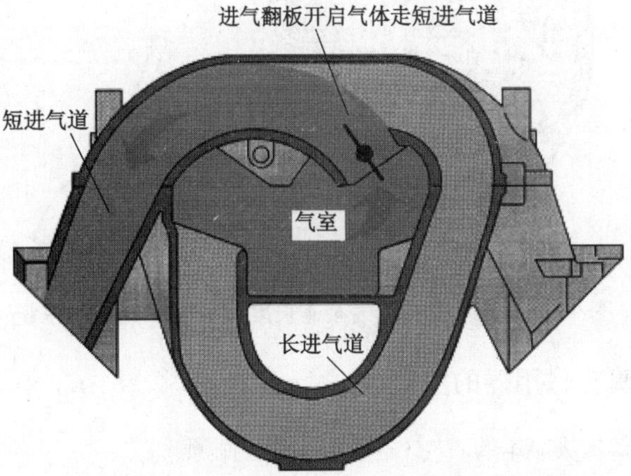

图 12-21 奥迪 A6 高速使用短进气道

描述图 12-22 所示的内容：

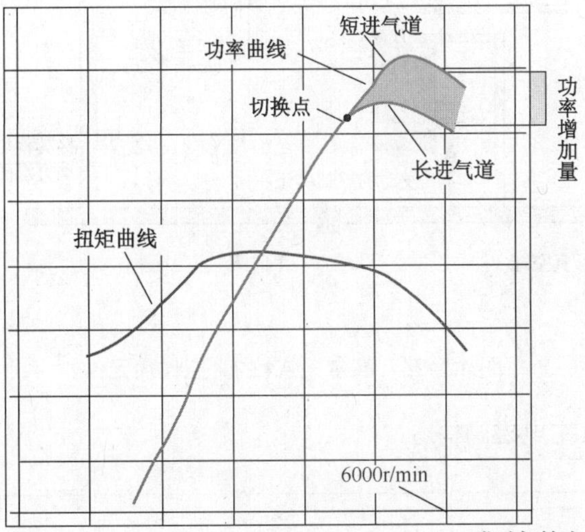

图 12-22 高转速区域内的功率对比

3. 进气管长度无级调节

描述图 12-23 所示理想的进气通道长度无级调节的进气系统的工作原理：

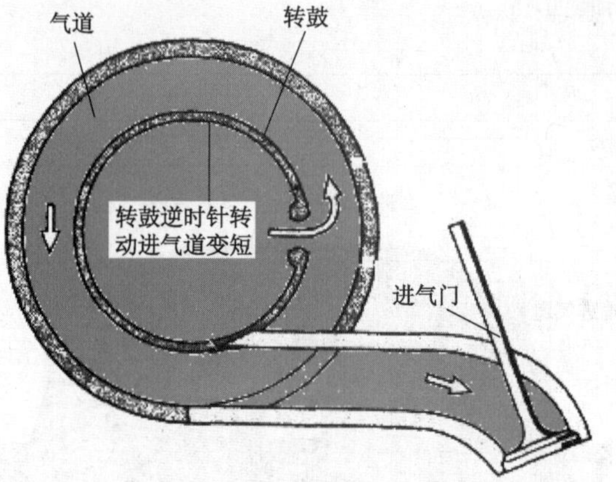

图 12-23　理想的进气通道长度无级调节的进气系统

4．可变进气系统真空作用器的控制

描述图 12-24 所示高尔夫 A4 的真空作用元件的工作原理：

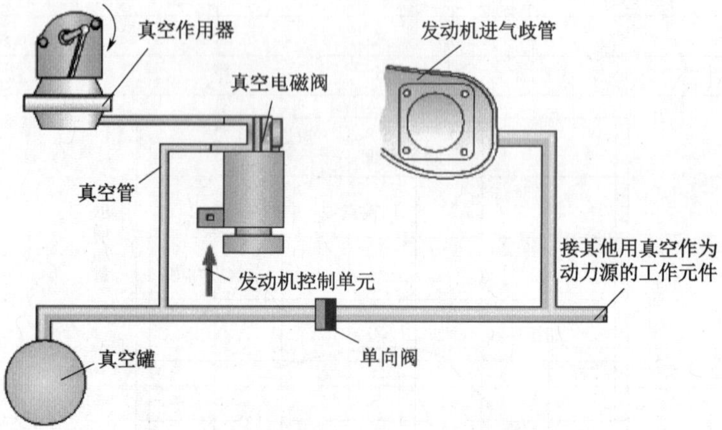

图 12-24　高尔夫 A4 的真空作用元件

描述图 12-25 所示真空电磁阀构造：

描述图 12-26 所示真空作用器构造：

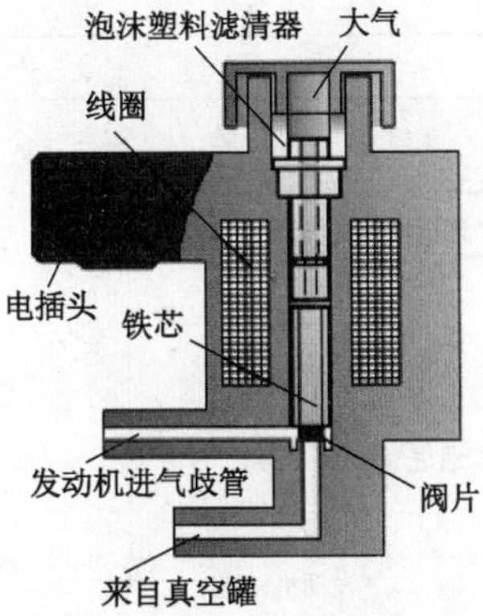

图 12-25 真空电磁阀

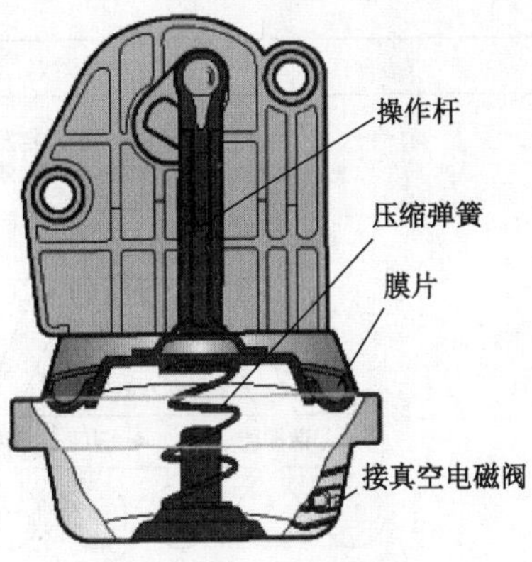

图 12-26 真空作用器

5. 可变进气系统检查

可变进气系统出现故障后导致整车的油耗升高及高速功率差。

1）一般性检查

2）转换电磁阀 N156 检查

12.3 发动机谐振增压

1. 谐振增压作用

2. 谐振增压结构

1）直列六缸发动机

描述图 12-27 所示直列发动机谐振增压的工作原理：

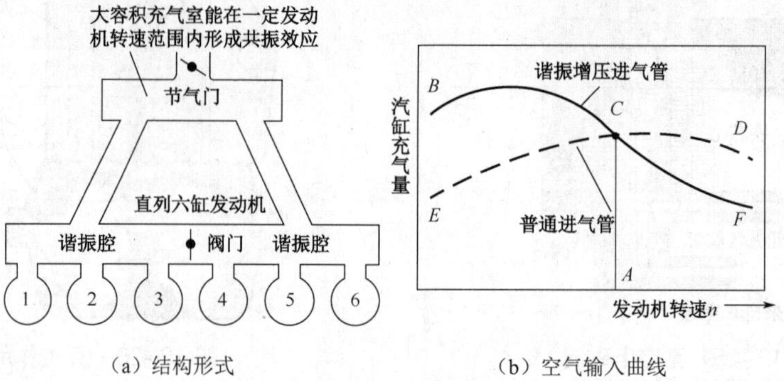

图 12-27 直列发动机谐振增压

2）V 型六缸发动机

描述图 12-28、图 12-29 所示 ACIS 阀的工作原理：

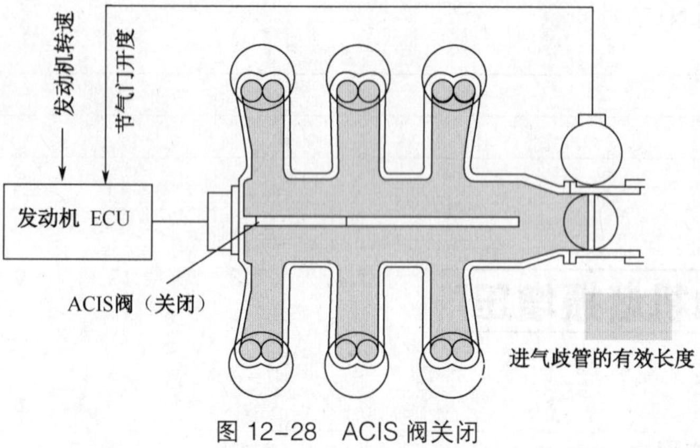

图 12-28 ACIS 阀关闭

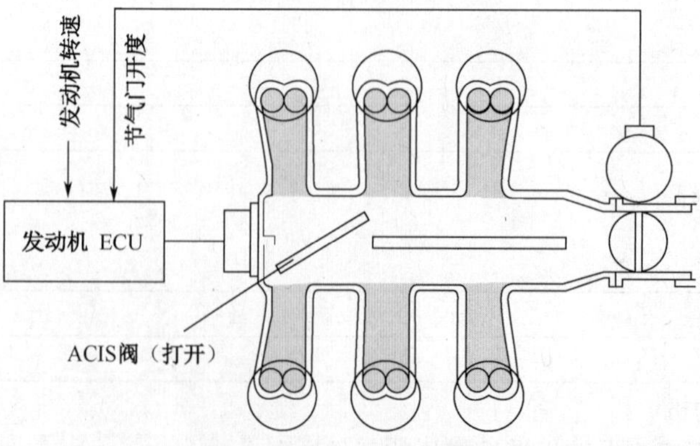

图 12-29 ACIS 阀打开

3．谐振增压控制策略

描述图 12-30 所示 ACIS 阀控制时刻：

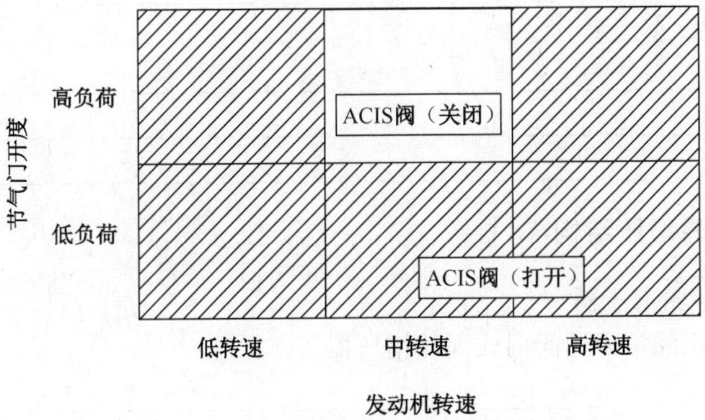

图 12–30　ACIS 阀控制时刻

12.4 大众涡轮增压系统控制

1．涡轮增压简介

1）什么是涡轮增压

2）增压效益

2．发动机改进

1）降低压缩比

2）供油系统

汽油机采用增压后，每循环进气量增多，所以要求增加每循环的供油量。

3）改变配气相位

4）设置分支排气管

5）冷却增压空气

3. 两种废气涡轮增压结构

1）旁通阀门式涡轮增压器

描述图 12-31 所示通常旁通阀门式涡轮增压器工作原理：

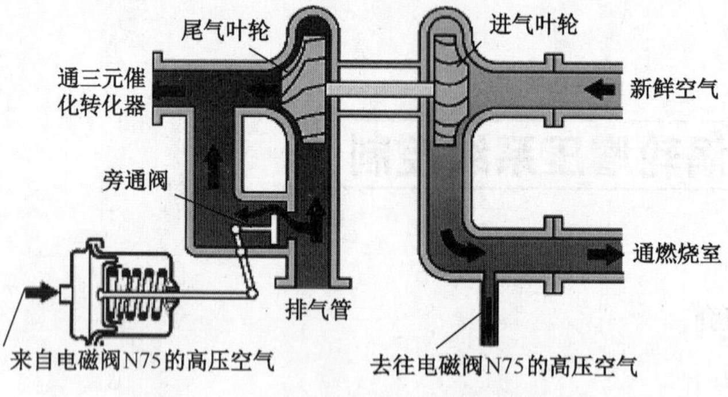

图 12-31　通常旁通阀门式涡轮增压器

2）可调整叶片式涡轮增压器

根据图 12-32、图 12-33 所示描述可调整叶片式涡轮增压器的增压调节原理：

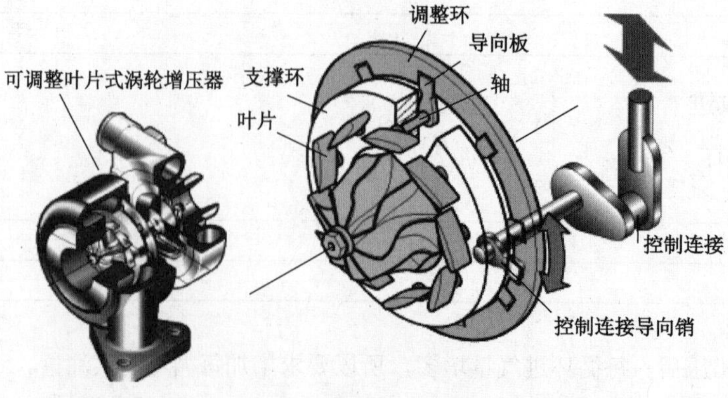

图 12-32　可调整叶片式涡轮增压器（如奥迪 200 1.8T）

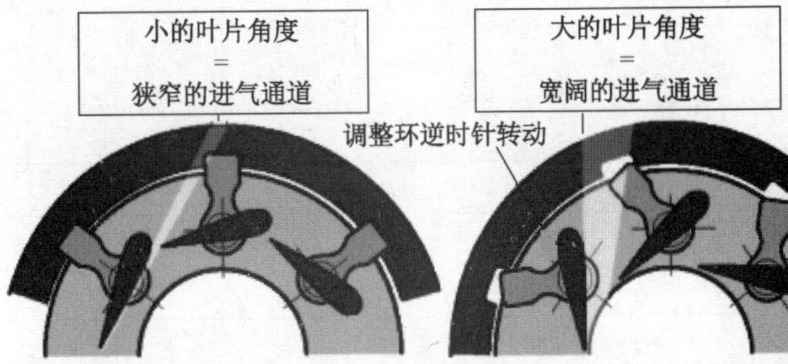

图 12-33 可调整叶片式涡轮增压器的增压调节原理

4. 涡轮增压控制

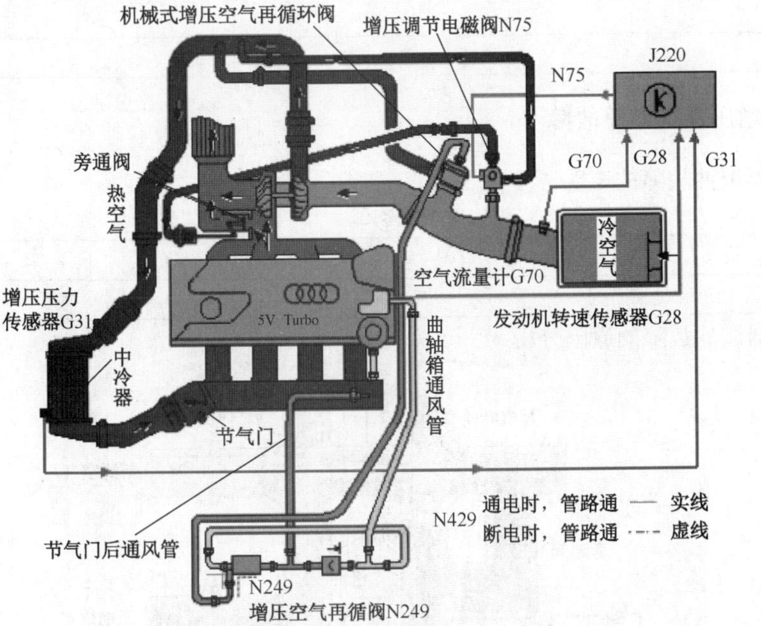

图 12-34 大众涡轮增压系统示意图

1）增压控制

2）超速切断控制

5. 废气涡轮增压系统的检查

1）检查废气涡轮增压系统的条件

2）检查 G31 是否正常

3）读取数据流

4）机械部件检查

6. 涡轮增压系统常见故障

1）增压器漏油故障的表现

2）增压器漏油故障的原因分析

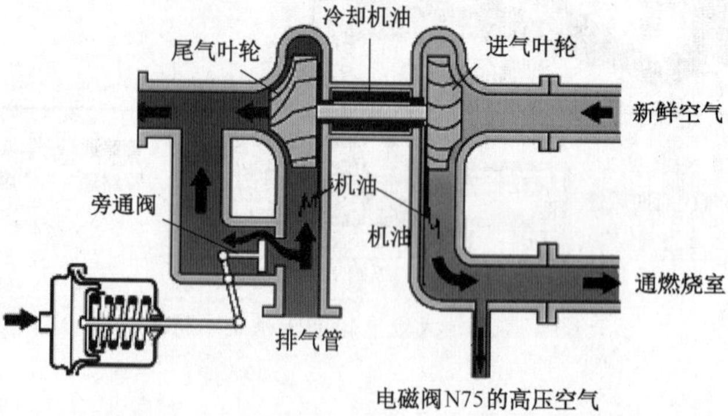

图 12-39 增压器漏油位置

3）预防故障应采取的措施

（1）熄火前怠速运转降温。

（2）发动机润滑系统的定期维护。

（3）叶片损伤。

7. 与涡轮增压系统易混故障

1）空气滤清器堵塞

2）空气流量计后漏气

3）废气再循环阀卡滞

·第13章·

排放控制系统

13.1 排放控制技术

1. 汽车公害

（1）______

（2）______

（3）______

2. 汽车排污的三个来源

1）从排气管排出的废气

______

2）曲轴箱窜气

______

3）挥发的汽油蒸气

______

3. 有害物处理办法

1）什么是燃烧前处理

______

2）什么是燃烧后处理

______

4．燃烧前处理控制

1）其他的燃烧前处理控制技术

2）全新的发动机结构设计

（1）发动机进气管设计。

（2）燃烧室设计。

（3）燃料喷射。

3）计算机控制技术的进步

- CO 排放控制

- HC 和 NO_x 排放控制

13.2 二次空气喷射控制

1．二次空气系统的作用

2. 二次空气系统举例

1）奥迪 A6 二次空气系统

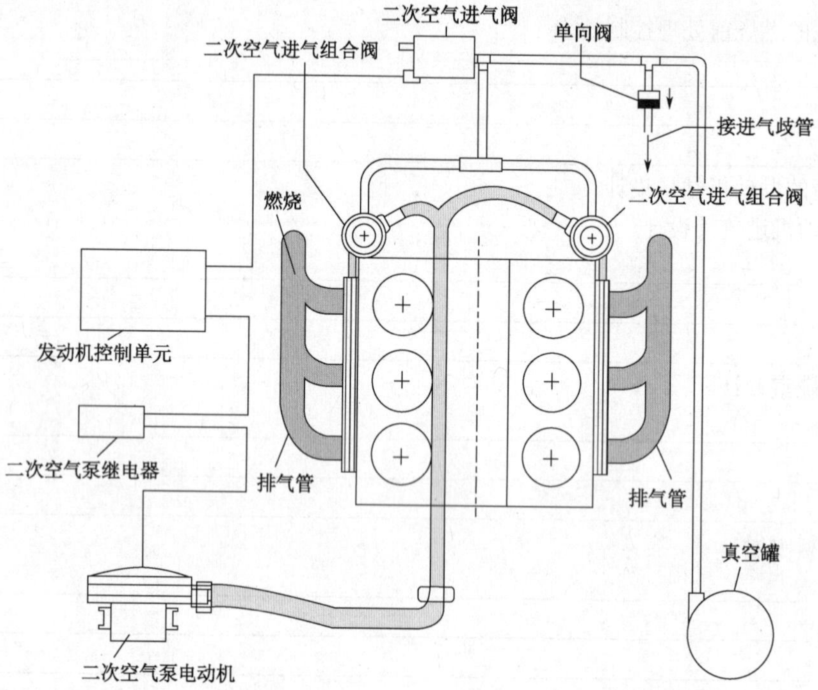

图 13-3　奥迪 A6 二次空气系统的组成和工作原理

2）宝来二次空气系统

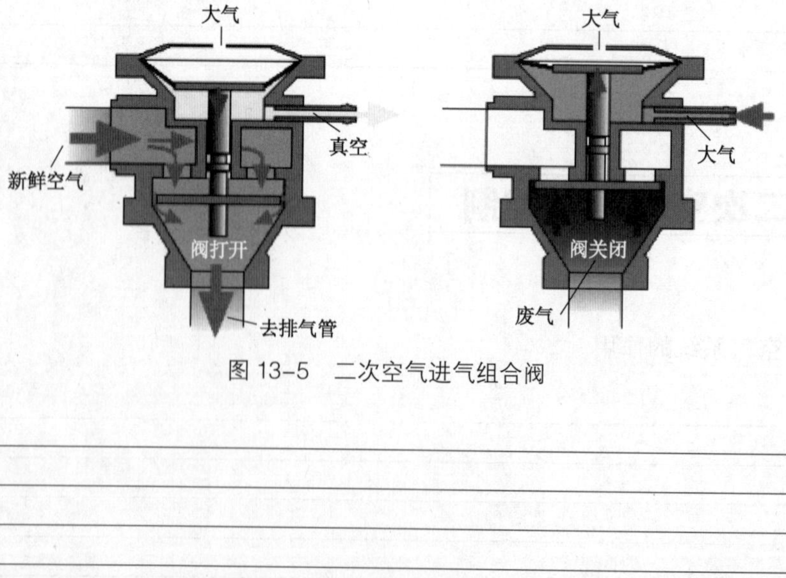

图 13-5　二次空气进气组合阀

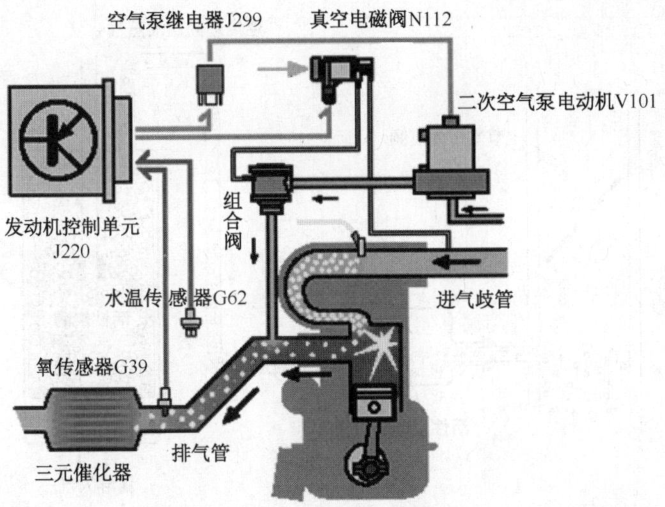

图 13-6 宝来二次空气喷射原理图

13.3 油箱蒸发物控制

1．活性炭罐蒸发控制

1）活性炭罐蒸发控制的作用

2）活性炭罐蒸发控制的工作原理

3）活性炭罐蒸发控制条件

4）活性炭罐蒸发控制数据分析

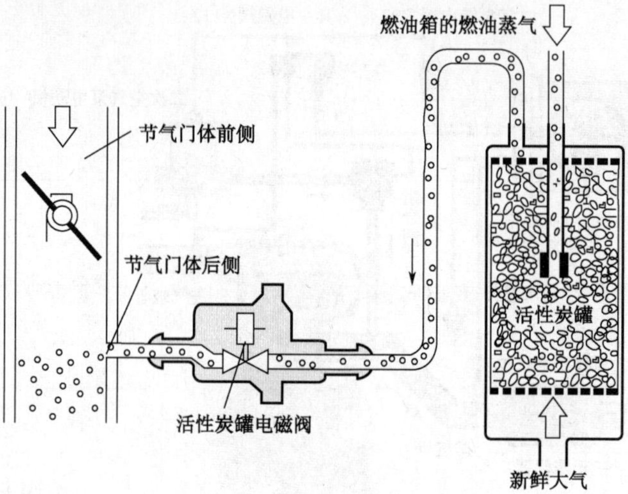

图 13-7　蒸发物排放控制系统

2．油箱泄漏检测控制

1）采用真空测试诊断燃油系统泄漏

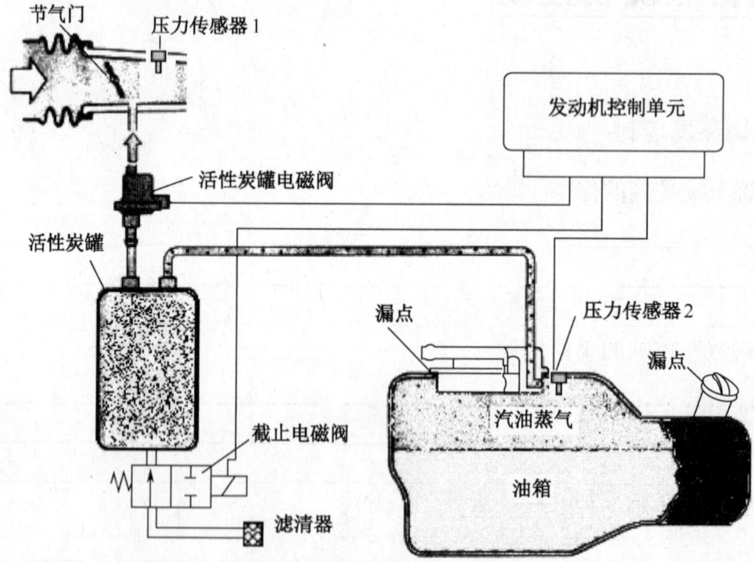

图 13-8　采用真空测试诊断燃油系统泄漏的结构

2）采用打压法诊断泄漏

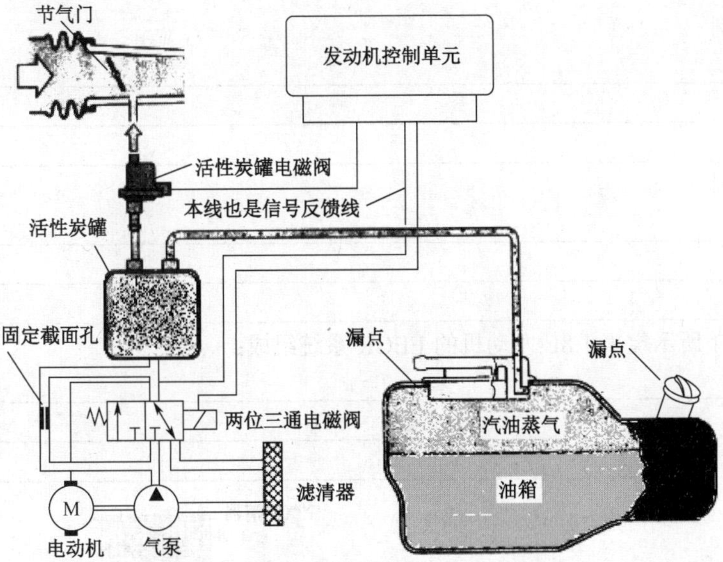

图 13-9 在燃油系统加压测试泄漏的结构

13.4 废气再循环控制

1. 废气再循环控制的作用

2. 废气再循环控制基本原理

3. EGR 率

什么是 EGR 率：

4．开环和闭环控制

1）开环控制

2）闭环控制

描述图 13-11 所示宝来 1.8L 发动机的 EEGR 系统组成：

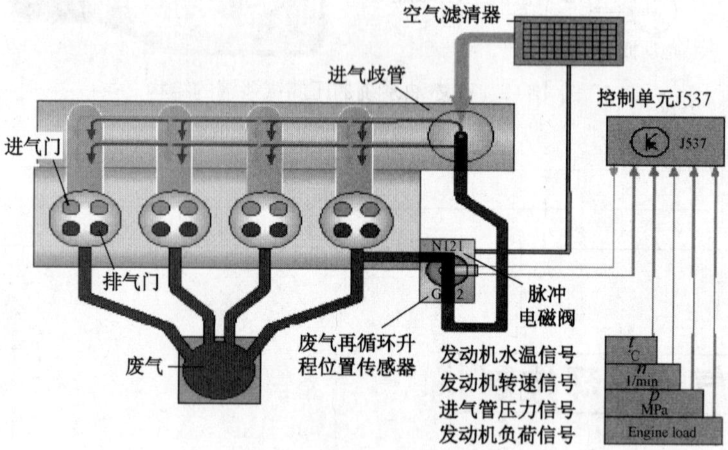

图 13-11　宝来 1.8L 发动机的 EEGR 系统组成

5．宝来 1.8L EEGR 系统

1）工作条件

2）工作原理

6．宝来 1.8L EEGR 系统检修

1）基本设定

2）数据流分析

7. GR系统自诊断

1）歧管压力传感器诊断

2）基于怠速稳定性的诊断

13.5 曲轴箱强行通风系统（PCV）

1. 曲轴箱强行通风系统（PCV）的作用

2. 开式和闭式曲轴箱强行通风

1）开式曲轴箱强行通风系统

2）闭式曲轴箱强行通风系统

3. PCV阀量控制

1）怠速或小负荷时PCV阀的控制

写出图13-15所示怠速或小负荷时PCV阀的控制：

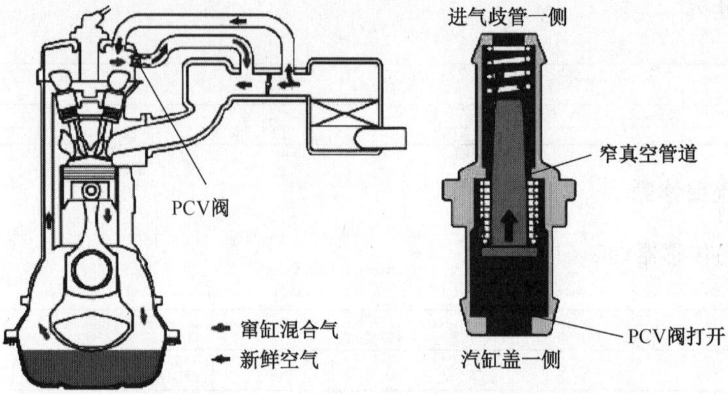

图 13-15　怠速或小负荷时 PCV 阀的控制

2）节气门全开时 PCV 阀的控制

写出图 13-16 所示节气门全开时 PCV 阀的控制：

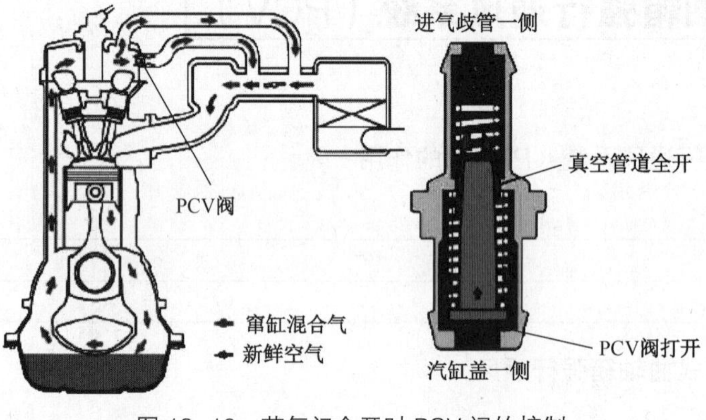

图 13-16　节气门全开时 PCV 阀的控制

·第 14 章·

电控发动机的自诊断

14.1 车间技术

1. 汽车修理行业发展趋势

许多因素影响车间业务，目前的业务趋势是：

（1）____________________

（2）____________________

（3）____________________

（4）____________________

（5）____________________

2. 汽车修理行业发展产生的影响

1）要求

为在今后能向市场提供高效的车间修理能力，车间必须适应目前的变化趋势。这些变化趋势直接导致如下的结果。

（1）____________________

（2）____________________

（3）____________________

（4）____________________

（5）____________________

2）测量和检测技术

____

____

____

3. 车间维修流程

____

1）接受委托

2）保养和修理

4．电子服务信息

1）支持车间流程的系统功能

ESI 是模块化的用于技术贸易的软件产品。各个模块包含下列信息：

（1）

（2）

（3）

（4）

（5）

（6）

（7）

（8）

（9）

（10）

（11）

2）ESI 用户

ESI 的主要用户是汽车修理车间、部件和机组的修理工和零部件大批发商。它们利用这些技术信息的目的是：

（1）

（2）

（3）

3）ESI 应用

5．汽车—系统—分析（FSA）

6．测试方法

______

7．车间修理流程实例

______

14.2 汽车 OBDⅡ

1．通信协议

______

2．故障诊断连接器

图 14-4　OBDⅡ或 EOBD 故障诊断连接器

1）OBDⅡ故障诊断连接器引脚含义

引脚 2—______；
引脚 4—______；
引脚 5—______；
引脚 6—______；
引脚 7—______；
引脚 10—______；
引脚 14—______；
引脚 15—______；
引脚 16—______。

2）EOBD 故障诊断连接器引脚含义

引脚 1—______；
引脚 2—______；
引脚 3—______；
引脚 4—______；

引脚 5—______________；
引脚 6—______________；
引脚 7—______________；
引脚 8—______________；
引脚 9—______________；
引脚 10—______________；
引脚 11—______________；
引脚 12—______________；
引脚 13—______________；
引脚 14—______________；
引脚 15—______________；
引脚 16—______________。

3．故障代码

根据 ISO5031-6（或 SAEJ2012，以后也可能执行 SAEJ1939）标准，OBDⅡ和 EOBD 都统一使用标准的故障代码。其故障代码共由五位数组成，各位数的含义如下：

第一位：系统英文字母代码

B—__________车身；C—__________底盘；P—__________动力系统（发动机电控发动机）；U—__________。

第二位：标准代码或生产厂家代码

0—__________定义的代码；1、2、3—__________定义的代码。

第三位：故障范围代码

1、2—__________系统；3—__________系统；4—__________系统；5—__________系统；6—__________电路。7、8—__________系__________系统；9、0—__________系统。

第四位和第五位：故障码内容

00～99 代表__________。

解释 P0100 空气流量计电路故障代码（SAE 定义）和 P1456 为电子加热催化剂故障代码（生产厂商自定义）。

____

____

____

14.3 数据分析

1．什么是串行数据

____

____

____

2．串行数据诊断的局限性

3．汽车控制单元诊断仪

14.4 电控发动机诊断技巧

1．诊断顺序和原则

在诊断电喷发动故障时一般都遵循这样的原则：

第一步：

第二步：

第三步：

2．发动机电控系统的软故障诊断

3．故障码的分类

14.5 数据流分析

1. 信号偏差

1）什么是信号偏差

2）信号偏差的影响

2. 数据流的读取

3. 数据的分类

4. 数据的含义

5. 数据分析例

1）发动机转速

2）氧传感器数据

3）短期燃油调节

4）长期燃油调节

6．数据分析应用

《柴油/天然气发动机构造与检修》

·第1章·

柴油机燃烧基础

1.1 柴油性能指标

1．柴油的组分及牌号

2．主要性能指标

（1）着火性

（2）蒸发性

（3）黏度

（4）凝点

1.2 柴油机混合气的形成

1．形成混合气的两种基本方式

柴油机可燃混合气的形成，按其形成的原理可分为________和________两种方式。

（1）空间雾化混合方式

（2）油膜蒸发混合方式

2．影响混合气形成的主要因素

影响混合气形成的因素包括________、________、________等。

（1）燃料的喷雾对混合气形成的影响

利用喷油器将柴油喷散成细粒的过程称为__________。

① 油束的形成及特性

- 喷雾锥角

- 油束射程

- 雾化特性

② 影响油束特性的因素

- 喷油器结构

- 柴油的喷油压力

- 柴油的黏度

- 汽缸内压缩空气的反压力

- 喷油泵凸轮外形及转速

（2）空气运动对混合气形成的影响

1.3 柴油机的燃烧过程

柴油机的燃烧过程是从__________为止，所占时间很短（为 50°～70° 曲轴转角，高速柴油机只有 0.003～0.006s），整个过程非常复杂。

1. 柴油机的着火

2. 柴油机的燃烧过程

柴油机的燃烧过程通常利用展开示功图即__________________图来分析和研究。

将柴油机的燃烧过程划分为 4 个阶段，即__________________期、__________________期、______________期和______________期。

（1）什么是着火延迟期

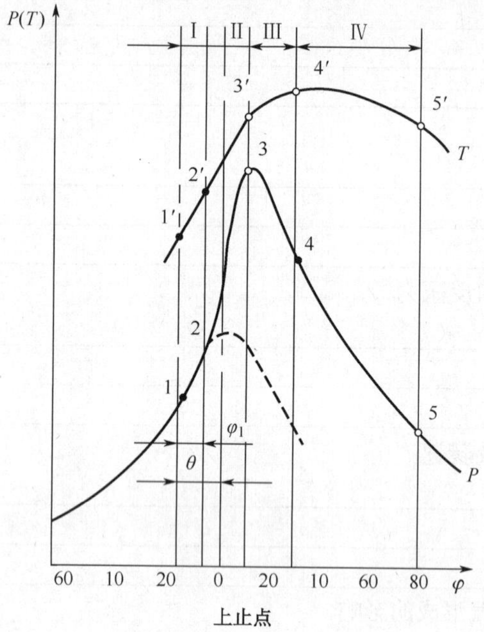

图 1–3　柴油机燃烧过程的展开示功图（ θ 喷油提前角；φ着火延迟角 ）

（2）什么是速燃期

（3）什么是缓燃期

（4）什么是补燃期

1.4 影响柴油机燃烧过程的主要因素

1. 着火延迟期及其影响因素

下面分析这些因素对着火延迟期，以及对燃烧过程和柴油机性能的影响。

（1）燃料性质的影响

（2）压缩比的影响

（3）喷油提前角的影响

（4）转速及气流运动的影响

（5）负荷的影响

（6）增压的影响

2. 燃烧过程的影响

（1）供油系统

柴油机高压燃料的供给主要是由________和________完成的。它们的性能对柴油机燃烧过程影响很大。

① 喷油泵

② 喷油器

孔式喷油器：

轴针式喷油器：

③ 带泵喷油器

（2）喷油规律

（3）不正常喷射

① 二次或多次喷射

② 穴蚀

③ 滴油现象

④ 断续喷射

（4）喷雾特性

1.5 柴油机的燃烧室

柴油机燃烧室按结构形式，可分成两大类：________式和________式。

1．直接喷射式燃烧室

____
____
____

（1）直接喷射式燃烧室内的空气运动

① 进气涡流产生的方法

· 切向进气道

____
____
____

· 螺旋进气道

____
____
____

② 挤气涡流

____
____
____

（2）半分开式燃烧室

① ω 形燃烧室

____
____
____

② 球形油膜燃烧室

____
____
____

③ 复合式燃烧室

____
____
____

④ 微涡流燃烧室

____
____
____

2．分隔式燃烧室

分隔式燃烧室由两个空间组成，即__________室和__________室。主燃室设在活塞顶与缸盖底面之间，副燃烧室在汽缸盖内，两室由一个或几个孔道相连。按其气流运动方式又分为______室和________室两种燃烧室。

（1）涡流室燃烧室

（2）预燃室燃烧室

3. 几种燃烧室比较

对燃烧室进行如下比较。

（1）经济性

（2）噪声和振动

（3）排放和烟度

（4）启动性

（5）对供油系统的要求

（6）对进气系统的要求

（7）热负荷

·第 2 章·

普通柴油机构造与检修

2.1 柴油机燃油系统

1. 柴油机混合气形成特点

____

____

____

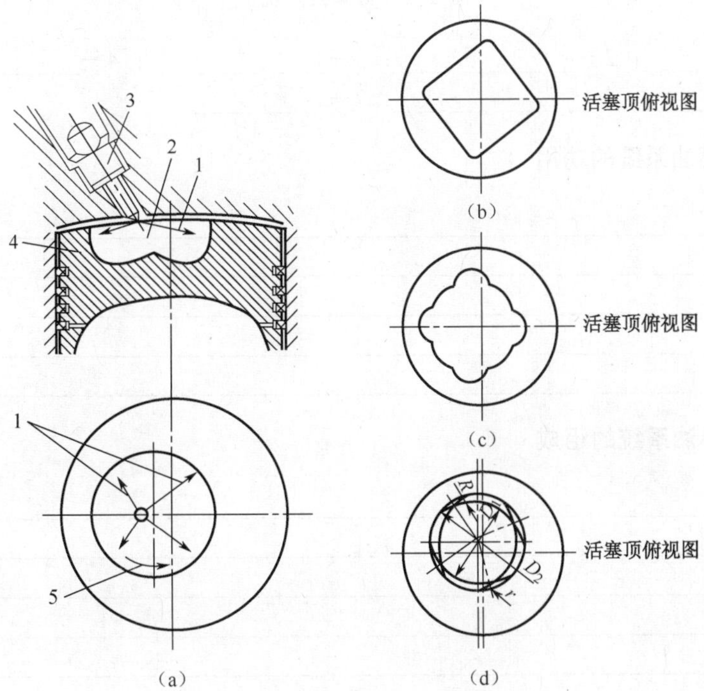

图 2-1　直喷式燃烧室

（a）__________；（b）__________；（c）__________；（d）__________

1—__________；2—__________；3—__________；

4—__________；5—__________

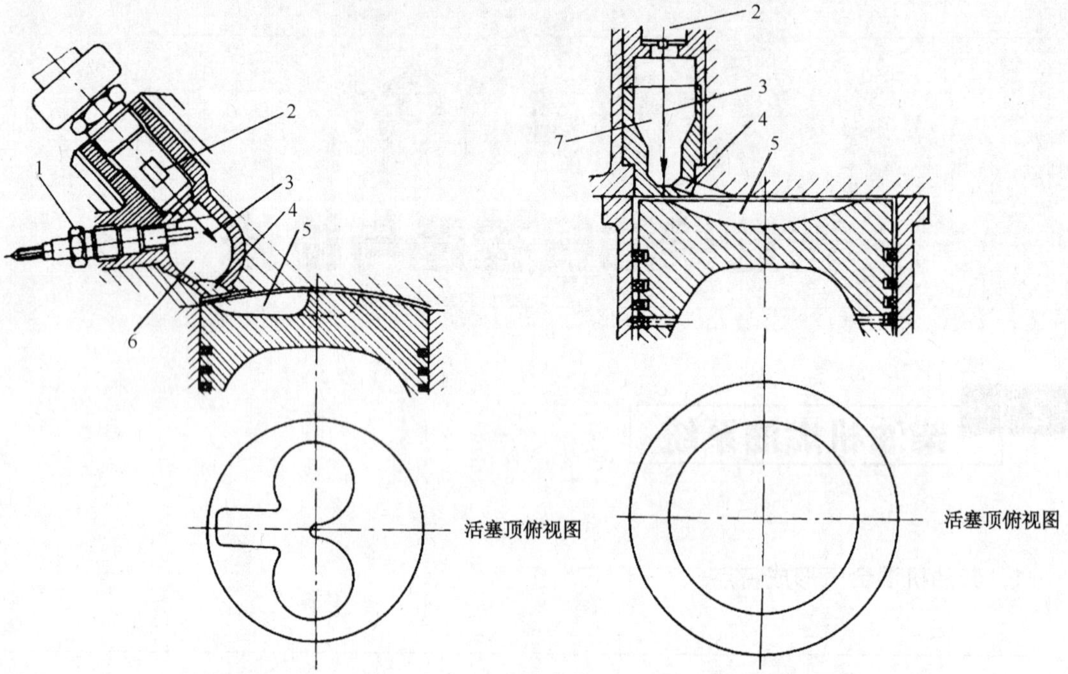

（a）涡流室燃烧室　　（b）预燃室燃烧室

图 2-2　分隔式燃烧室

1—__________；2—__________；3—__________；4—__________；

5—__________；6—__________；7—__________

2．柴油机燃油系统的功用

3．柴油机燃油系统的组成

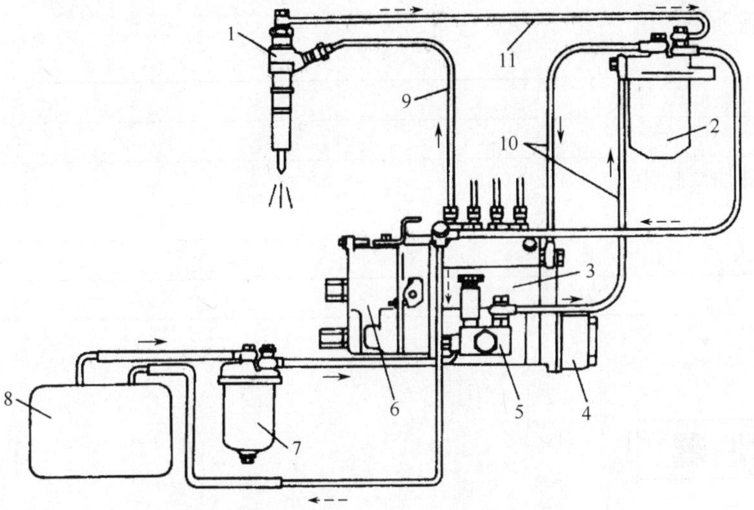

图 2–3　柱塞式喷油泵柴油机燃油系统

1—＿＿＿＿＿＿＿＿；2—＿＿＿＿＿＿＿＿；3—＿＿＿＿＿＿＿＿；4—＿＿＿＿＿＿＿＿；
5—＿＿＿＿＿＿＿＿；6—＿＿＿＿＿＿＿＿；7—＿＿＿＿＿＿＿＿；8—＿＿＿＿＿＿＿＿；
9—＿＿＿＿＿＿＿＿；10—＿＿＿＿＿＿＿＿；11—＿＿＿＿＿＿＿＿

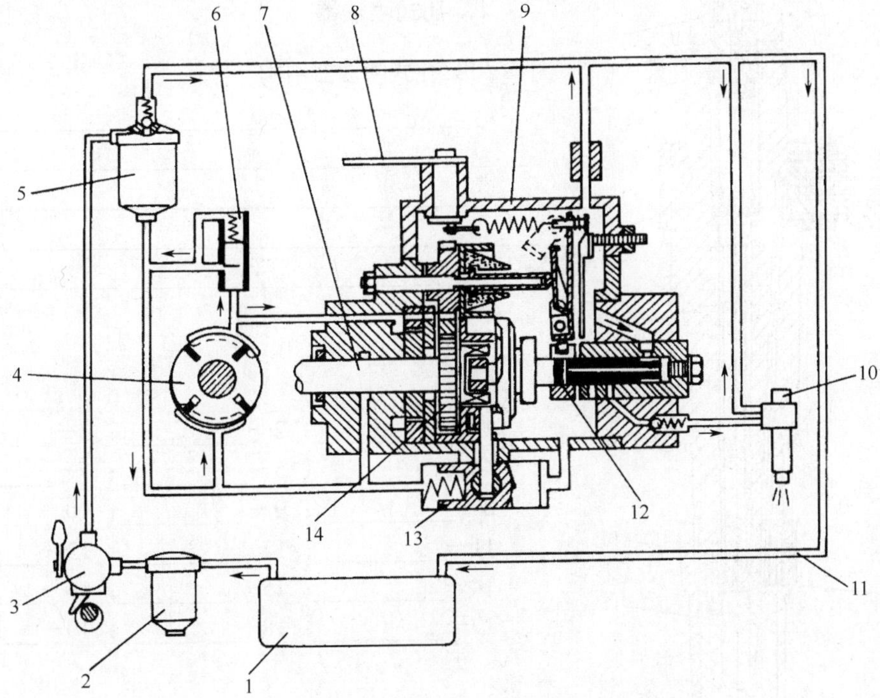

图 2–4　装有 VE 型分配式喷油泵的柴油机燃油系统

1—＿＿＿＿＿＿＿＿；2—＿＿＿＿＿＿＿＿；3—＿＿＿＿＿＿＿＿；4—＿＿＿＿＿＿＿＿；
5—＿＿＿＿＿＿＿＿；6—＿＿＿＿＿＿＿＿；7—＿＿＿＿＿＿＿＿；8—＿＿＿＿＿＿＿＿；
9—＿＿＿＿＿＿＿＿；10—＿＿＿＿＿＿＿＿；11—＿＿＿＿＿＿＿＿；12—＿＿＿＿＿＿＿＿；
13—＿＿＿＿＿＿＿＿；14—＿＿＿＿＿＿＿＿

描述一级输油泵作用

____

____

____

描述二级输油泵作用

____

____

____

2.2 喷油器

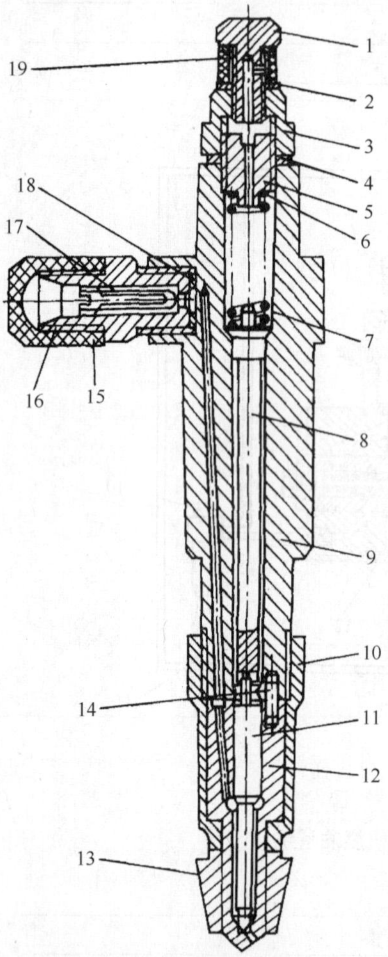

图 2-5　孔式喷油器结构

根据喷油嘴结构形式的不同，闭式喷油器又可分为__________式喷油器和__________式喷油器两种，分别用于不同类型的燃烧室。

1. 孔式喷油器

（1）孔式喷油器结构

____

____

____

____

____

1—__________；2—__________；3—__________；
4、6—__________；5—__________；7—__________；
8—__________；9—__________；10—__________；
11—__________；12—__________；13—__________；
14—__________；15—__________；16—__________；
17—__________；18—__________；19—__________

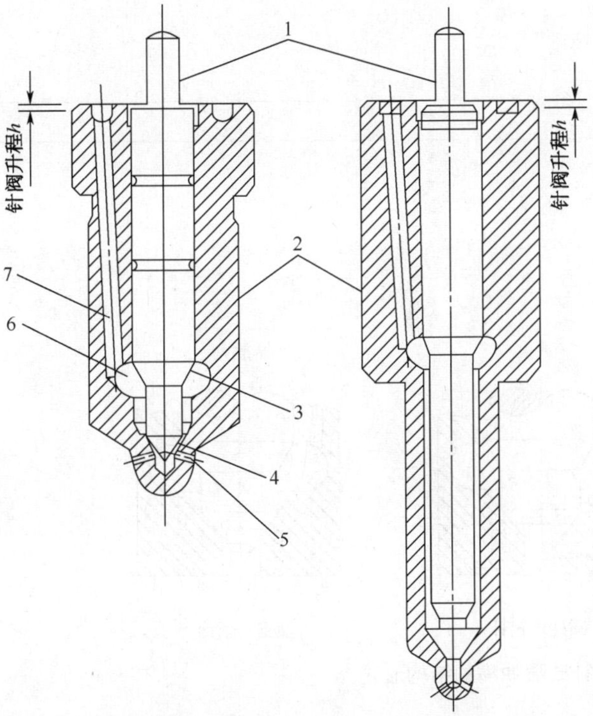

（a）短型　　（b）长型

图 2-6　孔式喷油器喷油嘴的结构形式

孔式喷油器的喷油嘴有长型和短型两种结构形式。

1—__________；2—__________；

3—__________；4—__________；

5—__________；6—__________；

7—__________

低惯量孔式喷油器的结构特点：

____

1—__________；2—__________；

3—__________；4—__________；

5—__________；6—__________；

7—__________；8—__________；

9—__________；10—__________；

11—__________

（2）孔式喷油器工作原理

____

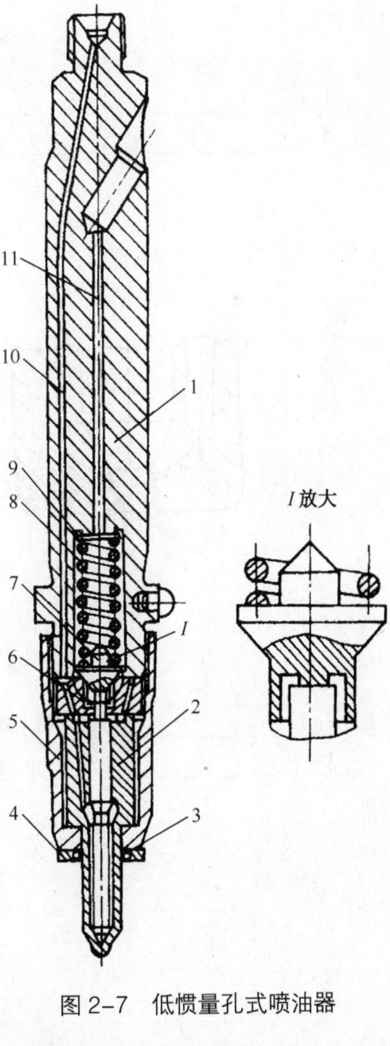

图 2-7　低惯量孔式喷油器

2. 轴针式喷油器

____

____

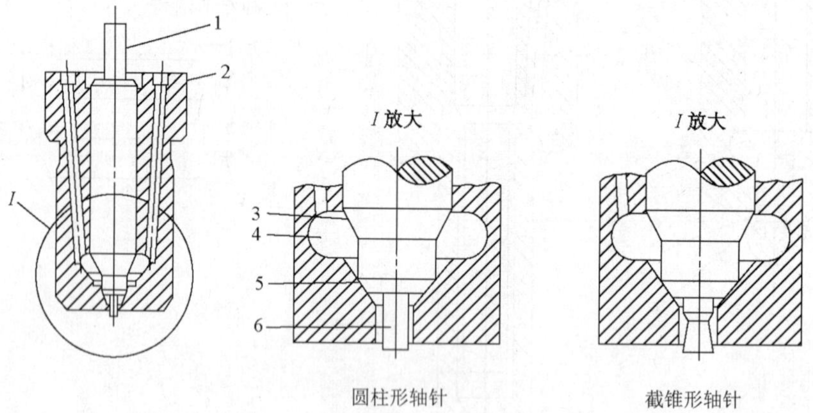

图 2-8 轴针式喷油嘴的结构形式

1—__________；2—__________；3—__________；
4—__________；5—__________；6—__________

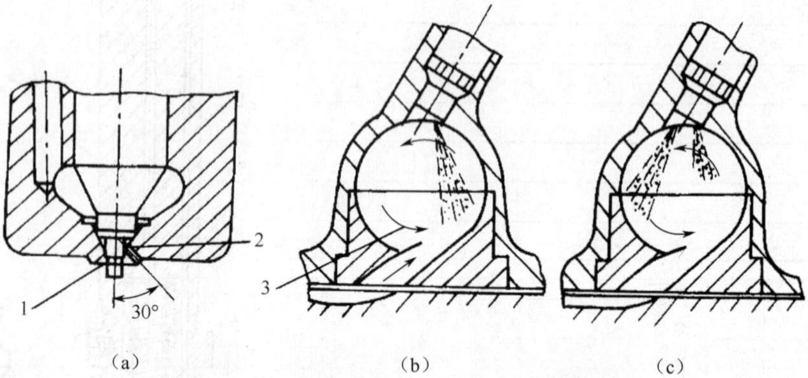

图 2-10 分流型轴针式喷油嘴及其喷射情况

(a)__________式喷油嘴；(b)__________喷射情况；(c)__________喷射情况
1—__________；2—__________；3—__________

1—__________；2—__________；
3—__________；4—__________；
5—__________；6—__________；
7—__________；8—__________；
9—__________；10—__________；
11—__________；12—__________

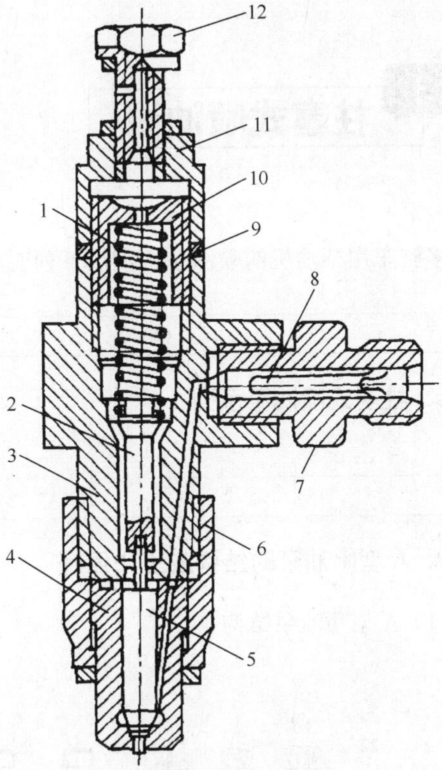

图 2-11 轴针式喷油器结构

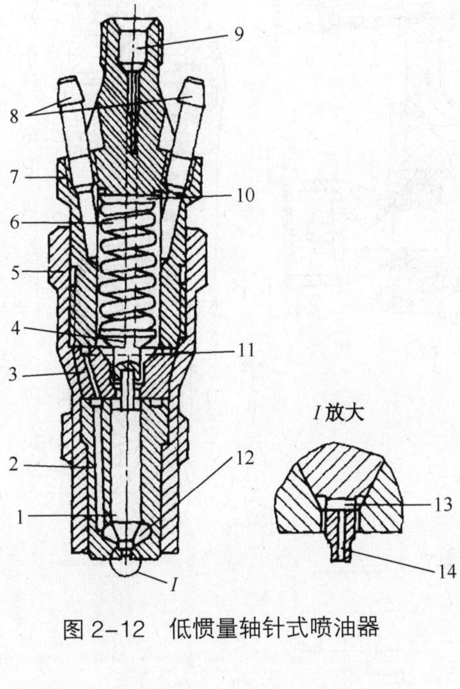

图 2-12 低惯量轴针式喷油器

1—__________；2—__________；
3—__________；4—__________；
5—__________；6—__________；
7—__________；8—__________；
9—__________；10—__________；
11—__________；12—__________；
13—__________；14—__________

2.3 柱塞式喷油泵

多缸车用柴油机的喷油泵应满足下列要求：____

1. 柱塞式喷油泵系列

____

2. A 型喷油泵的结构及工作原理

（1）A 型喷油泵结构

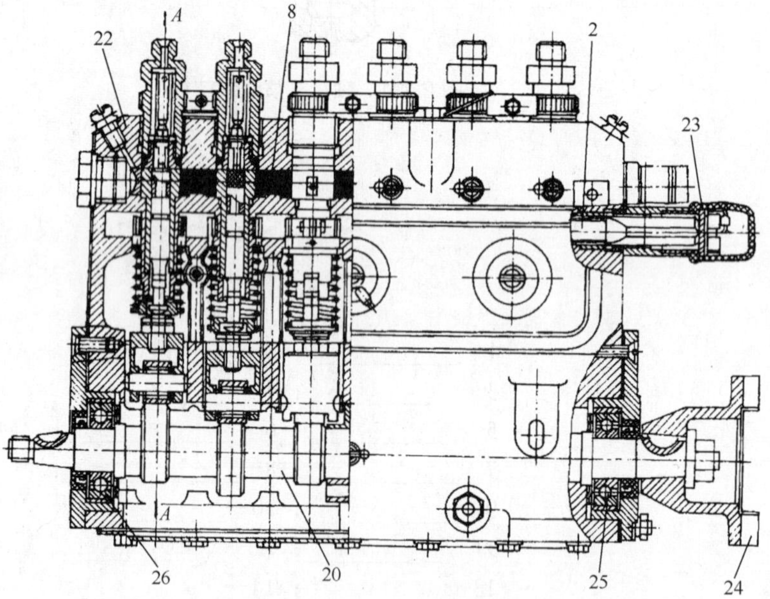

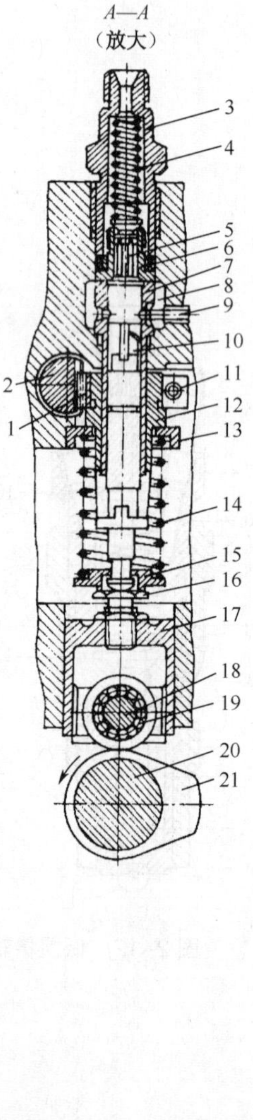

图 2-13　A 型喷油泵结构

1—________；2—________；3—________；4—________；
5—________；6—________；7—________；8—________；
9—________；10—________；11—________；12—________；
13、15—______；14—________；16—________；17—________；
18—________；19—________；20—________；21—________；
22—________；23—________；24—________；25、26—______

① 泵油机构

____

____

____

② 供油量调节机构

1—__________；2—__________；3—__________；

4—__________；5、6—__________；7—__________

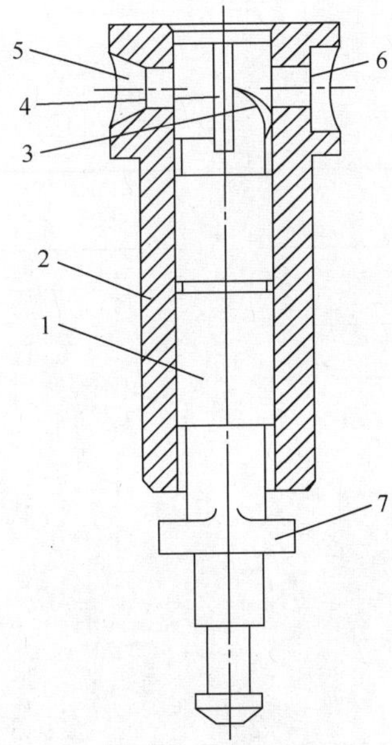

图 2-14　柱塞偶件

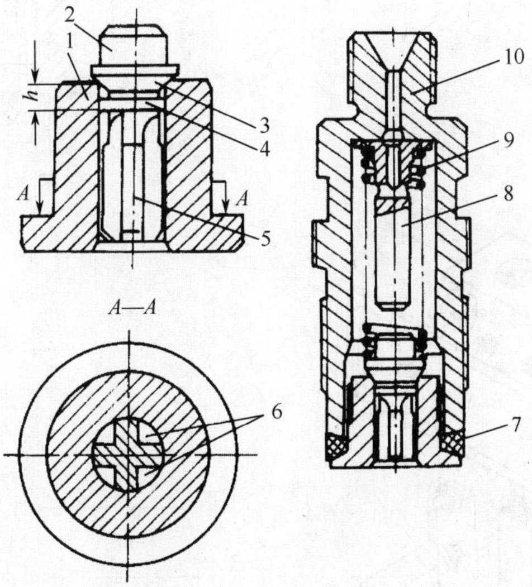

图 2-15　出油阀偶件

1—__________；2—__________；3—__________；4—__________；

5—__________；6—__________；7—__________；8—__________；

9—__________；10—__________

③ 驱动机构

____

____

④ 喷油泵体

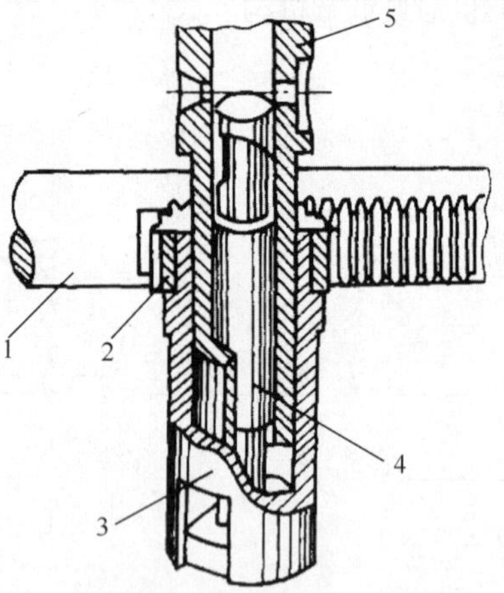

图 2-16　齿杆式油量调节机构

1—__________；2—__________；

3—__________；4—__________；

5—__________

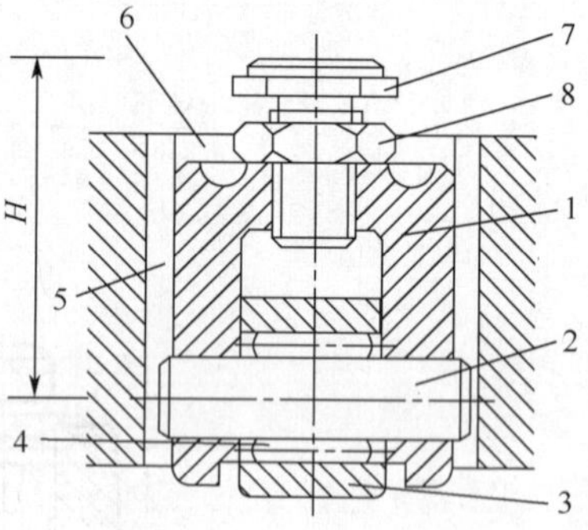

图 2-17　挺柱体部件

1—__________；2—__________；3—__________；

4—__________；5—__________；6—__________；

7—__________；8—__________

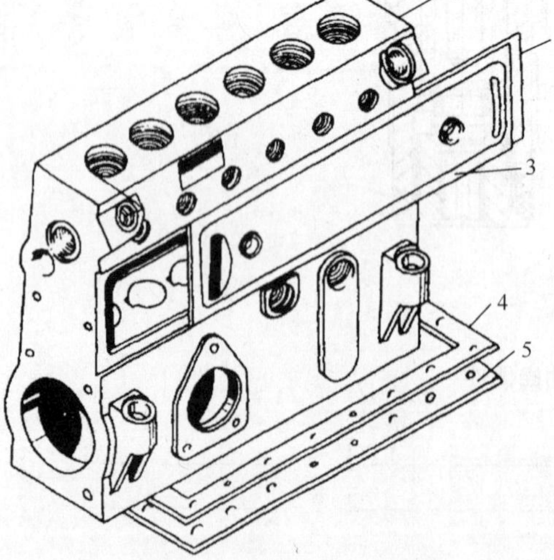

图 2-18　A 型喷油泵泵体

1—__________；2、4—__________；

3—__________；5—__________

（2）A 型喷油泵工作原理

① 运动过程

____

② 泵油过程

____

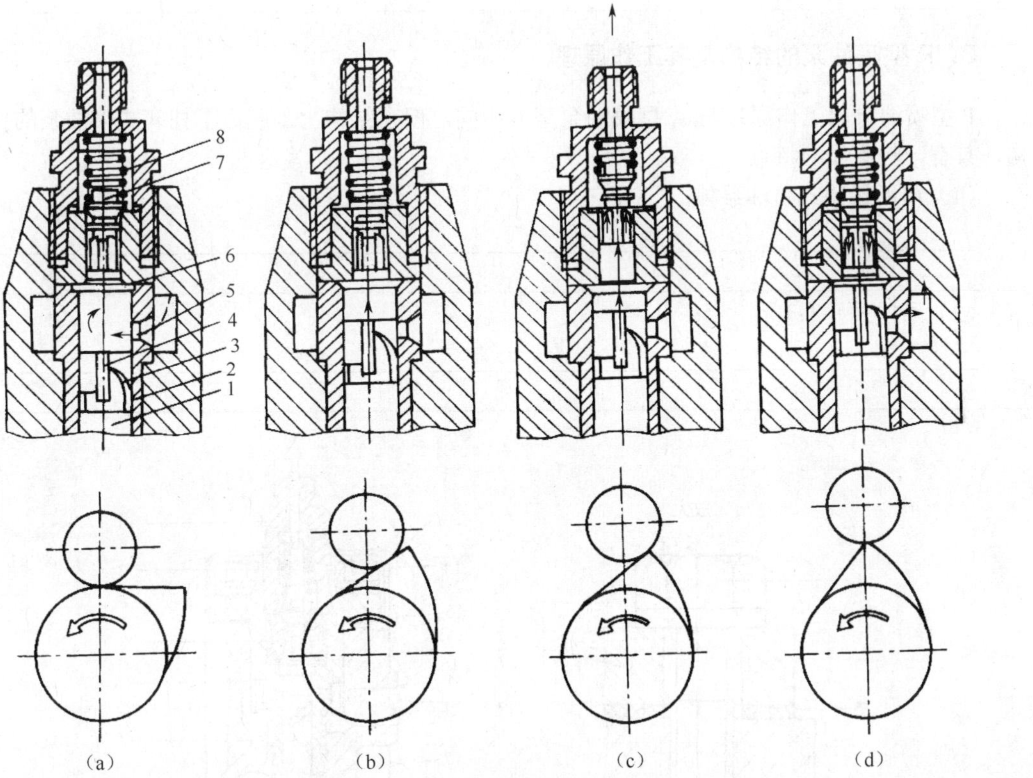

图 2-19　柱塞式喷油泵原理示意图

1—＿＿＿＿＿＿；2—＿＿＿＿＿＿；3—＿＿＿＿＿＿；4—＿＿＿＿＿＿；
5—＿＿＿＿＿＿；6—＿＿＿＿＿＿；7—＿＿＿＿＿＿；8—＿＿＿＿＿＿

③ 供油量的调节

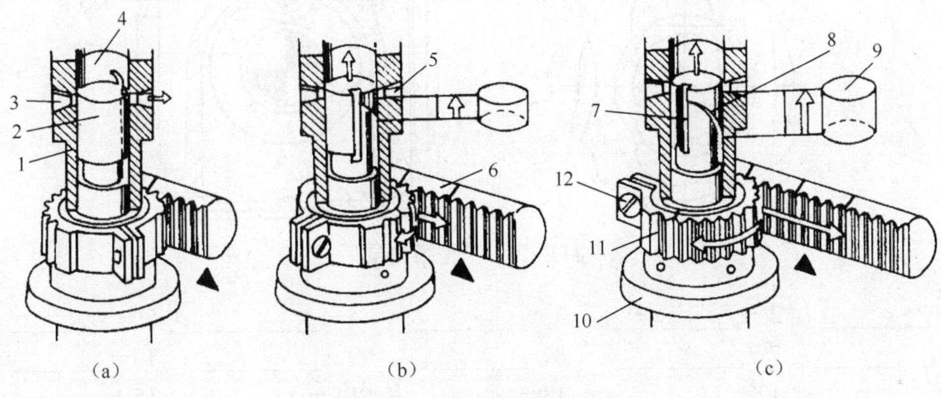

图 2-20　循环供油量的调节

1—__________；2—__________；3—__________；4—__________；5—__________；
6—__________；7—__________；8—__________；9—__________；10—__________；
11—__________；12—__________

④ 供油定时的调节

____

____

3．P 型喷油泵的结构及其工作原理

P 型喷油泵的工作原理与 A 型喷油泵基本相同，但在结构上却脱离了柱塞式喷油泵的传统结构，具有一些明显的特点。

（1）箱形封闭式喷油泵体

____

____

（2）吊挂式柱塞套

____

____

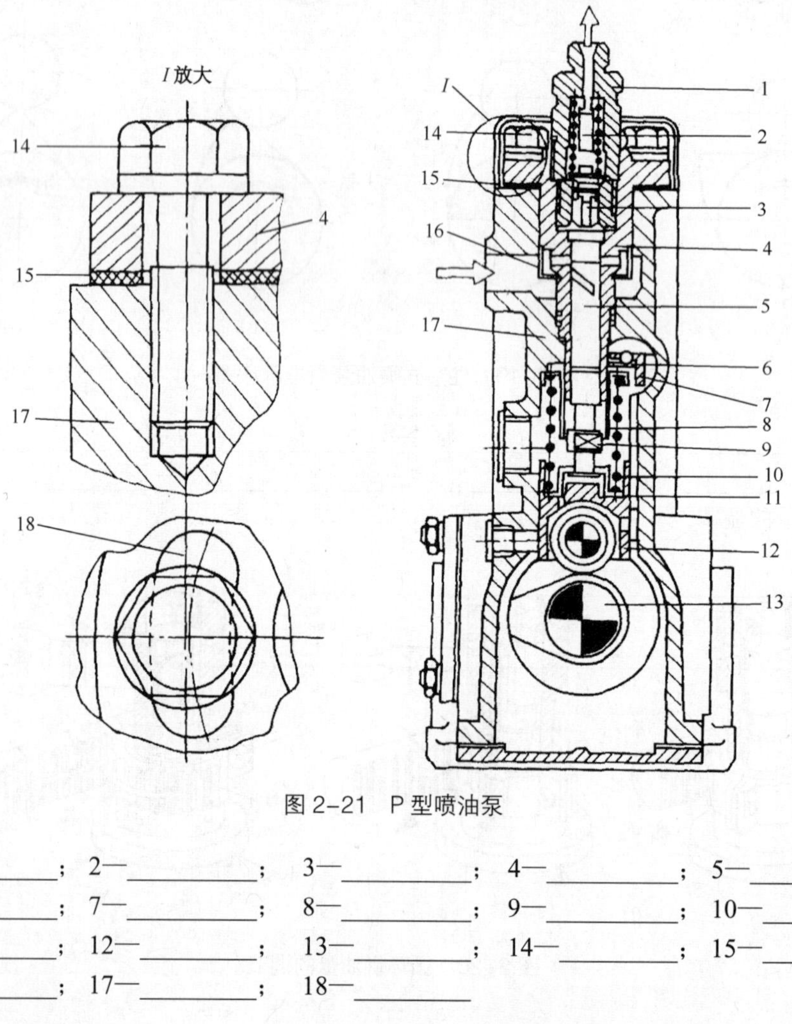

图 2-21 P 型喷油泵

1—__________；2—__________；3—__________；4—__________；5—__________；
6—__________；7—__________；8—__________；9—__________；10—__________；
11—__________；12—__________；13—__________；14—__________；15—__________；
16—__________；17—__________；18—__________

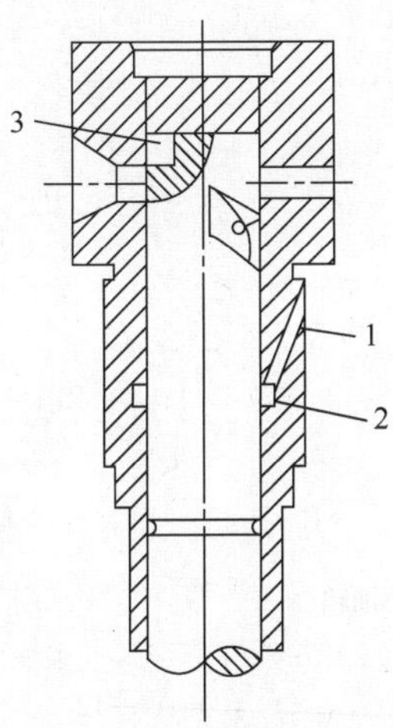

图 2-22　柱塞偶件结构

1—____________；2—____________；
3—____________

（3）钢球式油量调节机构

____

（4）压力润滑

____

4．喷油提前器

____

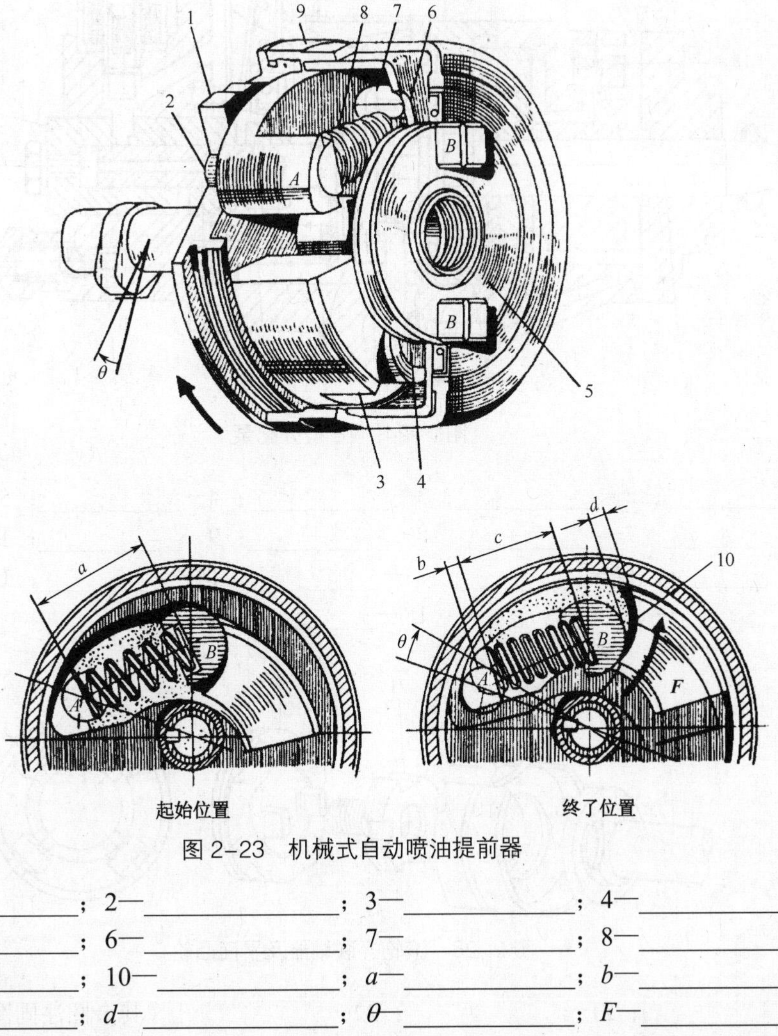

图 2-23　机械式自动喷油提前器

1—____________；2—____________；3—____________；4—____________；
5—____________；6—____________；7—____________；8—____________；
9—____________；10—____________；*a*—____________；*b*—____________；
c—____________；*d*—____________；*θ*—____________；*F*—____________

2.4 分配式喷油泵

1. VE 型分配泵

（1）VE 型分配泵结构

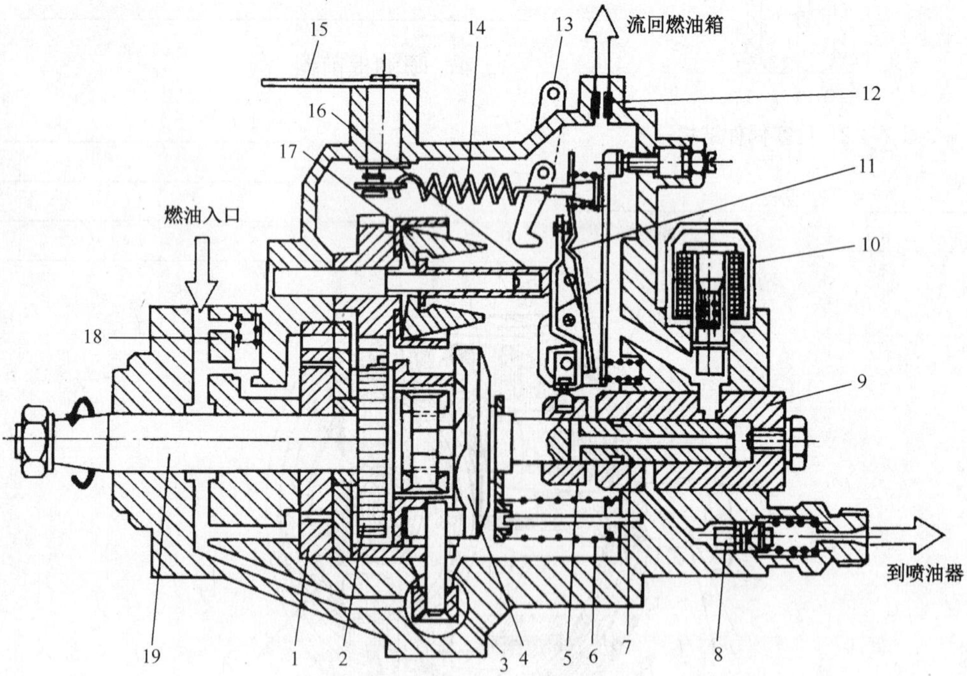

图 2-24　VE 型分配泵

1—__________；2—__________；3—__________；4—__________；5—__________；

6—__________；7—__________；8—__________；9—__________；10—__________；

11—__________；12—__________；13—__________；14—__________；15—__________；

16—__________；17—__________；18—__________；19—__________

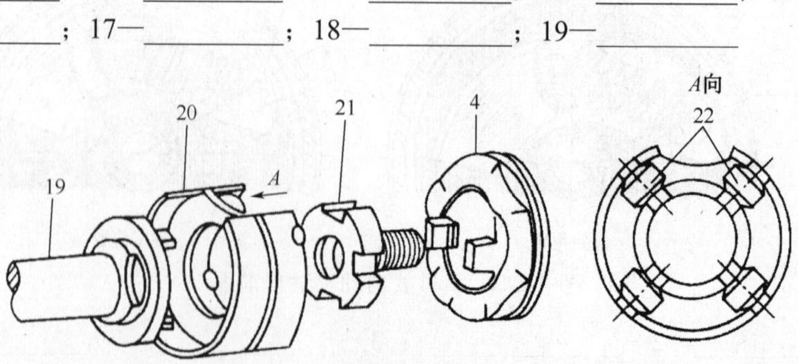

图 2-25　滚轮、联轴器及平面凸轮

20—__________；21—__________；22—__________（其余图注同图 2-24）

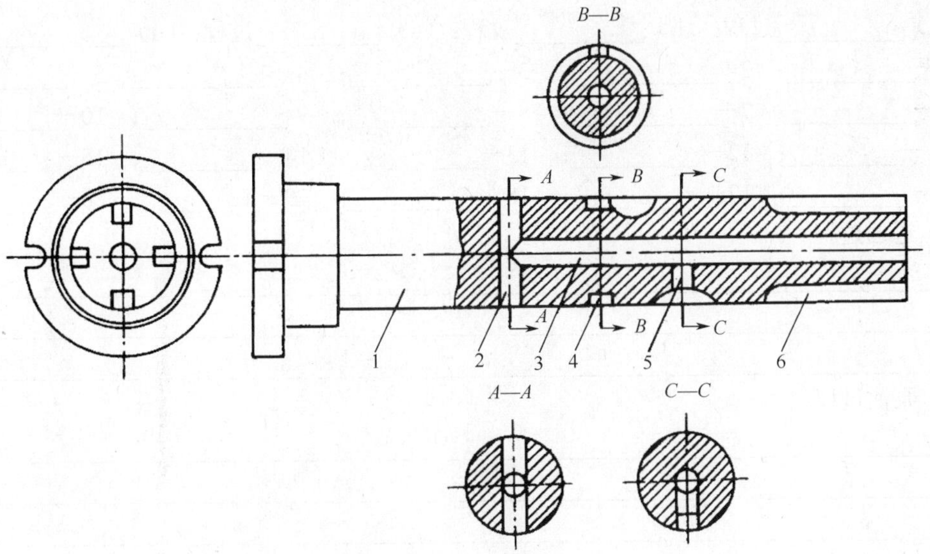

图 2-26 分配柱塞的结构

1—____________；2—____________；3—____________；
4—____________；5—____________；6—____________

（2）VE 型分配泵工作过程

VE 型分配泵的工作过程如图 2-27 所示。

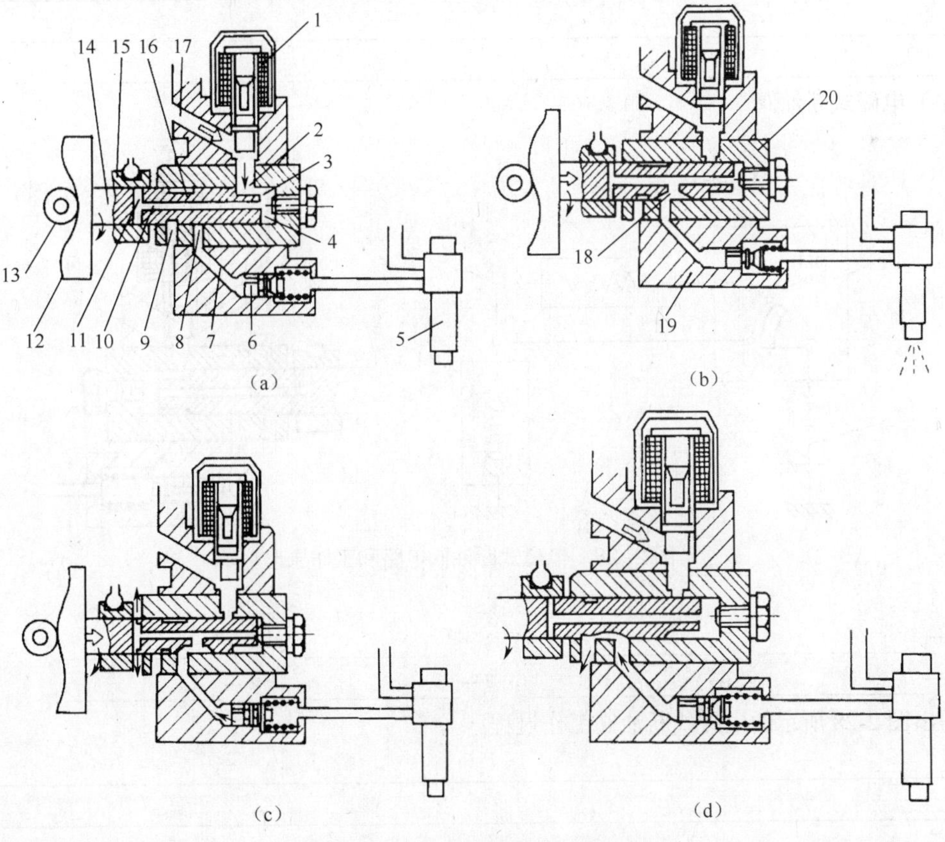

图 2-27 VE 型分配泵的工作过程

（a）________过程；（b）________过程；（c）________过程；（d）________过程

1—________； 2—________； 3—________； 4—________； 5—________；
6—________； 7—________； 8—________； 9—________； 10—________；
11—________； 12—________； 13—________； 14—________； 15—________；
16—________； 17—________； 18—________； 19—________； 20—________

① 进油过程

____
____
____

② 泵油过程

____
____
____

③ 停油过程

____
____
____

④ 压力平衡过程

____
____
____

（3）电磁式断油阀

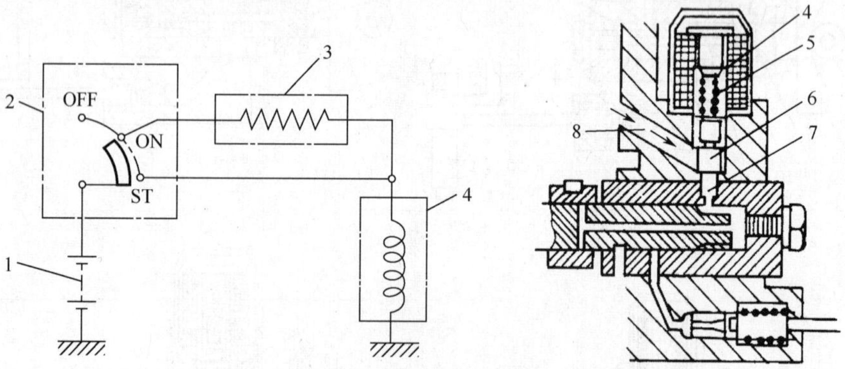

图 2–28 电磁式断油阀电路和工作原理

1—________； 2—________； 3—________； 4—________；
5—________； 6—________； 7—________； 8—________

写出图 2-28 所示的电磁式断油阀工作过程。

____
____
____

（4）液压式喷油提前器

____

____

____

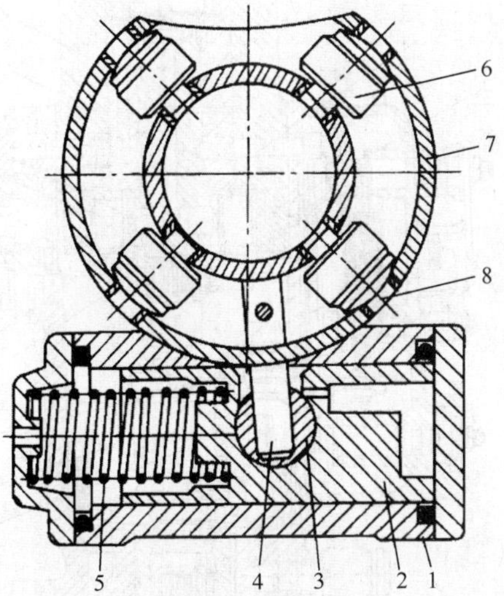

图 2-29 液压式喷油提前器结构

1—____________；2—____________；3—____________；4—____________；
5—____________；6—____________；7—____________；8—____________

2. DPA 型分配泵

（1）DPA 型分配泵结构

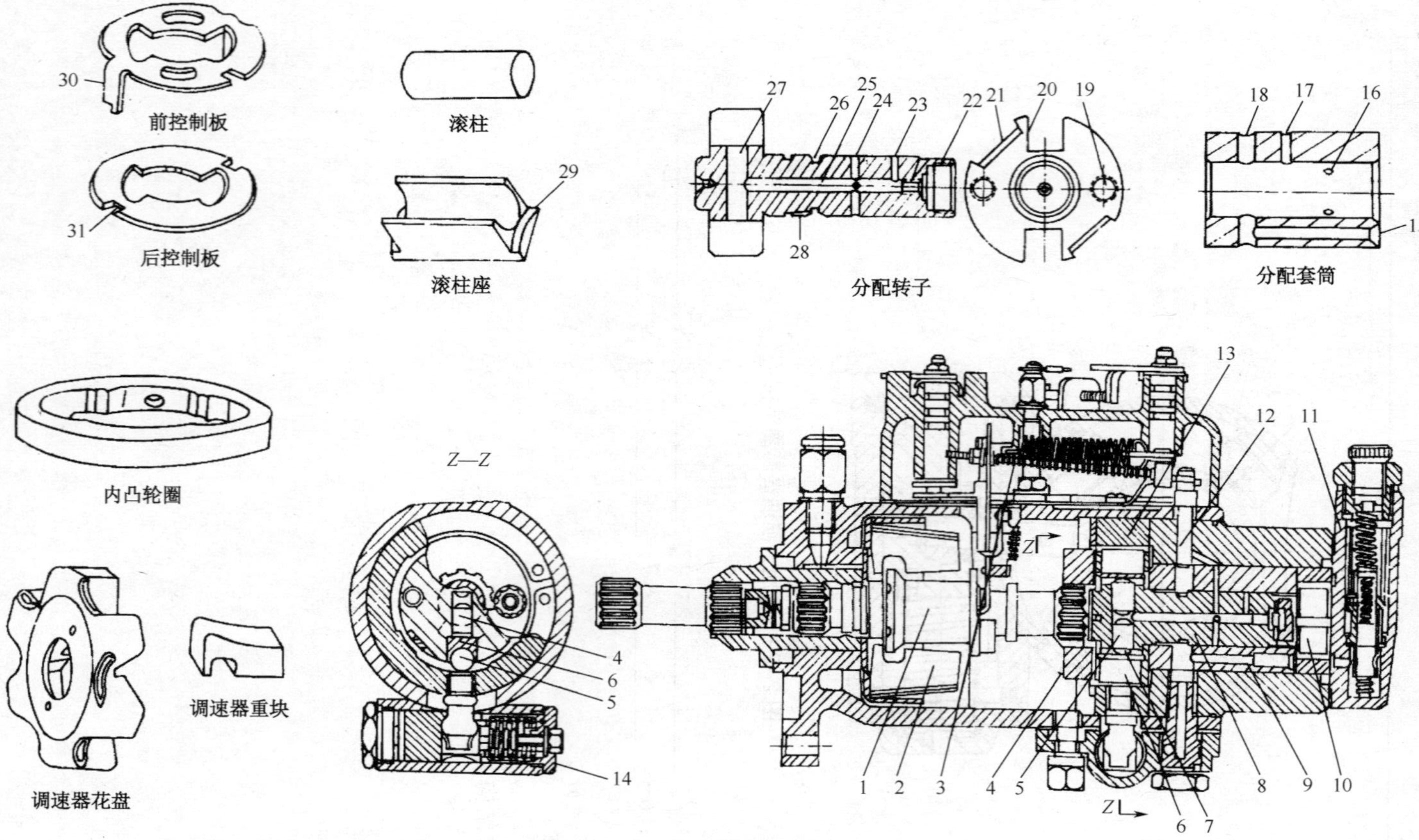

图 2-30　DPA 型分配泵结构

1—__________；2—__________；3—__________；4—__________；5—__________；6—__________；7—__________；
8—__________；9—__________；10—__________；11—__________；12—__________；13—__________；14—__________；
15—__________；16—__________；17—__________；18—__________；19—__________；20—__________；21—__________；
22—__________；23—__________；24—__________；25—__________；26—__________；27—__________；28—__________；
29—__________；30—__________；31—__________

（2）DPA 型分配泵工作过程

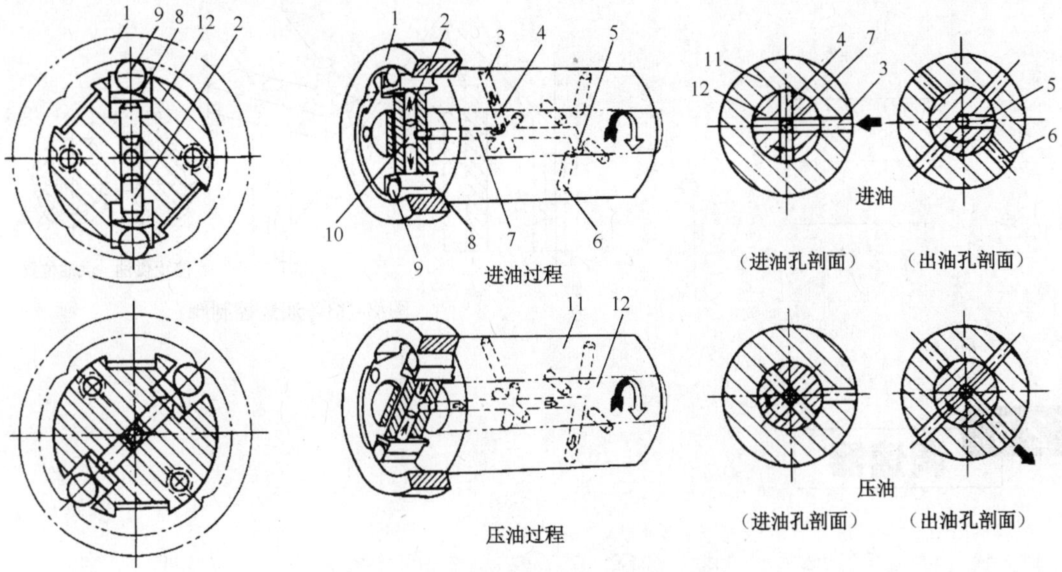

图 2-31　DPA 型分配泵的工作过程

1—________；2—________；3—________；4—________；5—________；6—________；
7—________；8—________；9—________；10—________；11—________；12—________

① 进油过程

____

____

② 压油过程

____

____

③ 停油过程

____

____

④ 最大供油量的调节

____

____

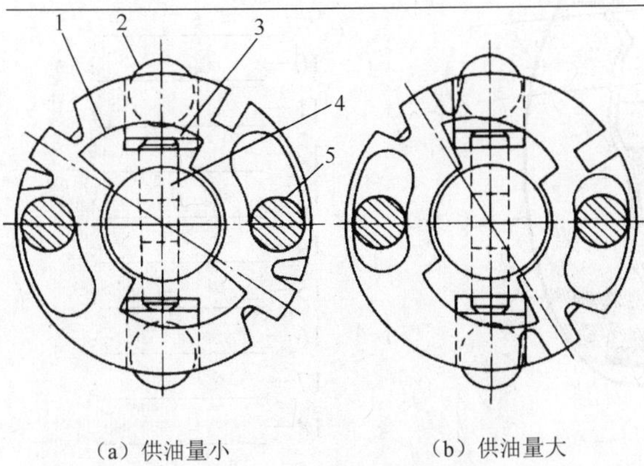

1—____________；2—____________；

3—____________；4—____________；

5—____________

图 2-32　最大供油量的调节

（3）油量控制阀

1—____________；

2—____________；

3—____________

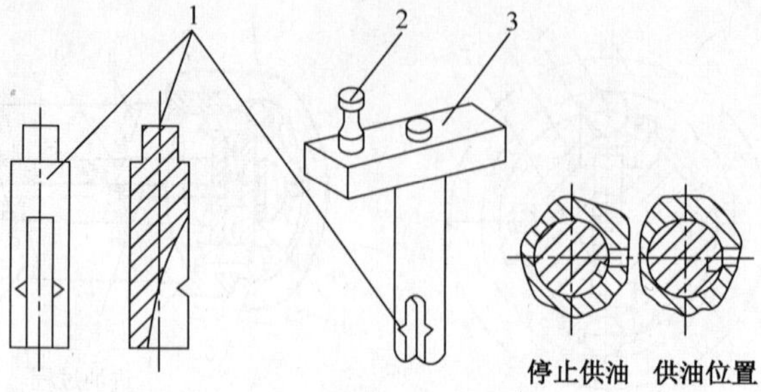

图 2-33　油量控制阀

2.5 调速器

1．调速器功用及分类

____

____

2．两极式调速器

（1）RQ 型调速器结构

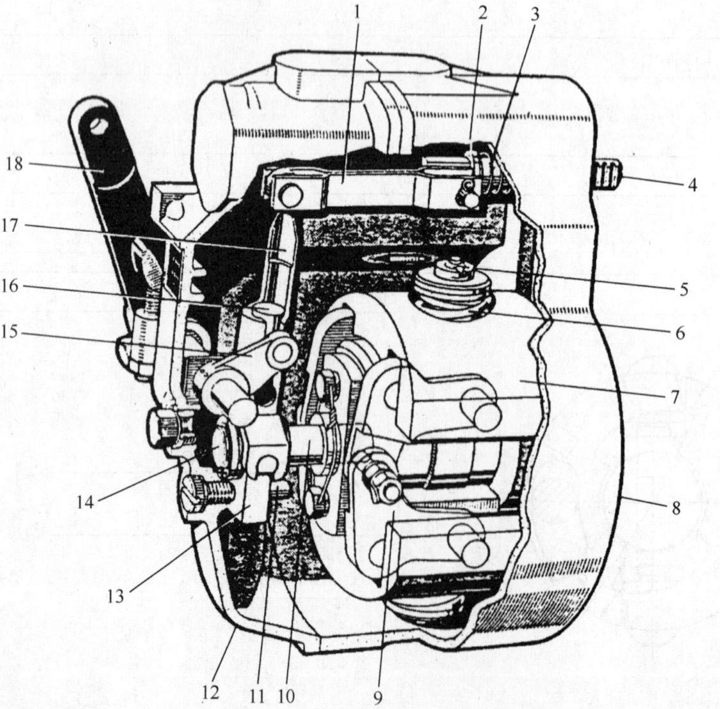

1—____________；

2—____________；

3—____________；

4—____________；

5—____________；

6—____________；

7—____________；

8—____________；

9—____________；

10—____________；

11—____________；

12—____________；

13—____________；

14—____________；

15—____________；

16—____________；

17—____________；

18—____________

图 2-34　RQ 型两极式调速器的结构

（2）RQ 型调速器基本工作原理

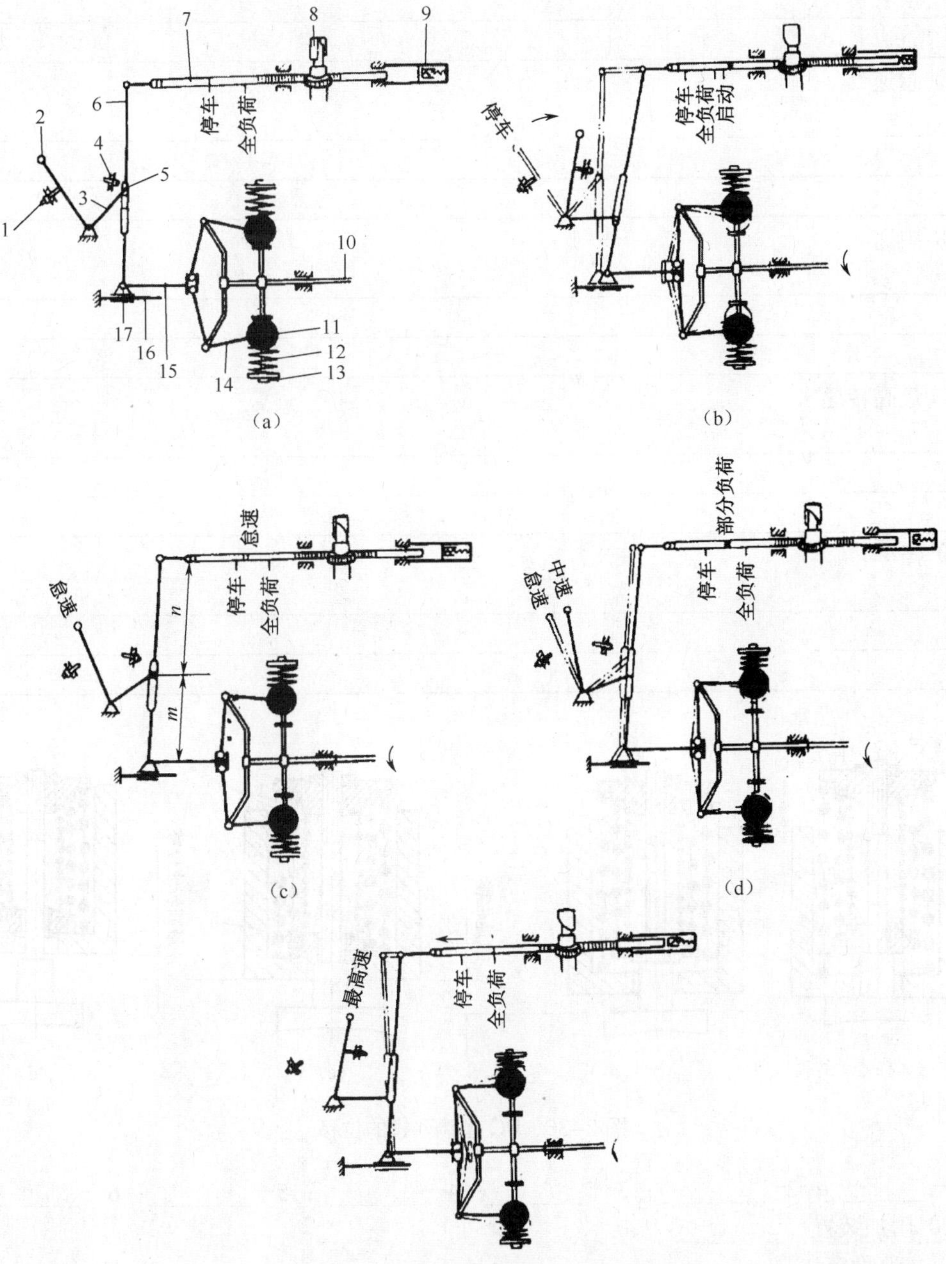

图 2-35　RQ 型调速器工作原理

1—__________；2—__________；3—__________；4—__________；

5—__________；6—__________；7—__________；8—__________；

9—__________；10—__________；11—__________；12—__________；

13—__________；14—__________；15—__________；16—__________；

17—__________

① 启动

② 怠速

③ 中速

④ 最高转速

⑤ 停车

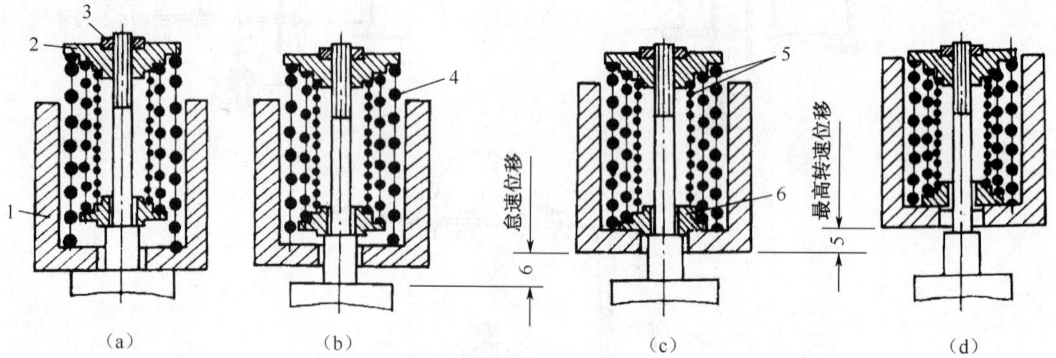

图 2-36　RQ 型调飞锤的位移

1—________；2—________；3—________；4—________；5—________；6—________

（3）附加装置

① 怠速稳定弹簧

② 转矩平稳装置

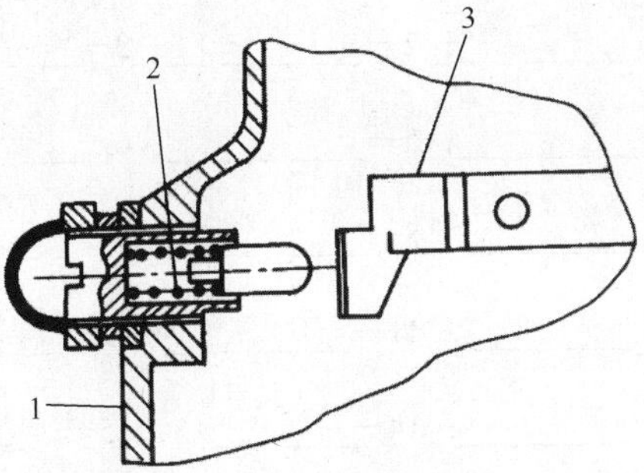

图 2-37 怠速稳定弹簧

1—____________；
2—____________；
3—____________

1—____________；2—____________；
3—____________；4—____________；
5—____________

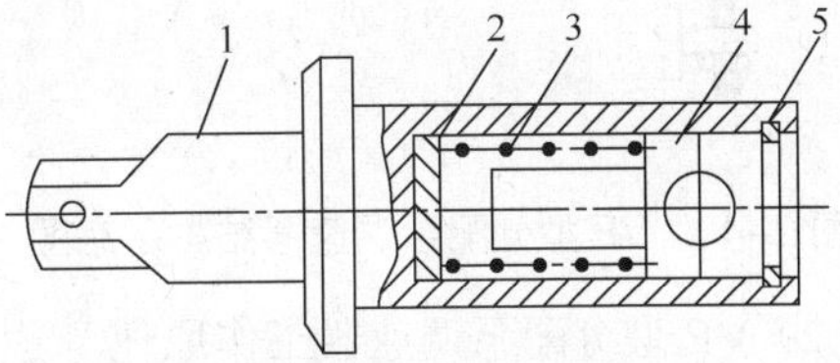

图 2-38 转矩平稳装置

③ 转矩校正装置

____
____
____

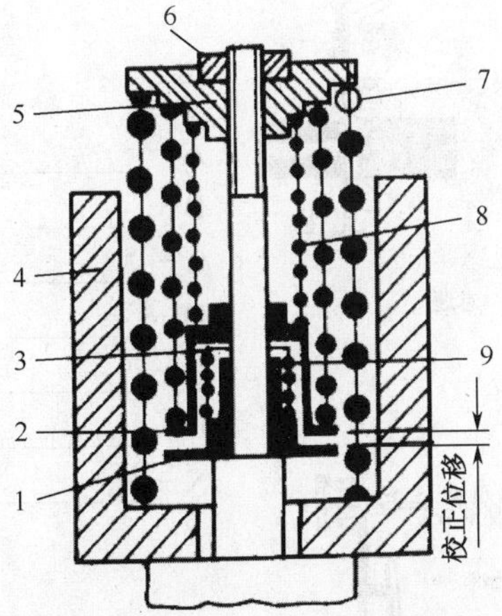

图 2-39 转矩校正装置

1—____________；2—____________；
3—____________；4—____________；
5—____________；6—____________；
7—____________；8—____________；
9—____________

3．全程式调速器

（1）VE 型分配泵调速器结构

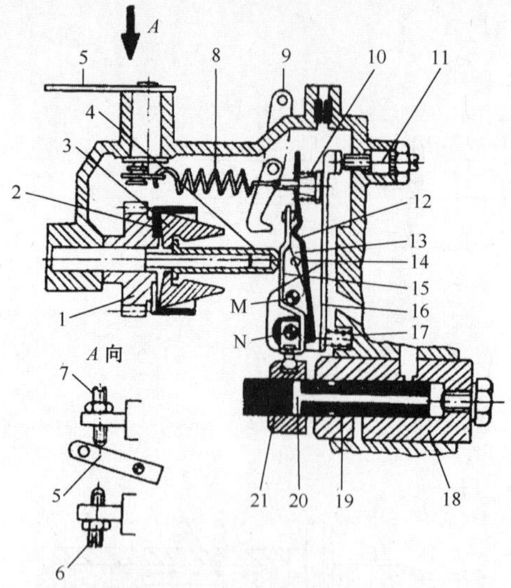

1—________；2—________；3—________；

4—________；5—________；6—________；

7—________；8—________；9—________；

10—________；11—________；12—________；

13—________；14—________；15—________；

16—________；17—________；18—________；

19—________；20—________；21—________；

M—________；N—________

图 2-40　VE 型分配泵调速器结构示意图

（2）VE 型分配泵调速器工作原理

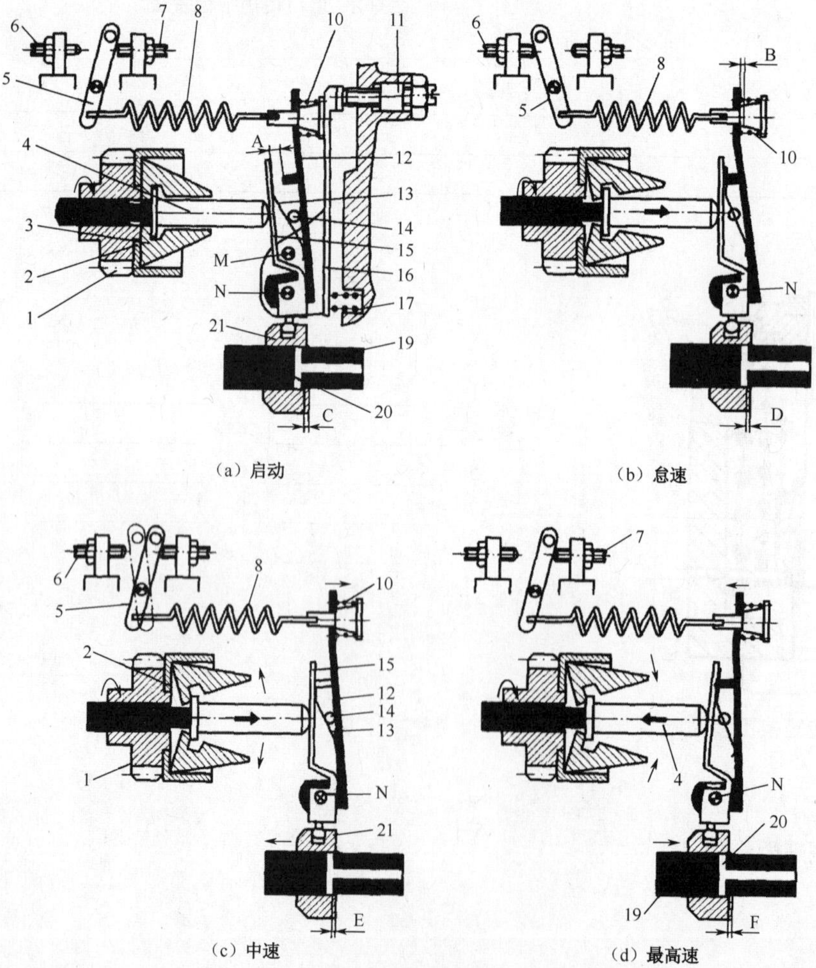

A—________；

B—________；

C—________；

D—________；

E—________；

F—________；

N—________

图 2-41　VE 型分配泵调运器工作原理图

① 启动

② 怠速

③ 中速和最高速

④ 最大供油量的调节

（3）附加装置

① 增压补偿器

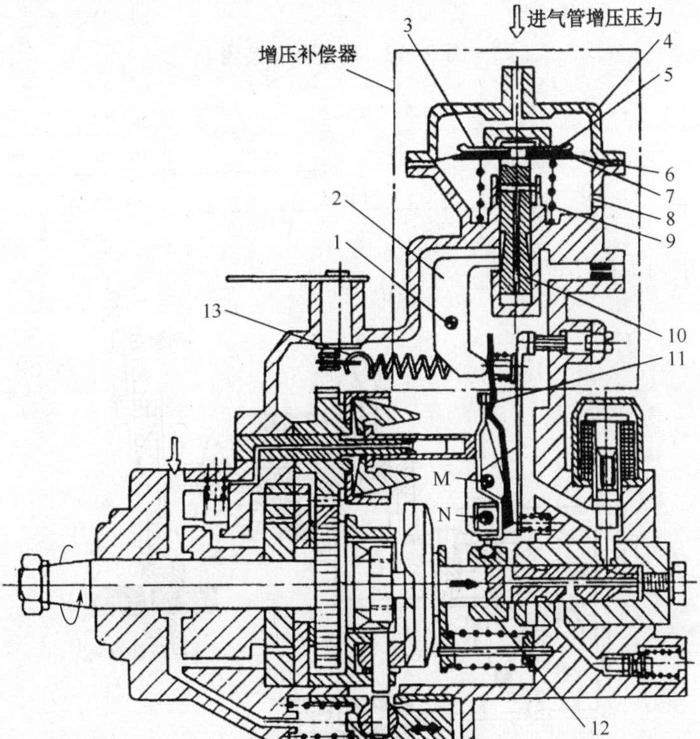

图 2-42　增压补偿器

1—__________；2—__________；3—__________；4—__________；5—__________；
6—__________；7—__________；8—__________；9—__________；10—__________；
11—__________；12—__________；13—__________

② 转矩校正装置

____

____

____

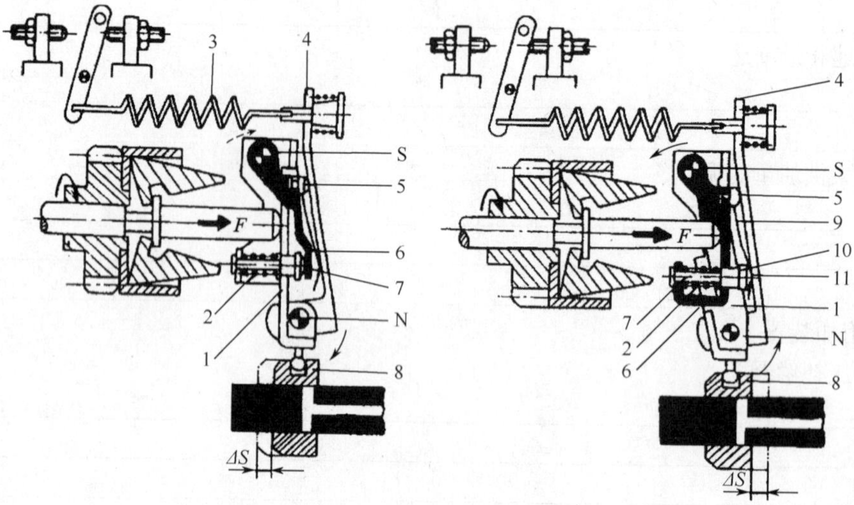

（a）正转矩校正　　　　（b）负转矩校正

图 2-43　转矩校正装置

1—__________；2—__________；3—__________；4—__________；
5—__________；6—__________；7—__________；8—__________；
9—__________；10—__________；11—__________；S、N—__________

③ 负荷传感供油提前装置

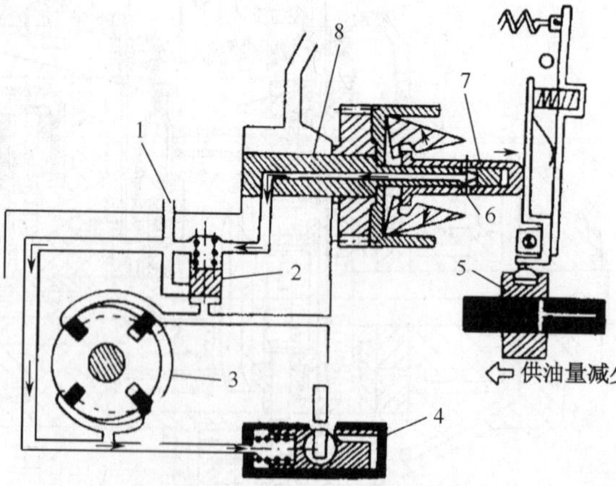

图 2-44　负荷传感供油提前装置

1—__________；2—__________；3—__________；4—__________；
5—__________；6—__________；7—__________；8—__________

④ 大气压力补偿器

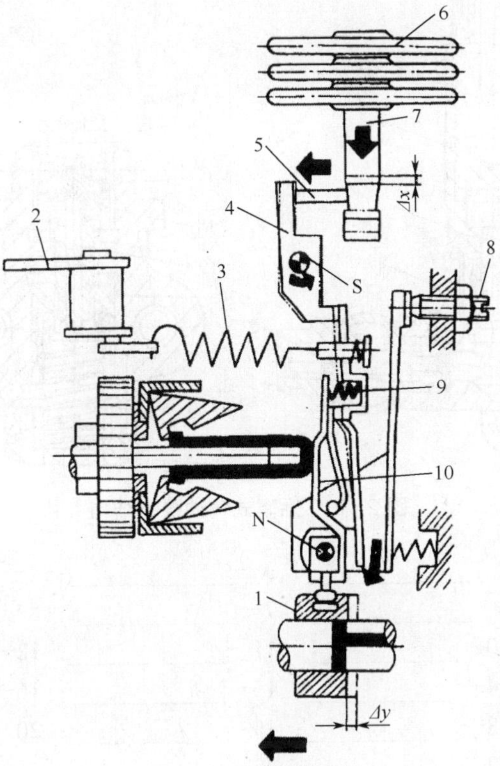

图 2-45 大气压力补偿器

1—____________；2—____________；3—____________；4—____________；
5—____________；6—____________；7—____________；8—____________；
9—____________；10—____________；S、N—________

2.6 辅助装置

1．输油泵

（1）活塞式输油泵

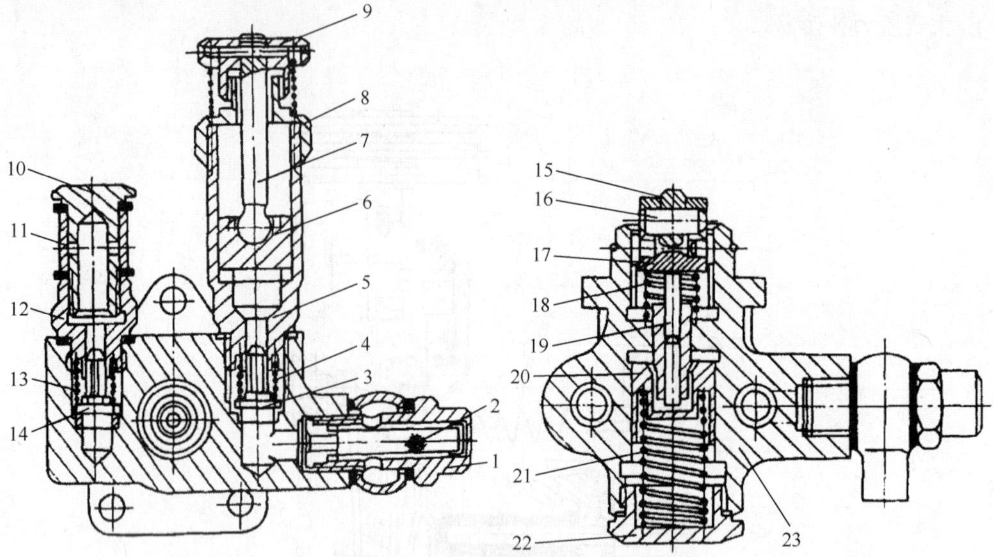

图 2-46　活塞式输油泵的结构

1—__________；2—__________；3—__________；4—__________；
5—__________；6—__________；7—__________；8—__________；
9—__________；10—__________；11—__________；12—__________；
13—__________；14—__________；15—__________；16—__________；
17—__________；18—__________；19—__________；20—__________；
21—__________；22—__________；23—__________

1—__________；2—__________；
3—__________；4—__________；
5—__________；6—__________；
7—__________；8—__________；
9—__________；10—__________；
11—__________；12—__________；
13—__________；14—__________；
15—__________；16—__________；
17—__________

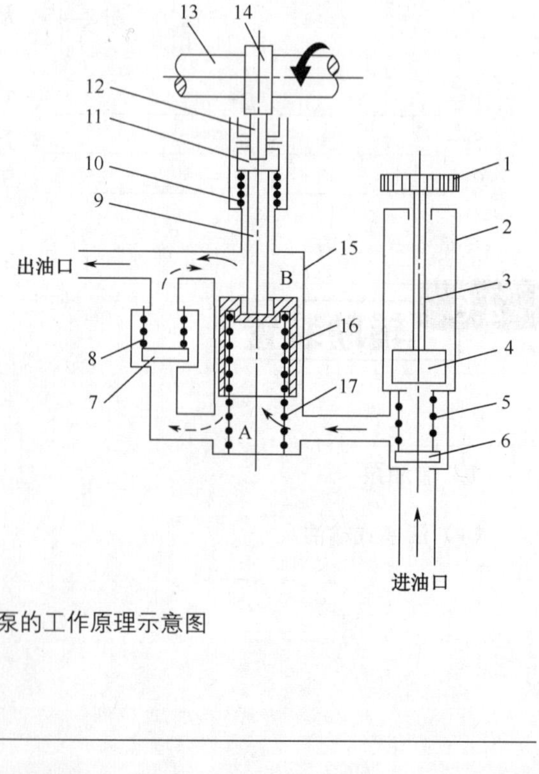

图 2-47　活塞式输油泵的工作原理示意图

（2）滑片式输油泵

____

____

2．柴油滤清器

1—＿＿＿＿＿＿；2—＿＿＿＿＿＿；
3—＿＿＿＿＿＿；4—＿＿＿＿＿＿；
5—＿＿＿＿＿＿；6—＿＿＿＿＿＿；
7—＿＿＿＿＿＿；8—＿＿＿＿＿＿；
9—＿＿＿＿＿＿

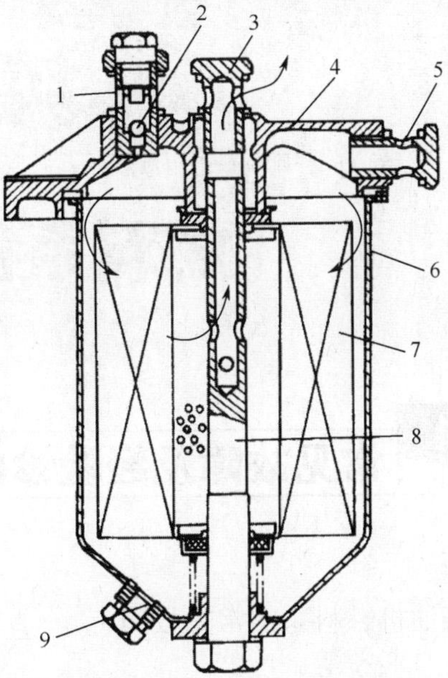

图 2-48　纸滤芯柴油滤清器

3．油水分离器

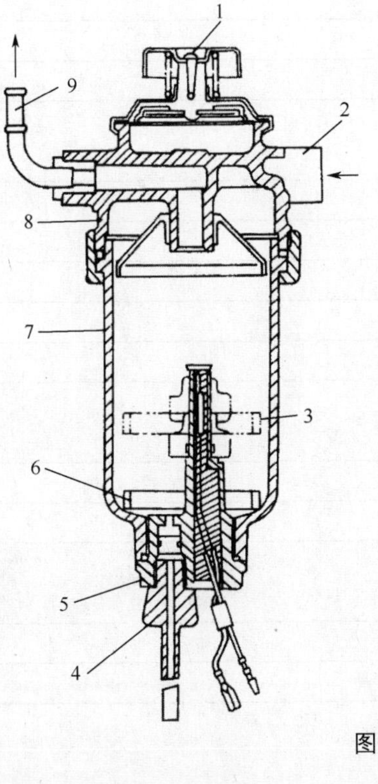

1—＿＿＿＿＿＿；2—＿＿＿＿＿＿；
3—＿＿＿＿＿＿；4—＿＿＿＿＿＿；
5—＿＿＿＿＿＿；6—＿＿＿＿＿＿；
7—＿＿＿＿＿＿；8—＿＿＿＿＿＿；
9—＿＿＿＿＿＿

图 2-49　油水分离器

·第3章·

燃料系的诊断与检测

3.1 常见故障及经验诊断法

柴油机燃料系的常见故障有__________、__________、__________、__________和__________等。

1．启动困难

（1）现象

（2）原因

（3）诊断方法

① 若启动时排气管不冒烟，则说明喷油泵不供油。

② 若启动时排气管冒白烟或灰白烟，但仍不易着火。

2. 功率不足

（1）现象

（2）原因

3. 工作不稳定

（1）现象

（2）原因

4. 排气烟色不正常

（1）排黑烟

（2）排白烟

（3）排蓝烟

5. 飞车

（1）现象

（2）原因

6. 爆震

3.2 主要参数测量

1. 喷油器开启压力

2. 喷油量的测量

3. 喷油正时的测量

4. 汽缸缸压的测量

5. 压力波形及针阀升程波形的观测

·第 4 章·

电控柴油机喷射

4.1 柴油机的发展和分类

1. 柴油机的发展过程

与传统的机械控制柴油喷射系统相比，电控柴油喷射系统有下列优点。

____

____

____

____

2. 柴油机电控系统分类

柴油机的发展经历了__________和__________两个阶段，这里我们主要介绍电控化的柴油机，而其机械部分维修和传统柴油机相差不多。

（1）按控制方式

柴油机电控喷油系统的开发研究从 20 世纪 70 年代开始，已经经历了 3 代。

① “位置”控制式

____

____

____

② “时刻—时间”控制式

____

____

____

③ “时刻—时间—压力”控制式

____

____

____

（2）按高压产生机构

4.2 柴油机喷射系统

电控柴油机喷射系统与电控汽油机喷射系统基本相同，也是由__________、__________和__________组成的。

1. 柴油机电控原理

2. 柴油机传感器功能

不同的系统所用传感器略有不同，但大多数的传感器和汽油发动机所用传感器是相同的。

（1）油门踏板位置传感器

（2）曲轴位置及转速传感器

（3）凸轮轴位置传感器

（4）空气流量计

（5）进气压力传感器

（6）冷却液温度传感器

（7）进气温度传感器

（8）燃油温度传感器

（9）燃油压力传感器

（10）发动机常用信号

3. 电控柴油机执行器功能

（1）喷油量的控制

（2）喷油正时控制

（3）怠速控制

（4）进气节流控制

（5）增压控制

(6) 废气再循环控制

(7) 启动预热控制

(8) 故障自诊断及保护功能

4. ECD-V1 系统的组成

(1) ECD-V1 系统的控制功能及组成

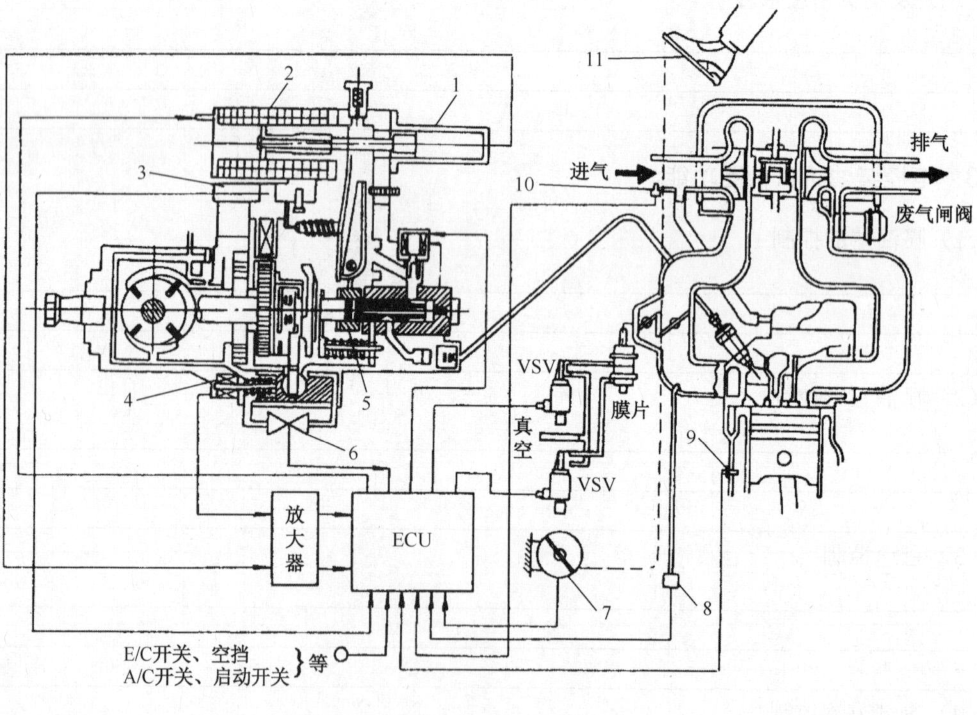

图 4-1 ECD-V1 系统组成

1—________；2—________；3—________；4—________；

5—________；6—________；7—________；8—________；

9—________；10—________；11—________

（2）供油量的控制

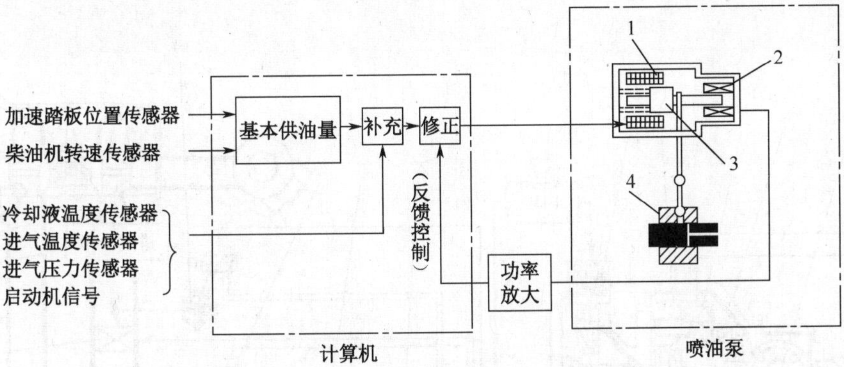

图 4–3　供油量的控制与修正

1—＿＿＿＿＿；2—＿＿＿＿＿；3—＿＿＿＿＿；4—＿＿＿＿＿

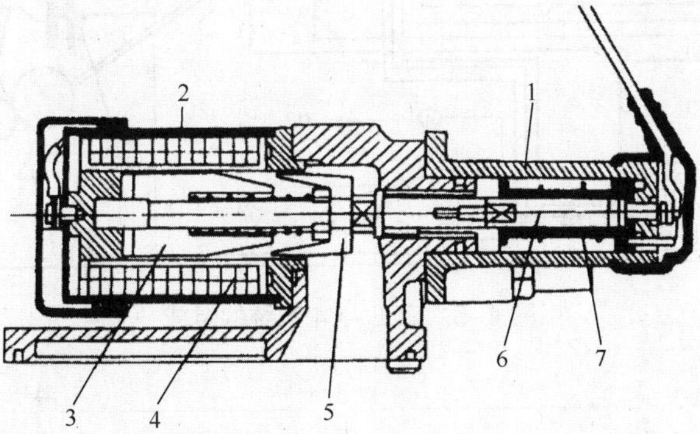

图 4–4　供油量控制电磁阀及供油量调节套筒位置传感器

1—＿＿＿＿＿；2—＿＿＿＿＿；3—＿＿＿＿＿；
4、7—＿＿＿＿＿；5—＿＿＿＿＿；6—＿＿＿＿＿

（3）怠速转速的控制

＿＿＿＿＿＿＿＿＿＿＿＿＿＿＿＿＿＿＿＿

5．ECD-V4 系统的组成

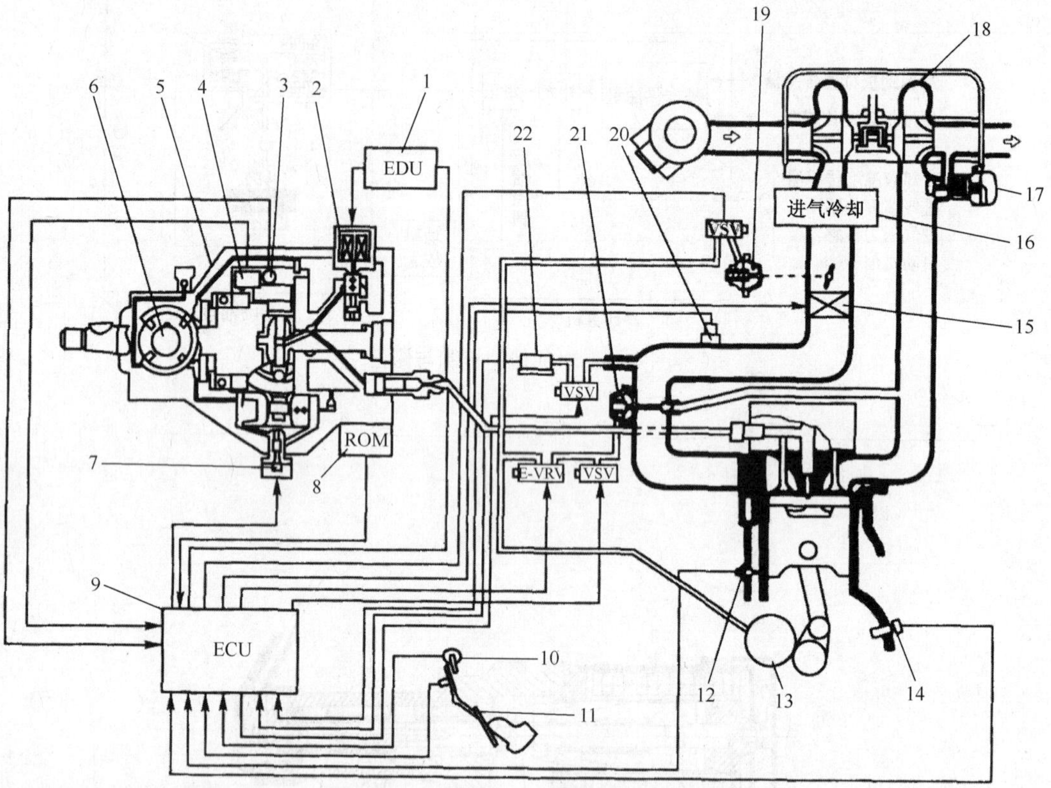

图 4-5　ECD-V4 系统的组成

1—__________；2—__________；3—__________；4—__________；
5—__________；6—__________；7—__________；8—__________；
9—__________；10—__________；11—__________；12—__________；
13—__________；14—__________；15—__________；16—__________；
17—__________；18—__________；19—__________；20—__________；
21—__________；22—__________

（1）供油量的控制

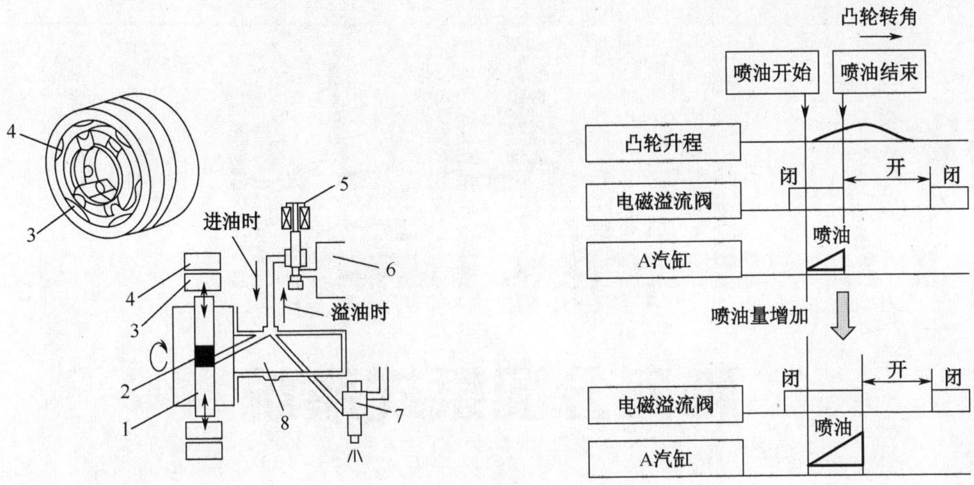

图 4-6　供油量控制方法

1—______________；2—______________；3—______________；4—______________；

5—______________；6—______________；7—______________；8—______________

（2）怠速转速的控制

（3）供油定时的控制

·第 5 章·

轴向分配泵式系统

5.1 系统结构

1. 捷达柴油喷射系统的组成

捷达柴油喷射系统组成如图 5-1 所示，主要由__________、__________、_________、转子分配泵（____________、____________、____________、____________）、__________和____________组成。

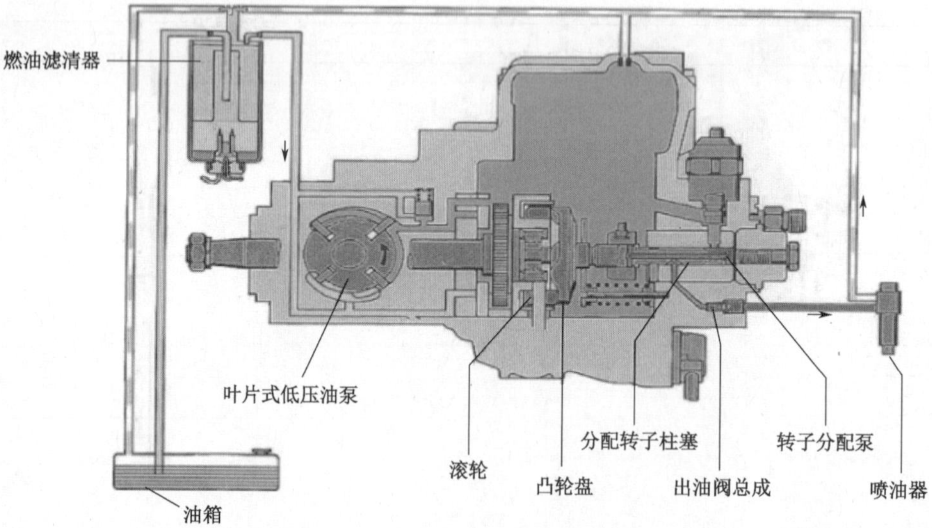

图 5-1　捷达柴油喷射系统组成示意图

2. 主要部件

（1）燃油滤清器

捷达燃油滤清器的结构如图 5-2 所示。

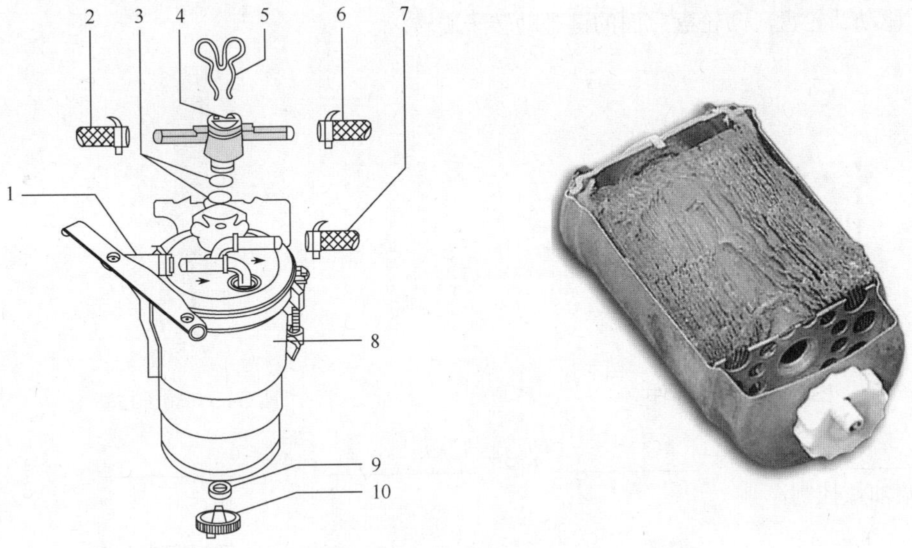

图 5-2　燃油滤清器的结构

1—__________；2—__________；3—__________；4—__________；5—__________；
6—__________；7—__________；8—__________；9—__________；10—__________

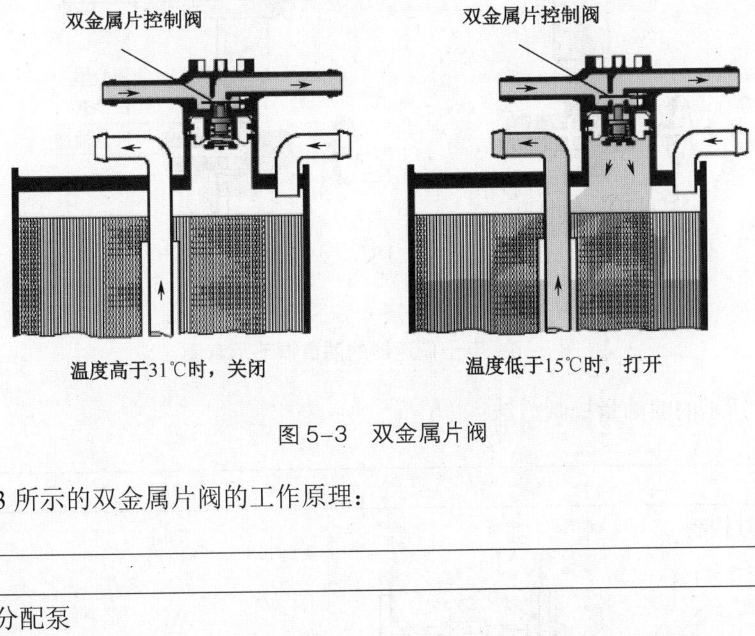

图 5-3　双金属片阀

写出图 5-3 所示的双金属片阀的工作原理：
____
____

（2）转子分配泵

低压部分：__________、__________。

高压部分：__________及__________、__________及__________。

控制部分：__________、__________和__________。

① 二级输油泵

作用：____。

工作原理：____。

② 传动部件

传动部件如图 5-4 所示，转子分配泵的传动轴由曲轴正时齿轮通过正时皮带驱动，传动轴通过连轴节驱动凸轮盘，凸轮盘后面的键带动转子旋转。

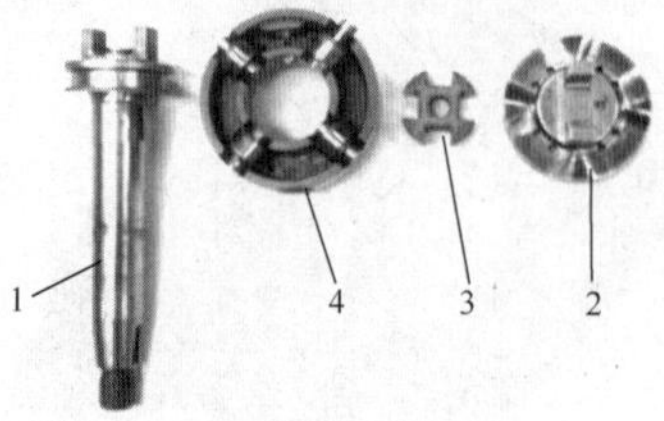

图 5-4　传动部件

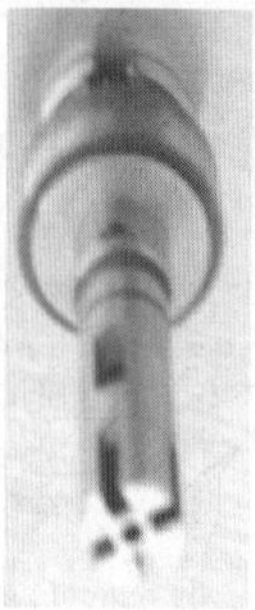

图 5-5　转子柱塞

1—__________；2—__________；3—__________；4—__________

③ 喷油量控制

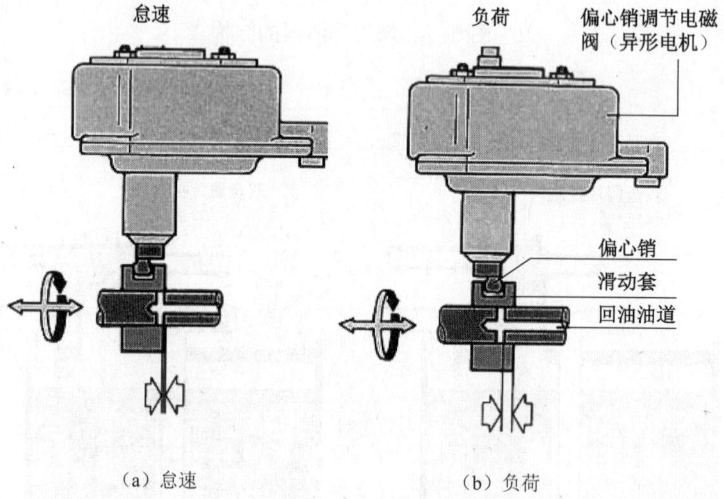

图 5-6　电子调速器的油量调节示意图

写出图 5-6 所示的喷油量控制方法：

____

____

④ 喷油正时控制

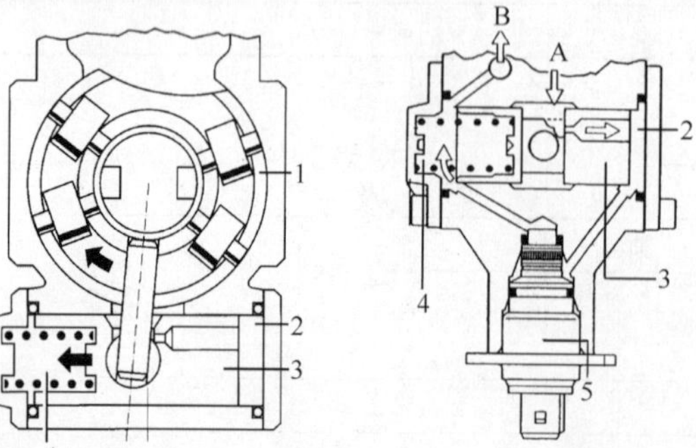

1—__________；2—__________；

3—__________；4—__________；

5—__________

A—__________；B—__________

图 5-7　喷油正时调节装置（喷油正时提前）

写出图 5-7 所示的喷油正时调节装置的工作原理：

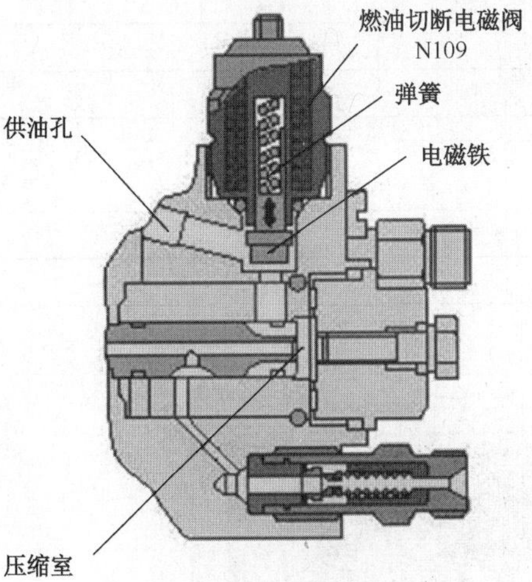

图 5-8　断油电磁阀

⑤ 断油电磁阀 N109

写出图 5-8 所示的断油电磁阀的工作原理：

3．捷达转子分配泵的工作原理

（1）吸油过程

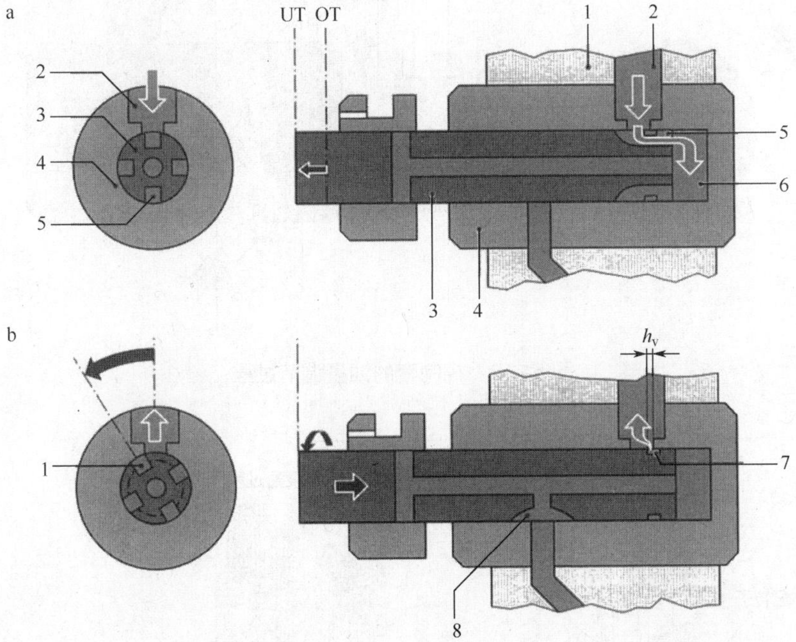

图 5-9　吸油及压油过程

1、4—__________；2—__________；3—__________；5—__________；

6—__________；7—__________；8—__________

写出图 5-9 所示的吸油及压油过程：

（2）高压建立

____

____

____

（3）油量调节

____

____

____

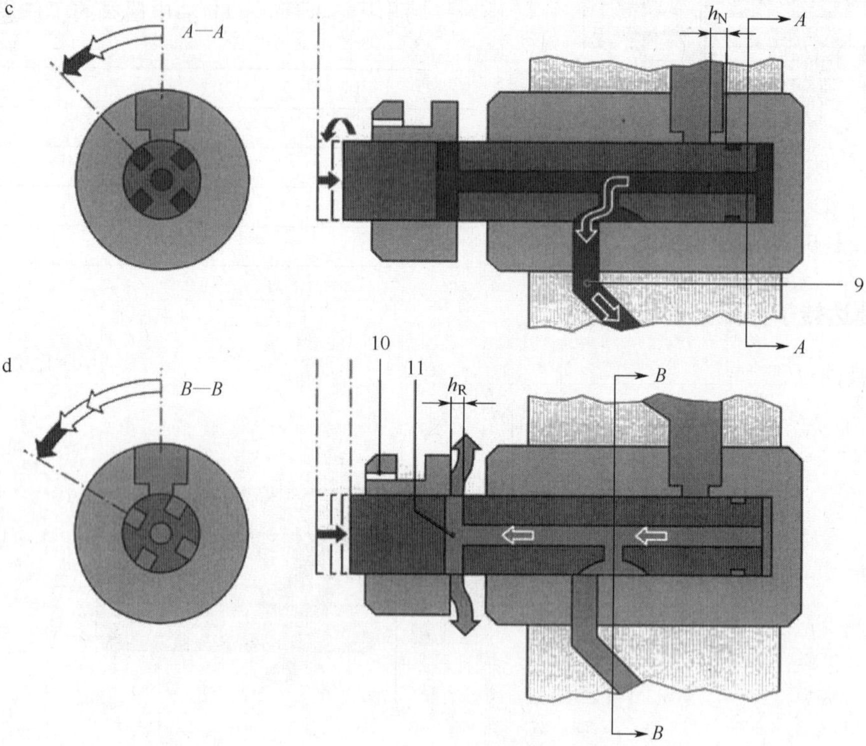

图 5-10　控制套的油量调节过程

9—__________；10—__________；11—__________

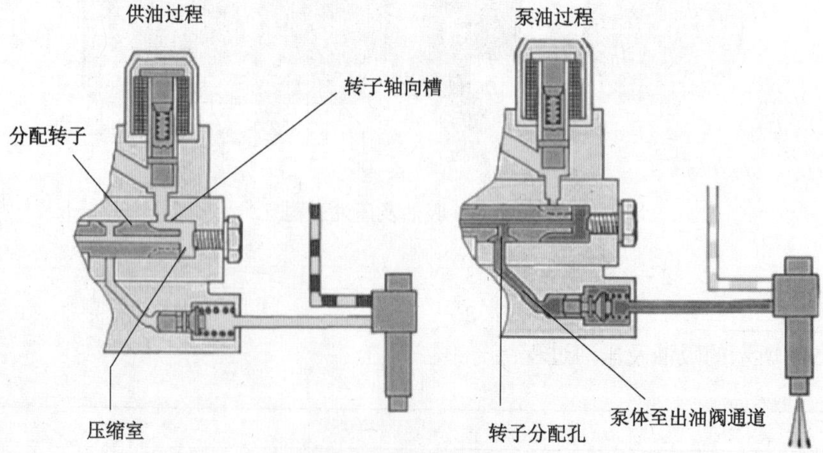

图 5-11　出油过程

（4）喷油器

① 结构

写出图 5-12 所示的捷达双弹簧喷油器工作原理：

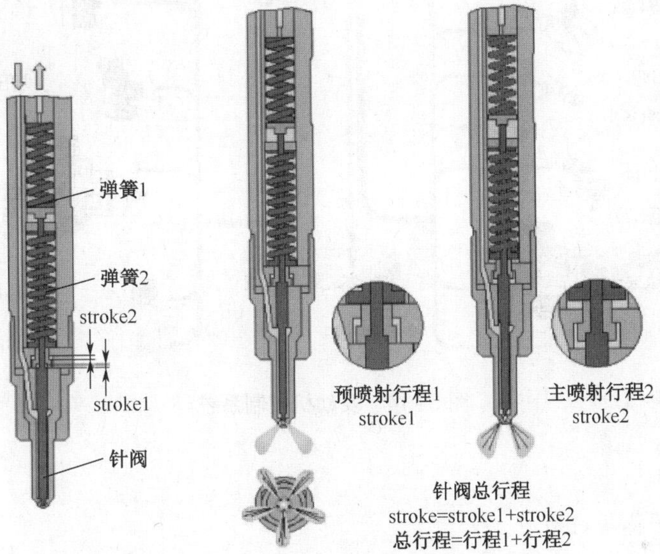

图 5–12　捷达双弹簧喷油器

② 检查喷油器

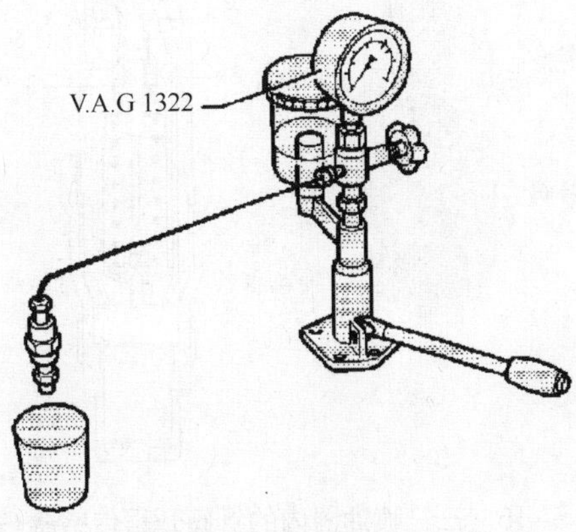

图 5–13　喷油器检测仪

5.2 控制系统

1. 控制系统的组成

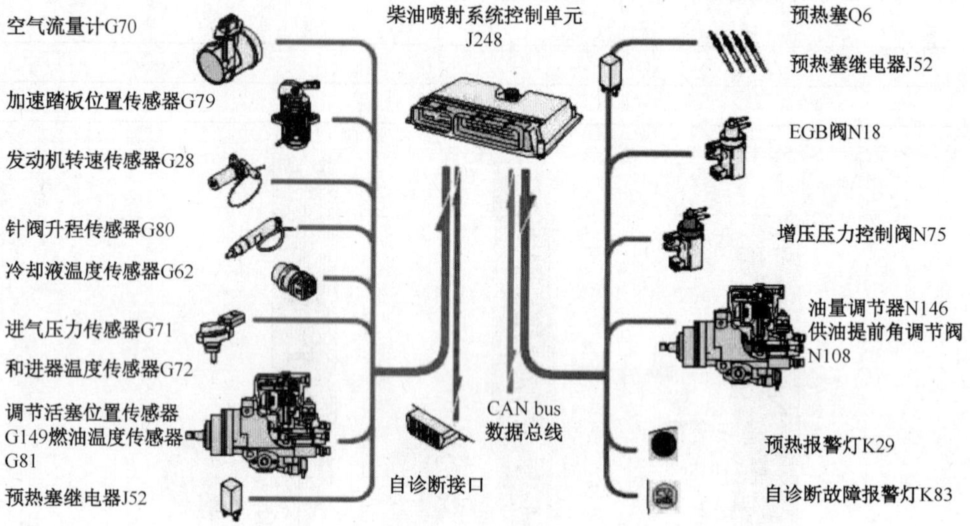

图 5-14 发动机控制系统

2. 传感器

（1）针阀升程传感器 G80

____

____

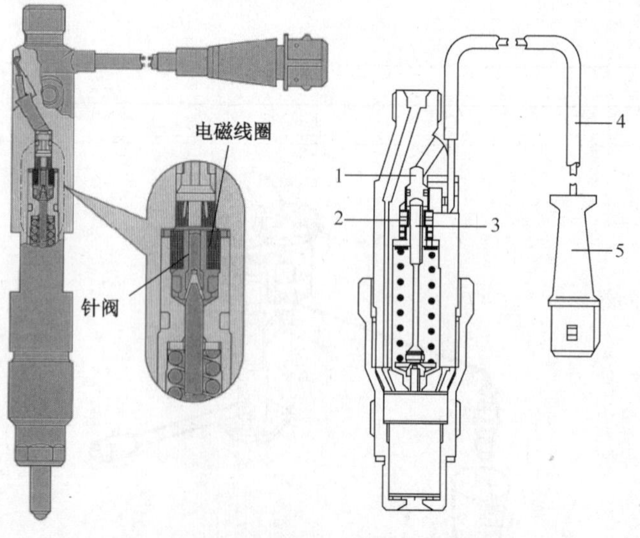

图 5-15 三缸喷油器内的针阀升程传感器 G80

1—＿＿＿＿＿；2—＿＿＿＿＿；3—＿＿＿＿＿；4—＿＿＿＿＿；5—＿＿＿＿＿

（2）燃油温度传感器 G81

燃油温度传感器 G81（见图 5-17）位于转子分配泵内，检测燃油温度，对喷油量进行修正。

图 5-17　供油量控制滑套传感器 G149 和油温传感器 G81

写出图 5-17 所示的供油量控制滑套传感器 G149 和油温传感器 G81 的作用。

（3）供油量反馈传感器

① 作用

② 工作原理

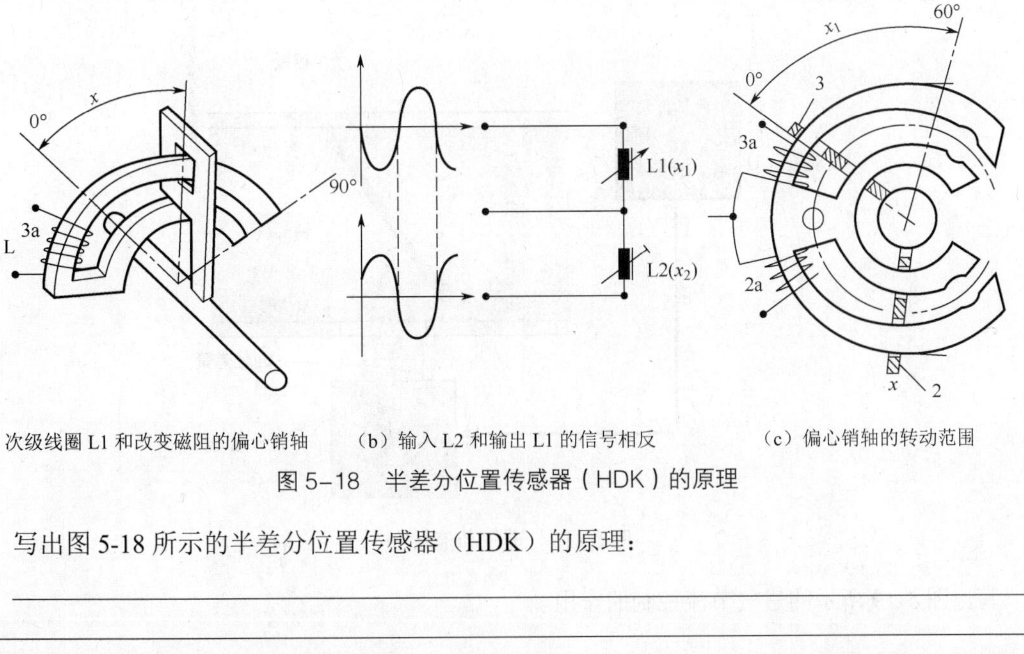

（a）次级线圈 L1 和改变磁阻的偏心销轴　（b）输入 L2 和输出 L1 的信号相反　（c）偏心销轴的转动范围

图 5-18　半差分位置传感器（HDK）的原理

写出图 5-18 所示的半差分位置传感器（HDK）的原理：

③ 检查

滑套位置传感器及油量调节器的检查包括______和______检查。

- 数据流检测条件

- 电阻测量

3. 执行器控制

（1）喷油量控制

（2）喷油正时控制

（3）怠速控制

（4）进气节流控制

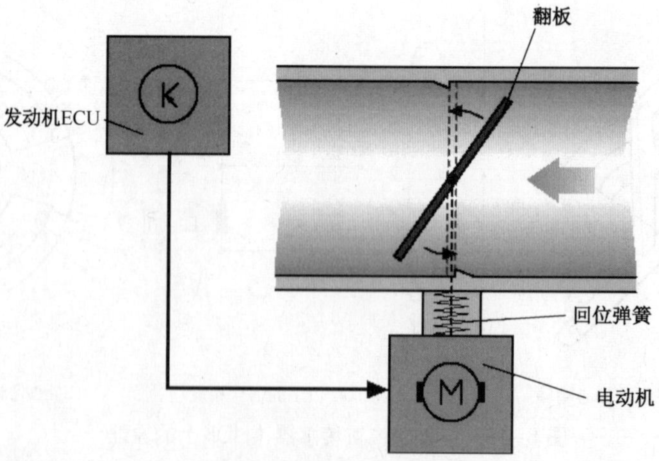

图 5-19　进气节流控制

写出图 5-19 所示的进气节流控制的作用。

（5）排气再循环控制

（6）启动预热控制和辅助预热控制

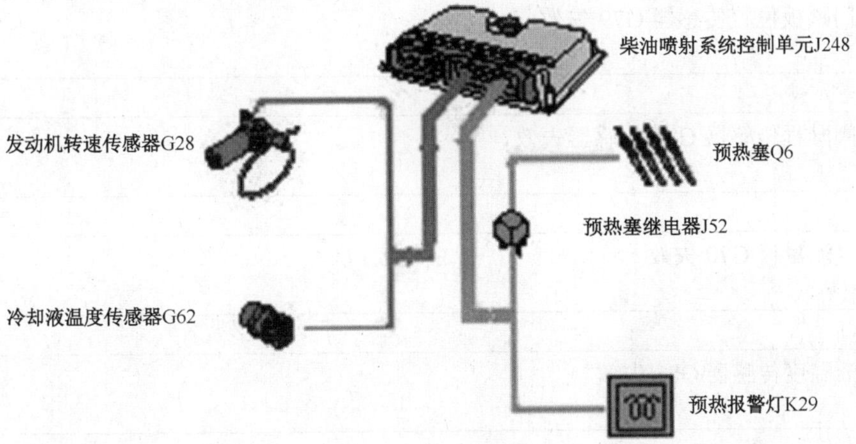

图 5-20　启动预热系统

写出图 5-20 所示的启动预热系统组成。

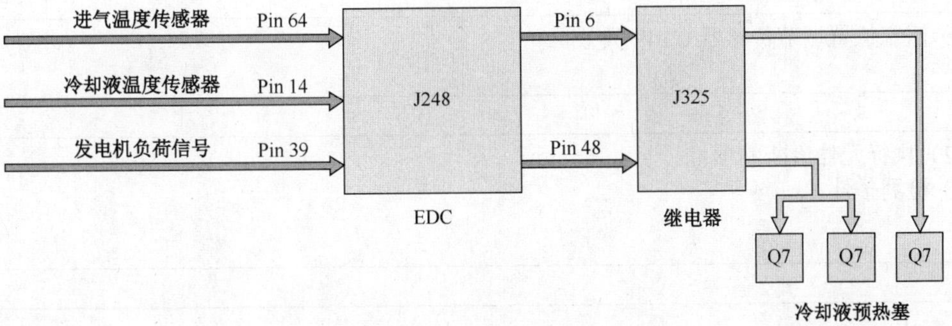

图 5-21　辅助预热系统

写出图 5-21 所示的辅助预热系统工作原理：

4. 自诊断及失效保护

（1）替代和保护功能

① 柴油机控制单元 J248 失效

② 曲轴位置和转速传感器 G28 失效

③ 油门踏板位置传感器 G79 失效

④ 针阀升程传感器 G80 传感器失效

⑤ 空气流量计 G70 失效

⑥ 燃油温度传感器 G81 失效

⑦ 冷却液温度传感器 G62 失效

⑧ 进气温度传感器 G72 失效

⑨ 活塞位置调节传感器 G149 失效

（2）执行元件诊断的项目

① 检测条件

② 检测项目和得到的结果

驾驶指导

如何保护油泵及正时系统。

____

____

____

5.3 维修关键步骤

1. 维修

写出图5-22至图5-37要表现什么内容。

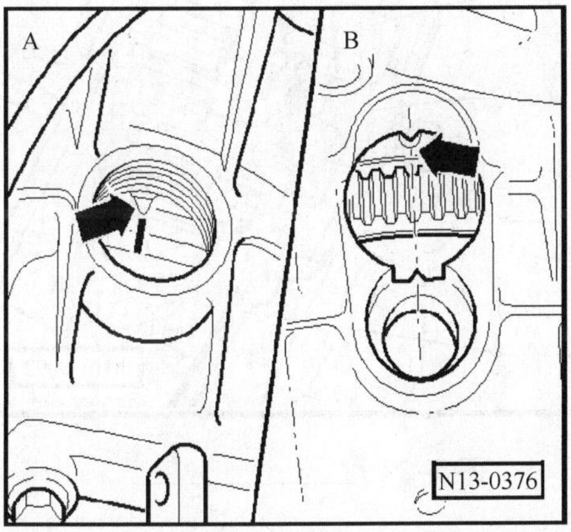

图5-22 ______________

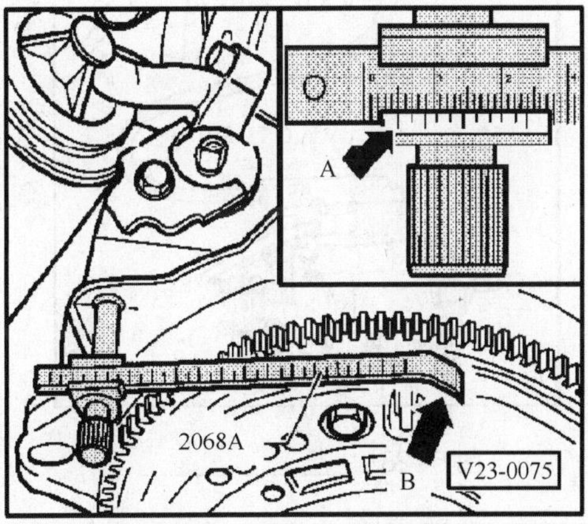

图5-23 ______________

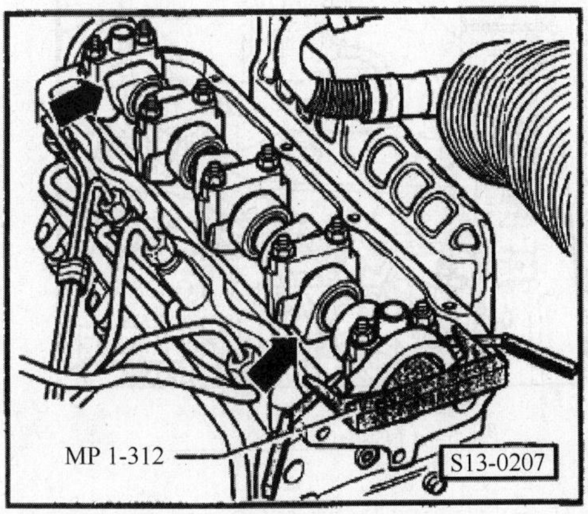

图5-24 ______________

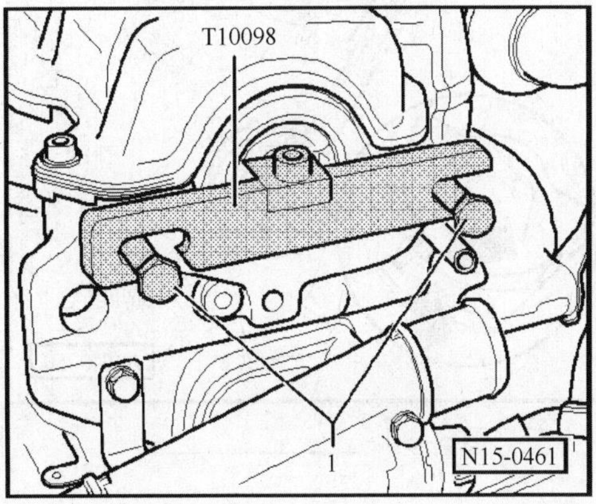

图5-25 ______________

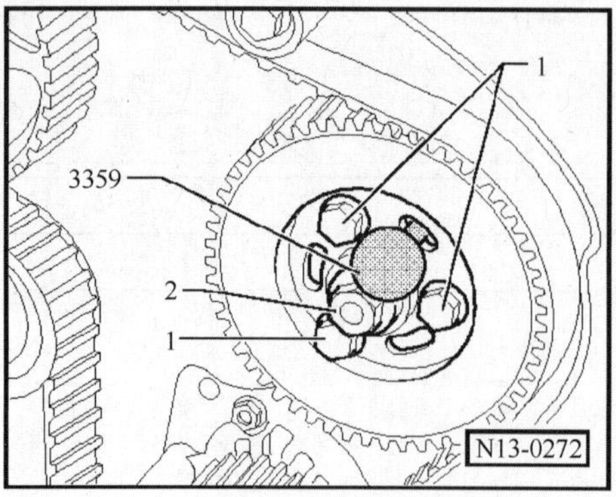

图 5-26 ________

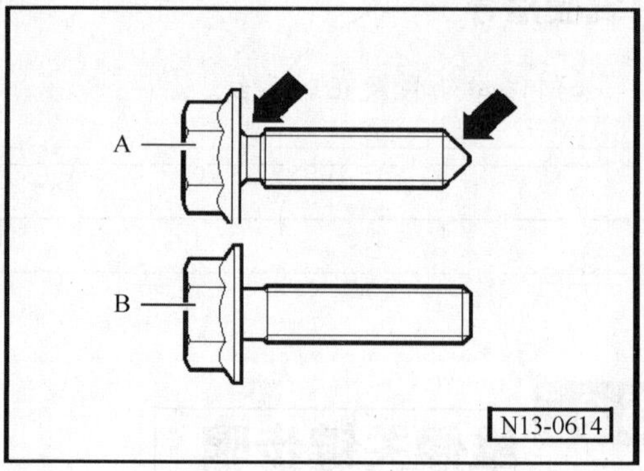

图 5-27 ________

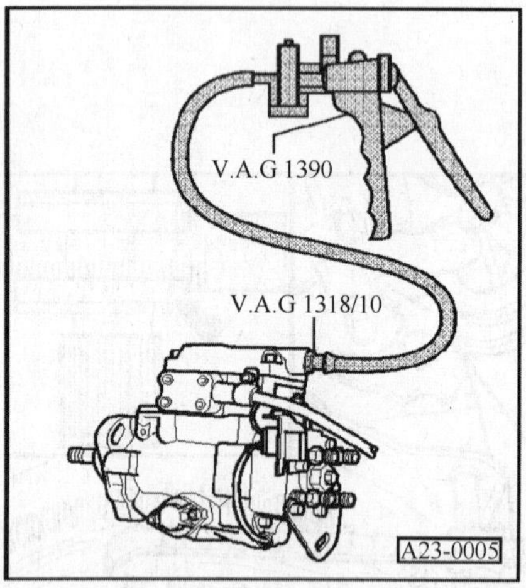

图 5-28 ________

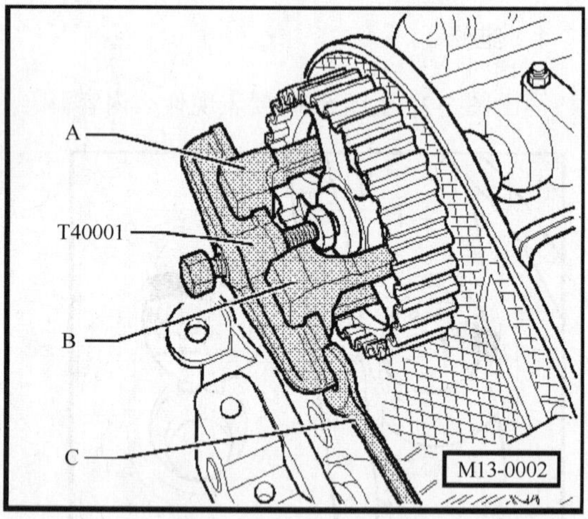

图 5-29 ________

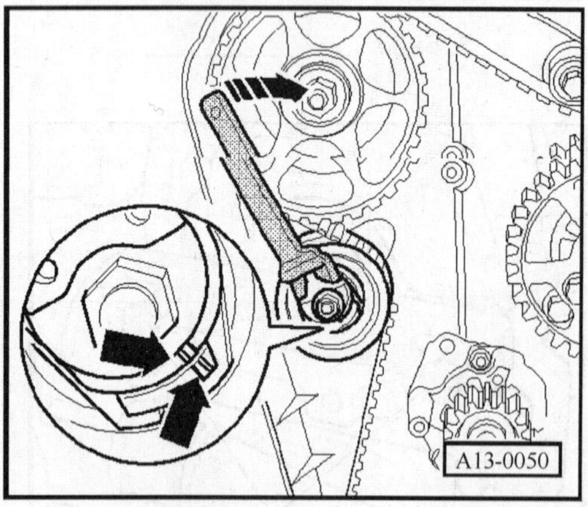

图 5-30 ________

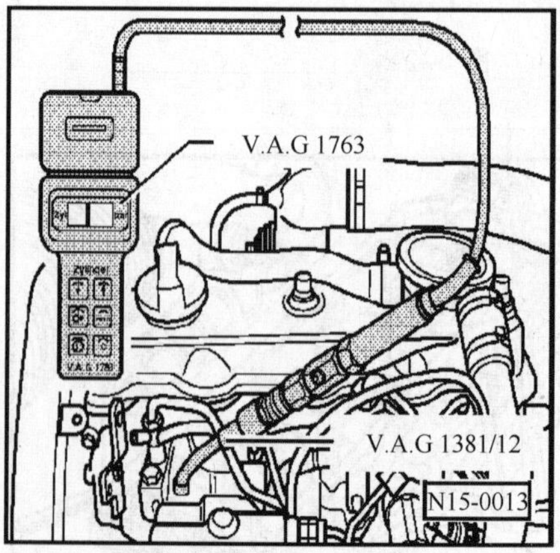

图 5-31 ________

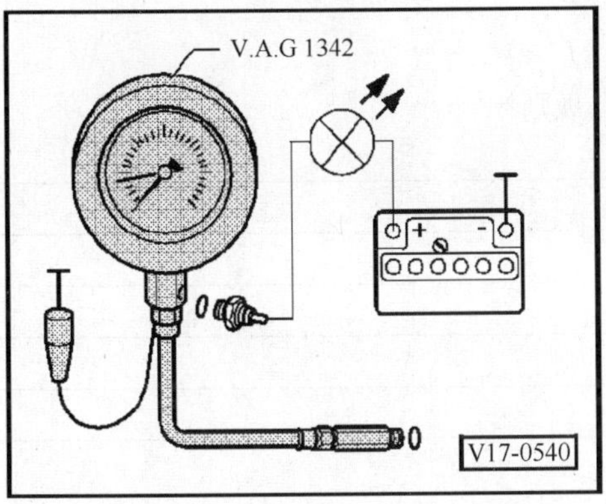

图 5-32 ______________

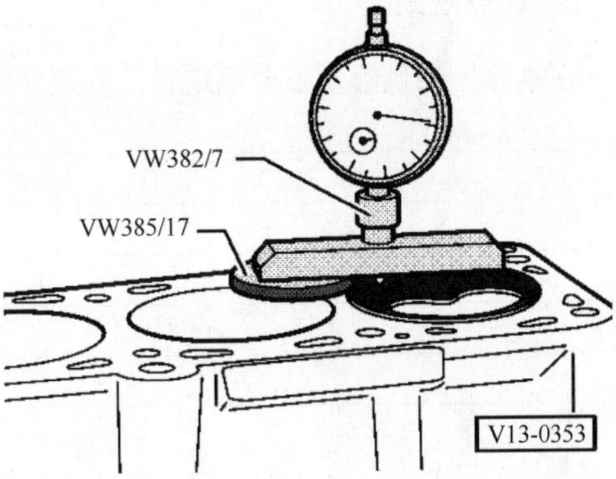

图 5-33 ______________

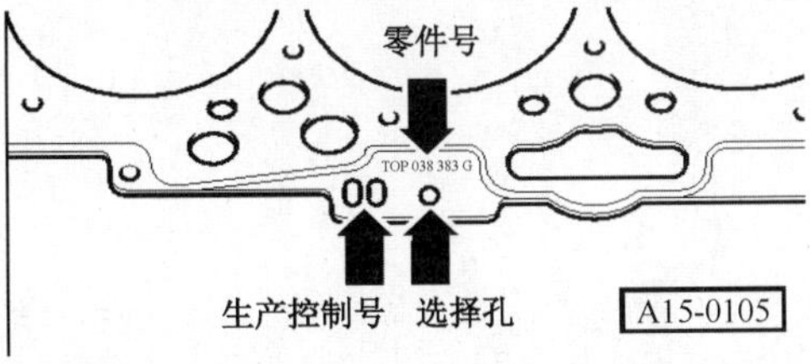

图 5-34 ______________

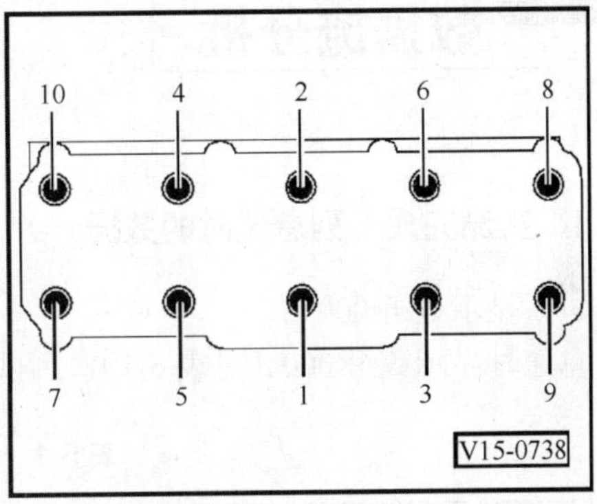

图 5-35 ______________

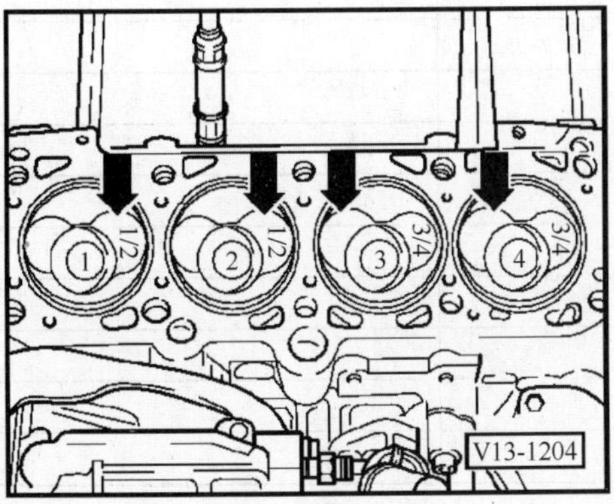

图 5-36 ______________

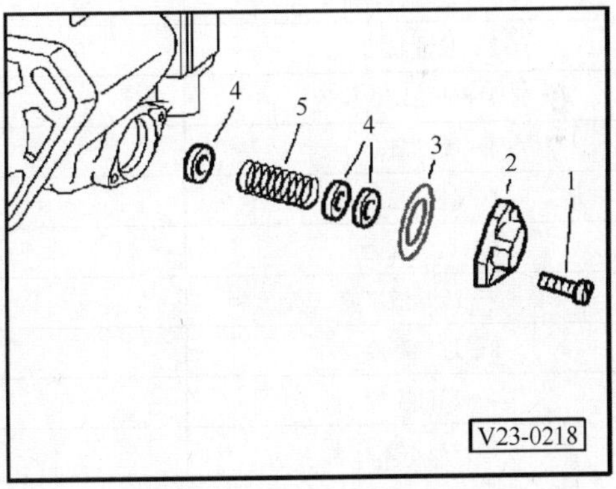

图 5-37 ______________

2. 安全注意

为了防止受伤、损坏喷油和预热系统，以下几点必须注意。

____

____

____

____

____

3．6 点规则

在维修燃油供给及喷射系统时，须遵守以下 6 点规则：

5.4 数据流分析

1．实测完成下列怠速时的数据

（1）显示数组 000

怠速时显示数组 000（见表 5-1），测试条件：发动机热态，冷却液温度不低于 80℃。

表 5-1　怠速时显示数组 000

读取数据块 000	理　论　值	对应物理量
1—发动机转速		
2—喷油起始		
3—油门踏板位置		
4—喷油量		
5—进气管压力		
6—大气压力		
7—冷却液温度		
8—进气温度		
9—燃油温度		
10—显示无意义		

（2）显示数组 001

怠速时显示数组 001（见表 5-2），测试条件：发动机热态，冷却液温度不低于 80℃。

表 5-2　怠速时显示数组 001

读取数据块 001	理　论　值	说　　明
1—发动机转速		
2—喷油量		
3—喷油调节行程传感器电压		
4—冷却液温度		

分析一下数据：

(3) 显示数组 002

怠速时显示数组 002（见表 5-3），测试条件：发动机热态，冷却液温度不低于 80℃。

表 5-3 怠速时显示数组 002

读取数据块 002	理论值	说明
1—发动机转速		
2—油门踏板位置		
3—工况		
4—冷却液温度		

分析一下数据：

(4) 显示数组 003

怠速时显示数组 003（见表 5-4），测试条件：发动机热机，冷却液温度不低于 80℃。

表 5-4 怠速时显示数组 003

读取数据块 003	理论值	评价
1—发动机转速		
2—没有显示		
3—没有显示		
4—废气再循环控制阀占空比		

(5) 显示数组 004

怠速时显示数组 004（见表 5-5），测试条件：发动机热态，冷却液温度不低于 80℃。

表 5-5 怠速时显示数组 004

读取数据块 004	理论值	说明
1—发动机转速		
2—喷油起始角(理论)		如下
3—喷油起始角(实际)		如下
4—喷油起始控制阀占空比		

分析一下数据：

（6）显示数组 006

钥匙门开时显示数组 006（见表 5-6）。

表 5-6　怠速时显示数组 006

读取数据块 006	理 论 值	说　明
1—车速		
2—刹车踏板监测		
3—车速调节装置		
4—车速调节装置状态		

说明：显示区域 2——刹车踏板监测。

分析一下数据：

（7）显示数组 007

钥匙门打开时显示数组 007（见表 5-7），测试条件：冷态，发动机静止。

表 5-7　怠速时显示数组 007

读取数据块 007	理 论 值	说　明
1—燃油温度		
2—无显示		
3—进气温度		
4—冷却液温度		

分析一下数据：

（8）显示数组 013

怠速时显示数据 013（见表 5-8），测试条件：发动机热态,冷却液温度不低于 80℃。

表 5-8　怠速时显示数组 013

读取数据块 013	理 论 值	说　明
1—稳定运转调节—1 缸喷油量		
2—稳定运转调节—2 缸喷油量		
3—稳定运转调节—3 缸喷油量		
4—稳定运转调节—4 缸喷油量		

分析一下数据：

（9）显示数组 016

怠速时显示数组 016（见表 5-9）。

表 5-9 怠速时显示数组 016

读取数据块 004	理 论 值	说 明
1—发电机负载		
2—暖风预热		
3—暖风预热元件控制		
4—电脑电源电压		

分析一下数据：

（10）显示数组 019

怠速时显示数组 019（见表 5-10）。

表 5-10 怠速时显示数组 019

读取数据块 004	理 论 值	说 明
1—喷油量调节器最小位置时喷油行程传感器电压		
2—喷油量调节器最大位置时喷油行程传感器电压		
3—没有显示		

分析一下数据：

2. 全负荷数据

全负荷时显示数组 000 至 008（检查时车辆全油门加速读取测量值时，发动机转速应达到 3000 r/min）。

（1）显示数组 000

全负荷时显示数组 000（见表 5-11），测试条件：测试车辆在 3 挡，冷却液温度不低于 80℃。

表 5-11 全负荷时显示数组 000

读取数据块 000	理 论 值	对应物理量
1—发动机转速		
2—喷油起始角		
3—油门踏板位置		
4—喷油量		
5—进气管压力		
6—大气压力		
7—冷却液温度		

续表

读取数据块 000	理 论 值	对应物理量
8—进气温度		
9—燃油温度		
10—显示无意义		

（2）显示数组 004

全负荷时显示数组 004（见表 5-12），测试条件：车辆在 3 挡，冷却液温度不低于 80℃。

表 5-12 全负荷时显示数组 004

读取数据块 004	理 论 值	说 明
1—发动机转速		
2—喷油起始角（理论）		
3—喷油起始角（实际）		
4—喷油起始角控制阀占空比		

分析一下数据：

（3）显示数组 001

全负荷时显示数组 001（见表 5-13），测试条件：车辆在 3 挡，冷却液温度不低于 80℃。

表 5-13 全负荷时显示数组 001

读取数据块 001	理 论 值	说 明
1—发动机转速		
2—喷油量（驾驶员愿望）		
3—基于发动机转速的喷油量限值（力矩限值）		
4—喷油量限值（烟度特性）		

分析一下数据：

5.5 捷达 SDI 燃油系统故障经验总结

1. 技师总结

（1）简写保养项目

（2）简写如何清洗柴油机件

（3）简写如何对正时

（4）简写如何排水

（5）简写如何排气

（6）简写如何防进水

（7）预热灯不断闪烁说明什么

（8）速度传感器有什么故障

（9）熄火阀故障如何处理

自信的小师傅

小师傅如何解决的车主的问题？车主车的问题为什么会被解决了？

（10）进气温度传感器故障

（11）制动蹄磨损故障

（12）水温传感器常见故障

2．故障案例

（1）如何判别三元催化器堵塞

（2）如何排除怠速运转不稳故障

·第 6 章·

泵喷嘴系统

6.1 系统结构

1．供油系统

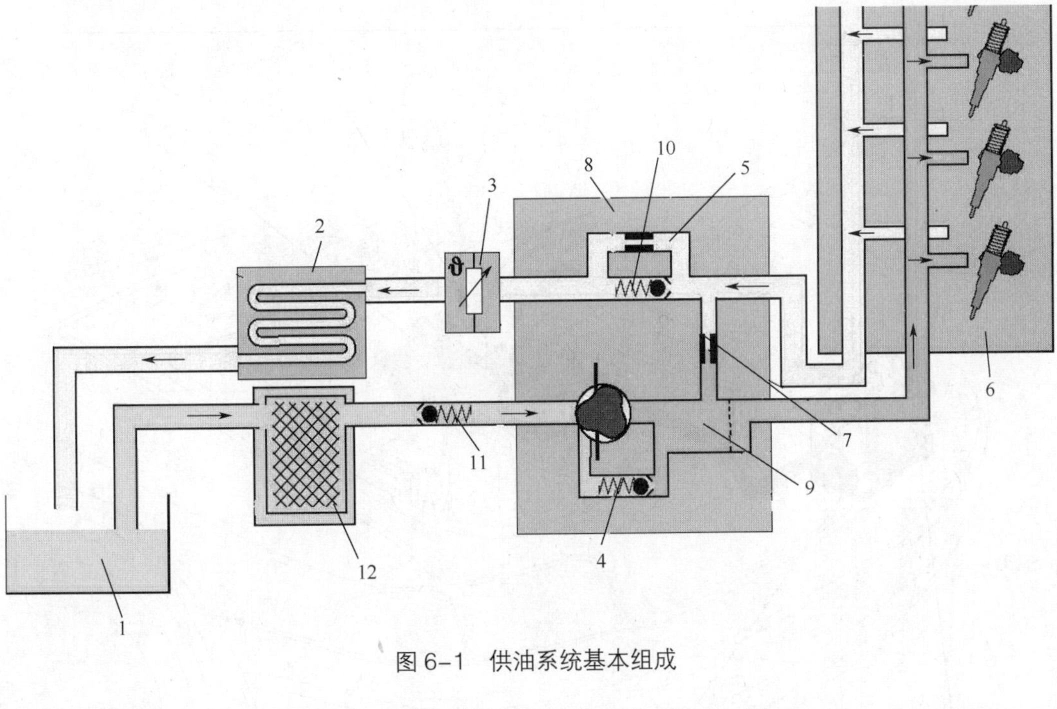

图 6-1　供油系统基本组成

1—____________；2—____________；3—____________；4—____________；

5—____________；6—____________；7—____________；8—____________；

9—____________；10—____________；11____________；12—____________

（1）燃油泵

燃油泵位于缸盖上（见图 6-2），由________驱动。其功能是将________________，燃油泵采用__________叶片泵，其结构见图 6-3。此泵利用__________吸油和泵油，吸油腔和泵油腔通过__________彼此分开。

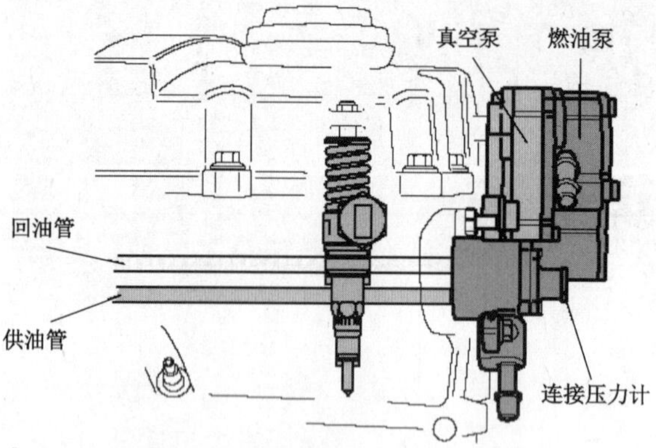

图 6-2 油泵和喷油器位置

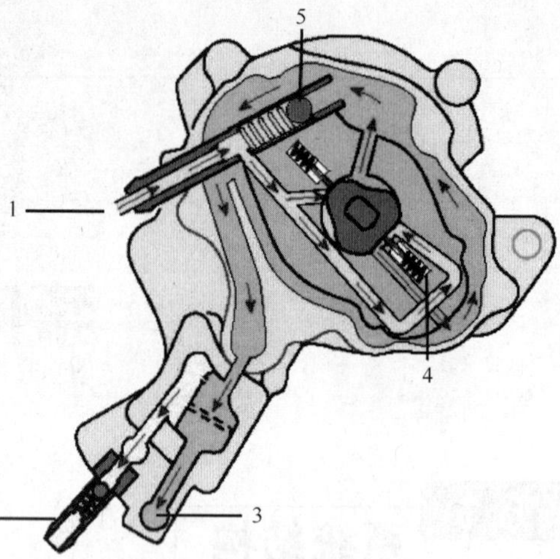

图 6-3 油泵结构

1—__________；2—__________；3—__________；4—__________；5—__________

（2）分配管

____

（3）燃油冷却环路

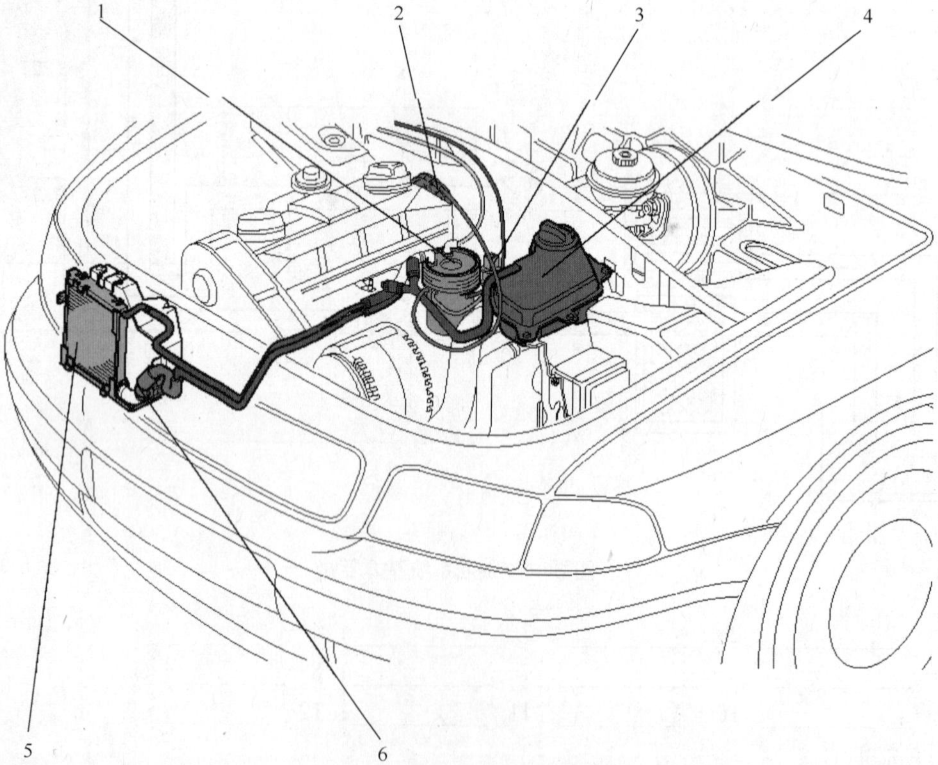

图 6-5 燃油冷却系统元件位置

1—____________；2—____________；3—____________；
4—____________；5—____________；6—____________

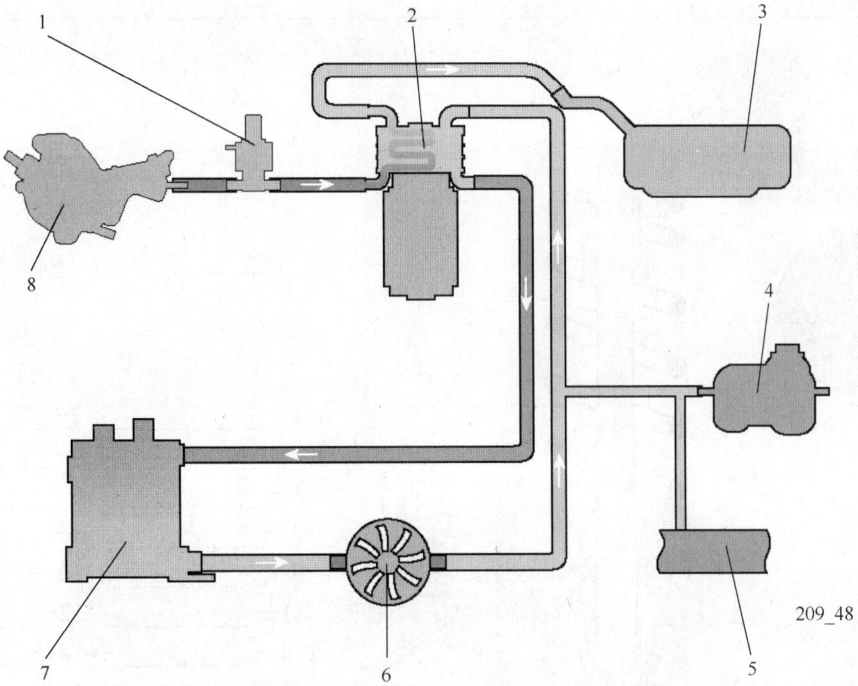

图6-6 燃油冷却系统

1—____________；2—____________；3—____________；4—____________；
5—____________；6—____________；7—____________；8—____________

2. 喷射系统

填写表6-1。

表6-1 带泵喷射器参数

宝来泵喷嘴	参　数	宝来泵喷嘴	参　数
生产商		预喷间隔	
喷油压力		主喷油时刻	
喷油量		喷油器	
预喷油量		喷油器	

（1）吸油行程

____

____

____

（2）预喷射循环

____

____

____

（3）主喷射循环

____

____

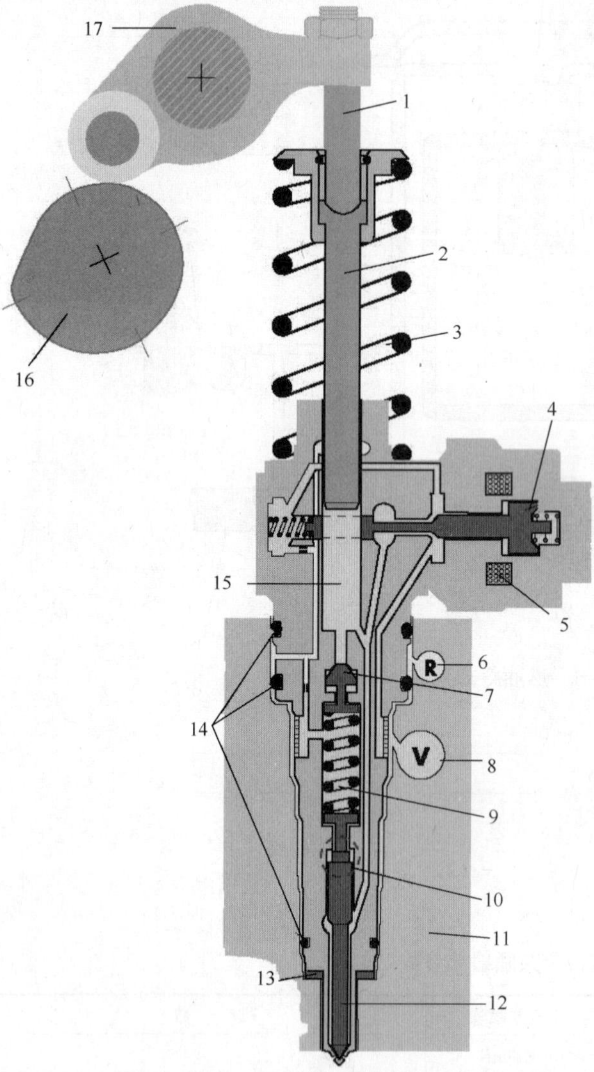

1—____________；2—____________；
3—____________；4—____________；
5—____________；6—____________；
7—____________；8—____________；
9—____________；10—____________；
11—____________；12—____________；
13—____________；14—____________；
15—____________；16—____________；
17—____________

图 6-8　泵喷射系统结构图

6.2 控制与诊断

1. 控制系统

如图 6-13 所示为宝来泵喷嘴发动机系统电路图，发动机控制系统是由____________、和____________三部分组成的（见图 6-14）。

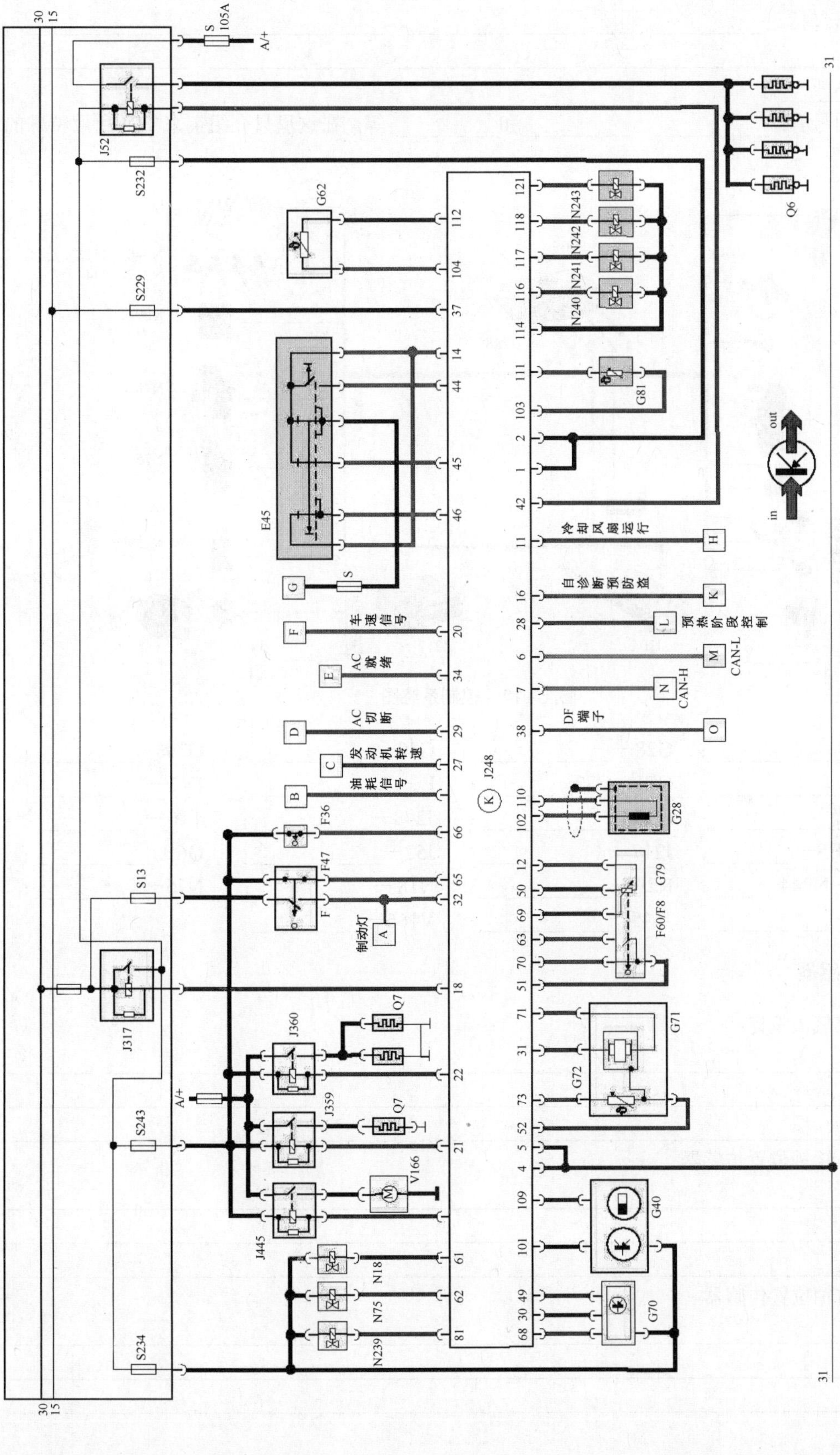

图 6-13 宝来泵喷嘴发动机系统电路图

传感器包括：________、________、________、________、________、________、________、________、________、________等。

辅助信号有：______、______和______等。在这里只介绍宝来 TDI 所用特殊的传感器。

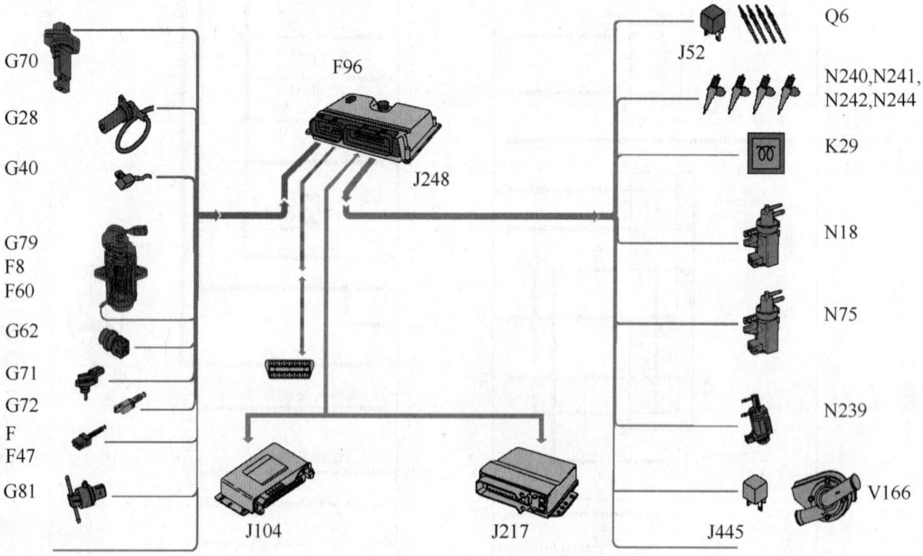

图 6-14 控制系统图

G70—________；G28—________；G40—________；G79—________；
G62—________；G71、G72—______；F—________；F47—________；
G81—________；G96—________；J248—________；T16—________；
J104ABS—______；J217—________；J52—________；Q6—________；
N240～N244—____；K29—________；N18—________；N75—________；
N239—________；J445—________；V166—________

2. 传感器

（1）空气流量计

____

（2）凸轮轴位置传感器

____

（3）曲轴位置传感器

____

（4）海拔传感器

（5）离合器踏板开关

（6）怠速及降挡开关

（7）制动开关

（8）冷却液温度传感器

（9）进气歧管压力传感器

（10）燃油温度传感器

（11）进气温度传感器

（12）辅助输入信号

3. 执行器控制

（1）喷嘴电磁阀

① 喷油量控制

② 喷油正时控制

③ 怠速控制

（2）真空电磁阀 N239

（3）排气再循环控制电磁阀

（4）启动预热控制和辅助预热控制

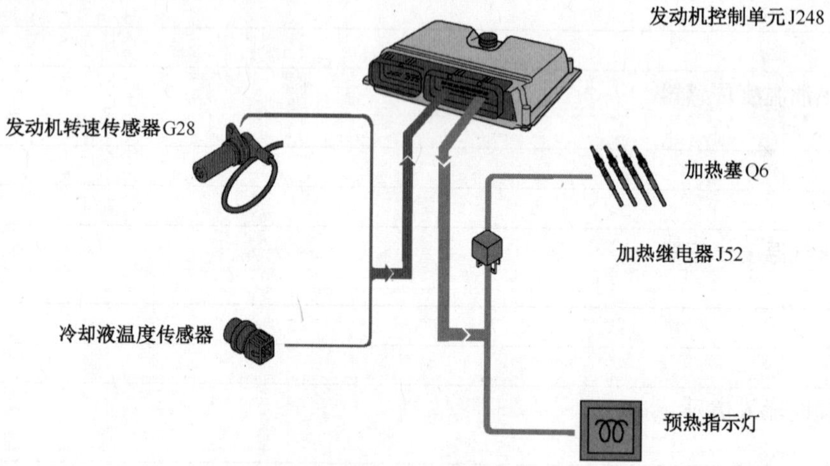

图 6–35　预热塞系统控制

（5）增压控制

增压系统的功能是________________。

此款发动机的废气涡轮增压器采用的是________，并且带有________，结构见汽油机相关部分，控制部分的组成见图 6-36，控制电路见图 6-37。

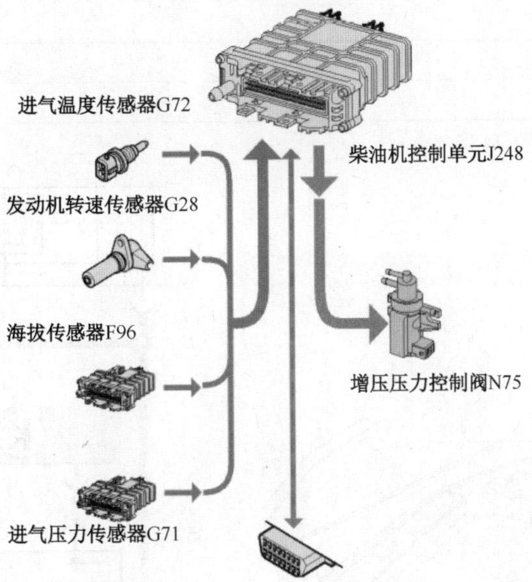

图 6-36 增压系统控制

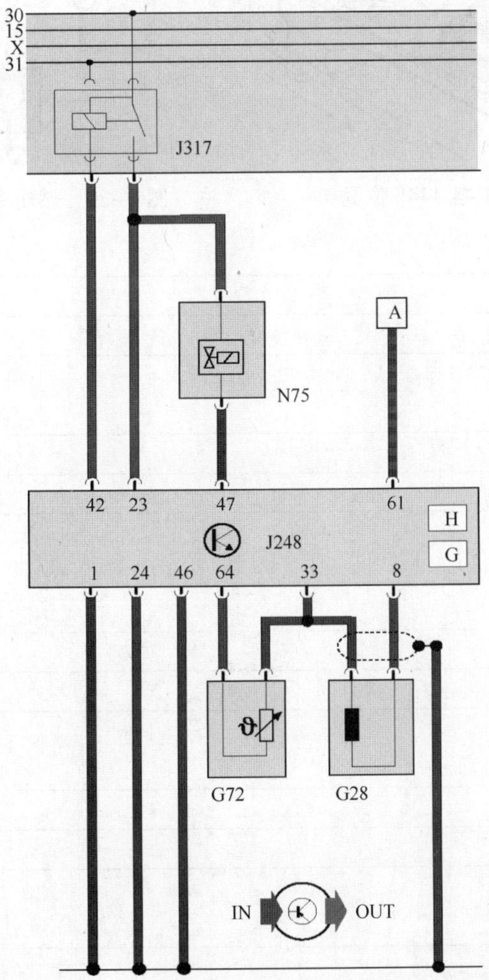

图 6-37 增压控制系统电路

（6）燃油冷却继电器 J445

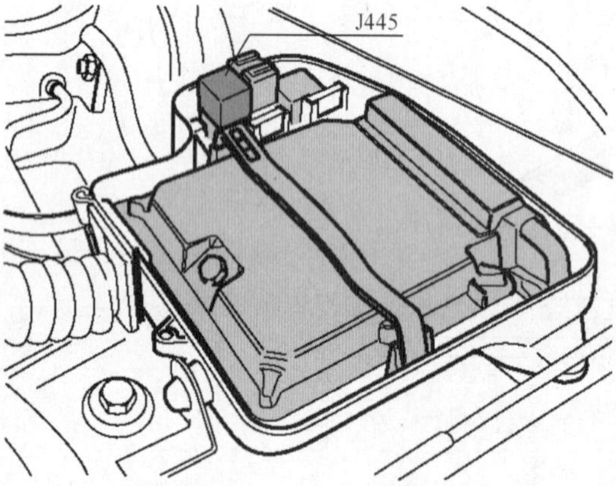

图 6-38　燃油冷却继电器 J445 位置

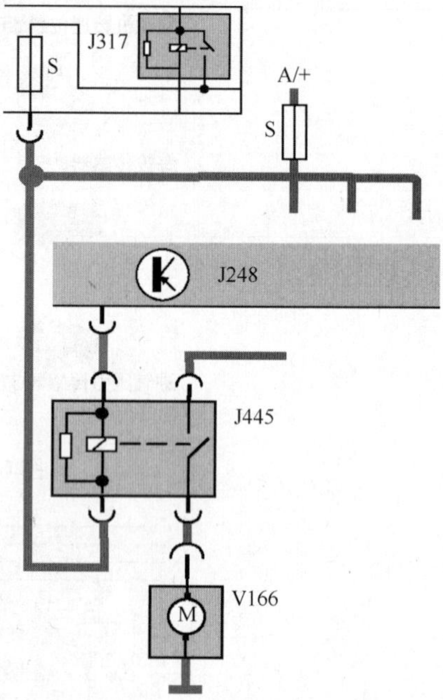

图 6-39　燃油冷却泵 V166 工作电路

（7）预热警报灯 K29

（8）辅助输出信号

① 冷却液辅助加热器

② 发动机转速

③ 冷却风扇运行

④ 空调压缩机切断信号

____

____

____

⑤ 油耗信号

____

____

____

4．诊断

（1）替代和保护功能

① 控制单元 J248 失效

____

② G28 失效

____

③ 油门踏板位置传感器失效

____

④ 凸轮轴位置传感器失效

____

⑤ 空气流量计失效

____

⑥ 进气歧管压力传感器失效

____

⑦ 燃油温度传感器失效

____

⑧ 冷却液温度传感器 G62 失效

____

⑨ 进气温度传感器 G72 失效

____

⑩ 海拔传感器 F96 失效

____

⑪ 离合器踏板开关失效

____

（2）执行元件诊断的项目

① 检测条件：

____

② 说明：

发动机静止，点火开关________时方可进行执行元件诊断。发动机启动，并能识别转速脉冲，则将________执行元件诊断。执行元件诊断期间，只触发一个执行元件，每个执行元件被激活________，直至通过按钮切换到下一个执行元件为止。通过________和________检查执行元件。如需重复执行元件诊断，应将点火开关。

执行元件诊断期间，______________。约__________后中断执行元件诊断。

宝来柴油电控 ECU 按下列顺序执行元件诊断触发以下部件。

____

____

6.3 数据流

1. 实测显示数组 000

全负荷时显示数组 000（见表 6-2），测试车 3 挡，冷却液温度不低于 80℃，测试条件：发动机转速 2850～3150r/min。

表 6-2 全负荷时显示数组 000

	传感器信号	未换算的数值范围	换算的数值范围
1	发动机转速		
2	喷油起始角		
3	油门踏板位置		
4	喷油量		
5	进气管压力		
6	大气压力		
7	冷却液温度		
8	进气温度		
9	燃油温度		
10	进气质量		

2. 实测显示数组 001

怠速时显示数组 001（见表 6-3），发动机热态，冷却液温度不低于 80℃。

表 6-3 怠速时显示数组 001

	传感器信号	未换算的数值范围	换算的数值范围
1	发动机转速		
2	喷油起始角		
3	油门踏板位置		
4	喷油量		
5	进气管压力		
6	大气压力		
7	冷却液温度		
8	进气温度		
9	燃油温度		
10	进气质量		

·第 7 章·

共轨柴油机

7.1 共轨式柴油机发展历程

1. 共轨喷油技术的发展

（1）第一代共轨技术特点

（2）第二代共轨技术特点

（3）第三代共轨技术特点

（4）第四代共轨技术特点

2. 供油量控制

3. 柴油共轨提前角控制

4．喷油脉宽和喷油定时的计算

（1）喷油定时的计算

____

____

____

（2）喷油基本量的计算

____

____

____

7.2 电控共轨燃油喷射系统检修

1．燃油分配管（共轨）式电控柴油喷射系统

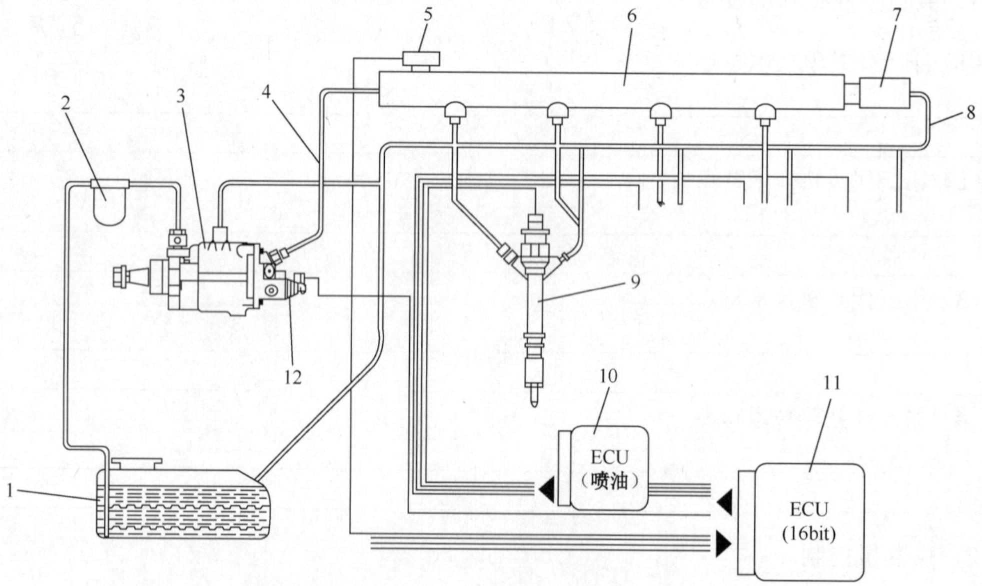

图 7-6　ECD—U2（P）型电控柴油喷射系统

1—__________；2—__________；3—__________；4—__________；5—__________；
6—__________；7—__________；8—__________；9—__________；10—__________；
11—__________；12—__________

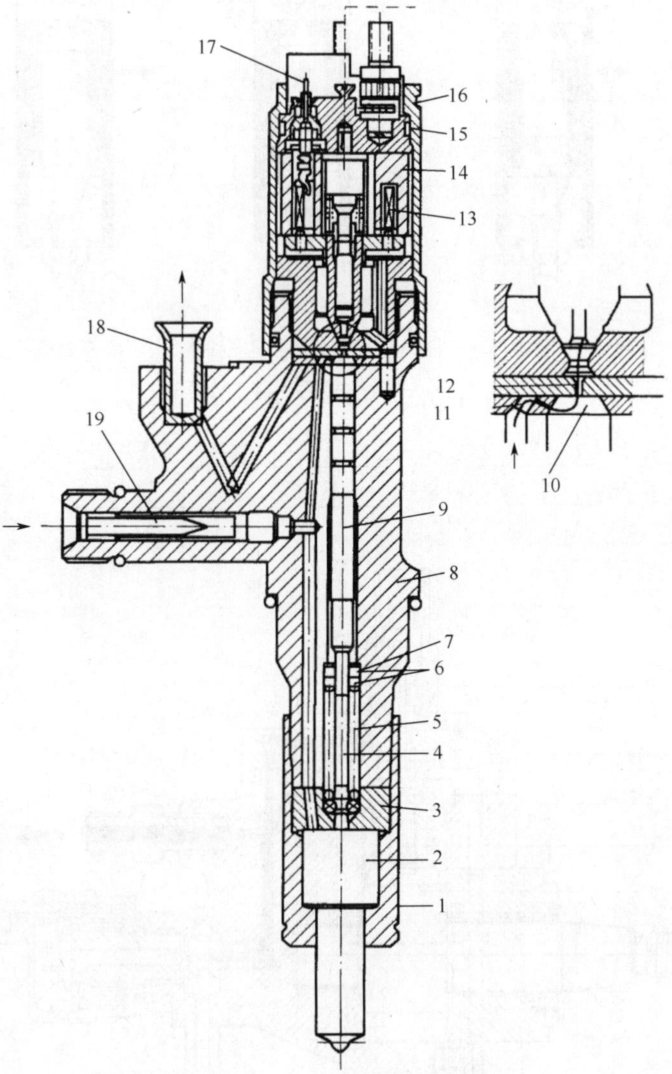

图 7–8 二通阀式喷油器结构

1—＿＿＿＿＿；2—＿＿＿＿＿；3—＿＿＿＿＿；4—＿＿＿＿＿；5—＿＿＿＿＿；

6—＿＿＿＿＿；7—＿＿＿＿＿；8—＿＿＿＿＿；9—＿＿＿＿＿；10—＿＿＿＿＿；

11—＿＿＿＿＿；12—＿＿＿＿＿；13—＿＿＿＿＿；14—＿＿＿＿＿；15—＿＿＿＿＿；

16—＿＿＿＿＿；17—＿＿＿＿＿；18—＿＿＿＿＿；19—＿＿＿＿＿

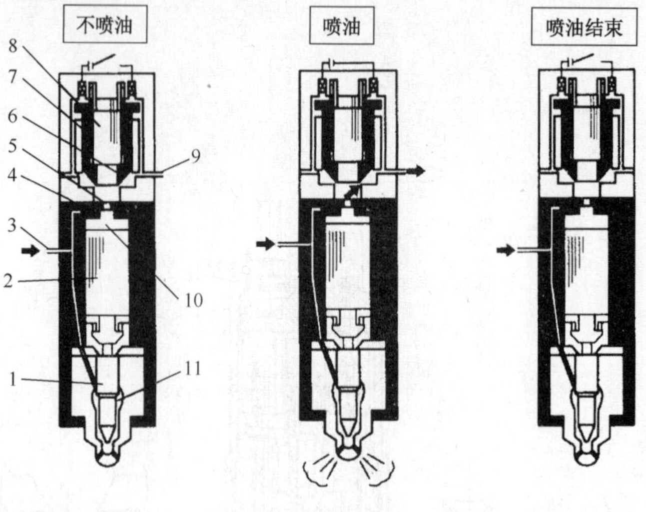

（a）针阀关闭　（b）针阀开启　（c）喷油结束

图 7-9　二通阀式喷油器工作原理

1—________；2—________；3—________；4—________；5—________；
6—________；7—________；8—________；9—________；10—________；
11—________

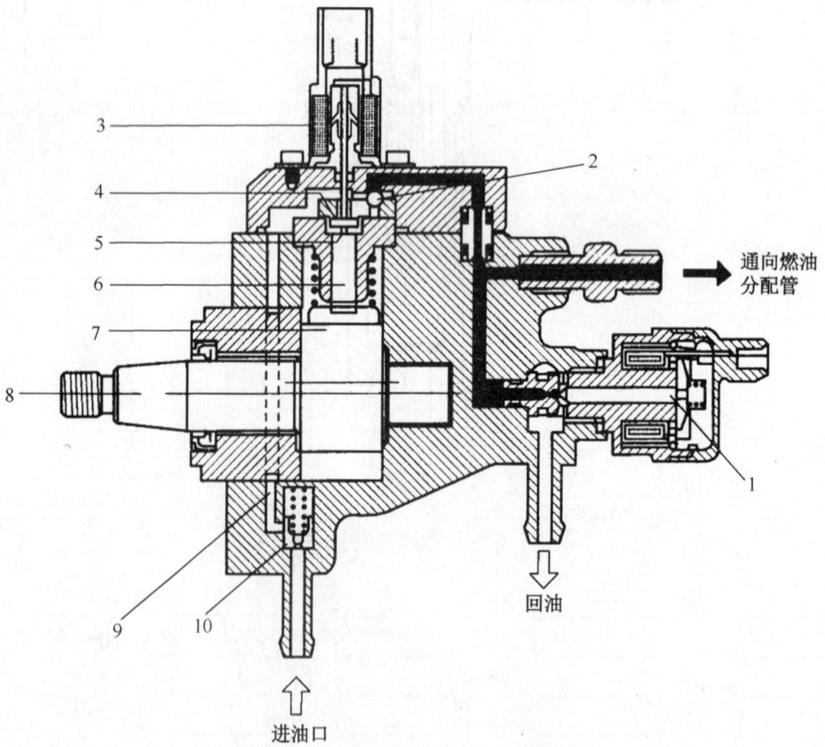

图 7-11　博世供油泵结构简图

1—________；2—________；3—________；4—________；5—________；
6—________；7—________；8—________；9—________；10—________

·第 8 章·

解放柴油电控系统维修

8.1 典型车型参数

1．一汽解放 J6P 领航

一汽解放 J6P 领航版牵引车是其较高车型配置，其特点如下。

（1）保养周期领航

（2）动力性

（3）节油性

图 8-1　一汽解放 CA6DM2 发动机

（4）可靠性

____

____

____

（5）安全性

____

____

____

（6）舒适性

____

____

____

2. 缩写与注释

本章的缩写与注释如表 8-1 所示。

表 8-1 缩写与注释

缩 写	注 释	缩 写	注 释
ECU		OBD	
TMAP		PTO	
SCR			

3. 规格

填写表 8-2 至表 8-5。

（1）一汽解放发动机电控系统

表 8-2 一汽解放发动机电控系统

发动机型号		发动机排量	
电控系统型号		排放标准	
ECU 硬件号		匹配车型	
发动机缸数		OBD 标准	

（2）一汽解放发动机后处理电控系统

表 8-3 一汽解放发动机后处理电控系统

后处理系统型号	FAW 气驱尿素	尿素供给模块总成（集成尿素液位及温度传感器）	1161010-71U
	3602510-51B		3602560-72U
	3602505-51B		3602155-60D

4. 发动机电控系统

（1）电控系统发动机控制功能

表 8-4 电控系统发动机控制功能

序 号	功 能	备 注
1	燃油喷射控制	
2	缸平衡	
3	空气预热控制	
4	辅助制动	
5	过热限制	
6	喷射量限制	
7	烟度限制	
8	转速限制	
9	扭矩限制	
10	怠速控制	
11	怠速调节	
12	机油压力保护	
13	后处理控制	

（2）电控系统整车控制功能

表 8-5 电控系统整车控制功能

序 号	功 能	备 注
1	跛行回家	
2	车速限制	
3	PTO 控制	
4	远程停机控制	
5	多载荷节油功能	
6	手油门	
7	A/C 补偿与控制	
8	主继电器控制	
9	巡航控制	

（3）电控系统通信控制功能

（4）后处理电控系统

5．发动机电控系统

6．后处理电控系统

8.2 拆卸前和安装后的作业

1．发动机电控系统

（1）拆卸前作业

（2）安装后作业

（3）注意

2．后处理电控系统

（1）拆卸前作业

（2）安装后作业

（3）注意

8.3 系统零部件概述

1. 发动机系统

（1）发动机控制单元（ECU）

① 安装及用途

② 注意

③ 原理

（2）曲轴位置传感器

① 安装及用途

② 注意

③ 原理

（3）进气压力温度传感器

① 安装及用途

② 注意

③ 原理

（4）冷却液温度传感器

① 安装及用途

② 注意

③ 原理

（5）燃油温度传感器

① 安装及用途

② 注意

③ 原理

（6）机油压力传感器

① 安装及用途

② 注意

③ 原理

（7）凸轮轴位置传感器

① 安装及用途

② 原理

③ 注意

2．后处理电控系统

（1）排气温度传感器

① 安装及用途

② 原理

③ 注意

（2）氮氧传感器

① 安装及用途

② 原理

③ 注意

(3) 大气温度传感器

① 安装及用途

② 原理

③ 注意

8.4 故障诊断概述

1. 故障诊断专用工具

(1) 诊断仪：

(2) 万用表：

(3) 断线器：

(4) 示波器：

(5) 电流钳：

2. 故障诊断流程

(1) 检修之前确认事项

(2) 初步判断

(3) 读故障码

（4）按步骤诊断

（5）无故障码诊断

（6）注意

8.5 故障诊断指导

1. 发动机电控系统

（1）判断故障的存在

（2）故障诊断与排查

发现发动机故障灯没有熄灭，说明发动机系统存在故障，按照下面步骤诊断与排查。

2. 故障诊断与排除

（1）发动机控制单元（ECU)

① 作用

② 技术要求

③ ECU 诊断流程

④ 导线接插件

⑤ 注意

（2）曲轴位置传感器

① 作用

② 技术要求

③ 检测

（3）凸轮轴位置传感器

① 作用

② 技术要求

③ 故障检测与排除方法

（4）机油压力传感器

① 作用

② 技术要求

(5) 进气压力温度传感器（TMAP）

① 作用

② 技术要求

(6) 燃油温度传感器

作用

3．后处理电控系统

(1) 判断故障的存在

(2) 高温传感器

① 技术要求

② 功能

③ 检测

表 8-6　高温传感器电阻

T（℃）	R（Ω）	U_n（V）
25		

（3）氮氧传感器

① 技术要求

② 功能

（4）大气温度传感器

① 技术要求

② 功能

③ 检测

表 8-7 大气温度传感器温度—电阻表

温度（℃）	正常阻值（Ω）	最大电阻（Ω）	最小电阻（Ω）
20			

（5）尿素液位及温度传感器

① 技术要求

② 功能

③ 检测

表8-8 尿素液位高度—电阻表

T（℃）	R（Ω）
20	

表8-9 尿素温度传感器温度—电阻表

液位高度 H（mm）	R（Ω）
22	

（6）尿素压力传感器

① 技术要求

② 功能

8.6 常见故障

1. 发动机电控系统

（1）诊断仪不能连接

（2）发动机不能正常启动

（3）水温过高

（4）怠速过高或不稳

（5）发动机动力不足

2. 电控系统维修保养手册

（1）黑烟过多

（2）在空挡行驶时，发动机转速周期性抖动，油门未响应，发动机故障灯未亮

（3）行驶中，发动机熄火

3. 后处理电控系统

（1）不喷尿素

（2）排放故障灯点亮

（3）尿素液位显示不准确

8.7 部件典型故障分析

1. 发动机电控系统典型故障

（1）曲轴/凸轮轴位置传感器故障及相位故障

（2）冷却液温度传感器故障

（3）燃油温度传感器故障

（4）进气温度传感器故障

（5）进气压力传感器故障

（6）机油压力传感器故障

（7）油门踏板传感器故障

（8）大气压力传感器故障

（9）排气制动阀故障

（10）多态开关故障

（11）离合器开关故障

2．后处理电控系统典型故障

（1）尿素喷嘴故障

尿素喷嘴故障检测

（2）进、排气阀故障

8.8 使用与保养

1．发动机检查

2．诊断仪检查

3．后处理系统检查

·第 9 章·

解放后处理系统维修

9.1 NO_x 排放处理

1．排放与法规

____

____

____

2．**SCR** 概述

（1）SCR 原理

____

____

____

（2）尿素溶液要求

____

____

____

3．OBD 系统介绍

OBD（On-Board Diagnostics）中文翻译为“______________________”

____

____

____

（1）MIL 灯

MIL（Malfunction Indicator Lamp），中文翻译为“______________________”。

什么是一个工作循环：

注意事项如下。

① OBD 监测的部件：

② 一个循环是指发动机操作循环，由发动机启动→运转→停机的过程称为一个循环。

注意：

（2）OBD 诊断口

表 9-1　端子号定义对应 ECU 引脚备注

端子号	定义	对应引脚
6		
14		
4		
16		
3		
11		

（3）扭矩限制器

根据国家法规 HJ437—2008 要求：

车辆出现下述情况后，当车速为 0 时，激活扭矩限制器：

扭矩限制器激活后，ECU 会限制发动机喷油量，如 6DM2 420 马力发动机，限扭后功率为：

（4）OBD 常见问题

由于国Ⅳ阶段发动机增加了后处理系统，尿素的消耗相应增加了车辆运营成本，对于这个新生事物使用也难免会有一些问题，下面的内容给出了答案。

① 是否可以往尿素箱加水或掺水？

答：

② 是否可将 NO_x 传感器置于空气中？

答：

③ 拆除 NO_x 传感器可以吗？

答：

④ 冬季尿素未解冻，车辆运行是否会受到扭矩限制？

答：

⑤ BOSCH 后处理系统，为什么发动机怠速时尿素泵不转？

答：

⑥ 停车熄火后， 尿素泵为什么还在转？

答：

9.2 氮氧化合物去除系统

1．系统构成

一汽国Ⅳ氮氧化合物去除系统采用德国 BOSCH De NO_x2.2 系统构成如图 9-3 所示。

BOSCH De NO_x 2.2 后处理组件功能如下。

① EDC17CV44：________；

② 尿素供给模块：________；

③ 尿素箱：____；
④ 尿素喷嘴模块：____；
⑤ 尿素管路：____；
⑥ 排气温度传感器：____；
⑦ NO_x 传感器：____；
⑧ 选择催化还原后处理器：____________________________________；

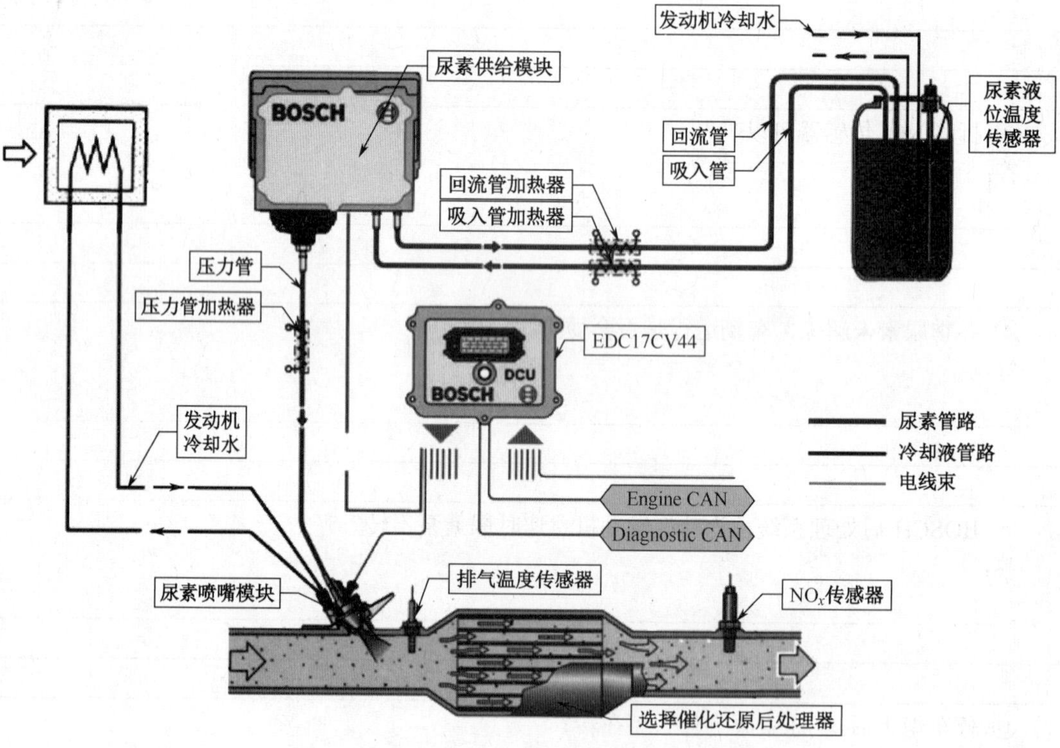

图 9–3　BOSCH De NO_x 2.2 后处理系统构成

2. 工作过程

（1）建压

____

____

（2）喷射

____

____

（3）倒抽

____

____

3．尿素泵

4．后处理系统传感器

（1）NO_x 传感器

（2）排气温度传感器

（3）环境温度传感器

（4）尿素液位温度传感器

（5）后处理加热系统

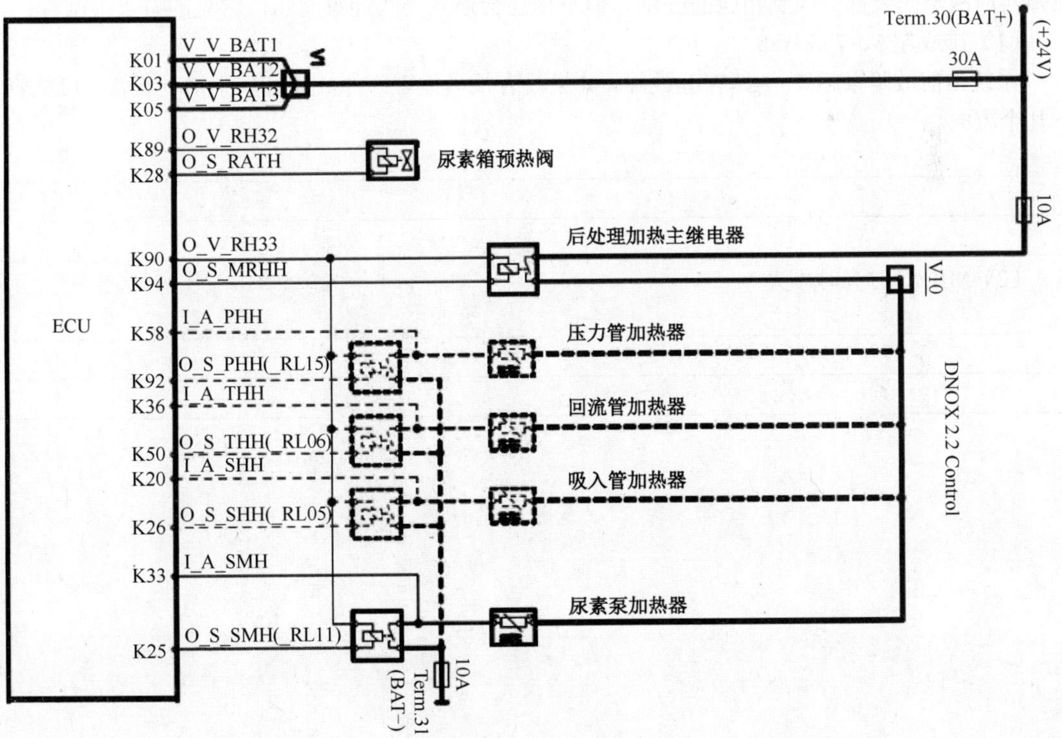

图 9–16　SCR 加热部分接线图

5. 常见故障与诊断

（1）电控故障排查概述

（2）故障排查步骤

（3）常用诊断工具

6. 疑难故障如何解决

当服务人员对系统构成与工作原理了解后，故障排查将变的简单，即读故障、查故障。常规故障对应故障码表都会找到相应的提示，但车辆还会遇到一些疑难问题，常见的有以下两种：

（1）排放超 5、7g/kW·h

系统当前故障报超 5、7g/kW·h 故障，如果没有报具体零部件故障且尿素消耗正常，可检查以下几个方面。

（2）MIL 灯时亮时不亮

·第10章·

天然气汽车

10.1 天然气燃料特性

1. 天然气发动机

2. 可燃冰

（1）什么是可燃冰

（2）可燃冰的分布与储量

3. 天然气储存方式

4. 液化天然气（LNG）

（1）纯度高

（2）能量密度高

（3）更安全

（4）排放值低

（5）响应性好

10.2 车用 LNG 供气系统

1. 车用 LNG 供气系统基本要求

2. 车用 LNG 供气系统组成

（1）车用 LNG 气瓶

画出图 10-3 车用 LNG 电控调压器之前供气系统结构。

（2）车用LNG气瓶必须满足以下基本要求

① 简述气瓶附件要求

② 简述绝热可靠

③ 简述液体充装率

④ 简述具有良好的抗冲击性能

（3）简述车用气化器的作用

（4）简述燃气供给装置的作用

（5）简述稳压阀的作用

（6）简述安全装置的作用

3. 车用LNG供气系统关键技术

（1）简述供气工艺

（2）简述过压保护

（3）简述加注技术

（4）简述无损储存

10.3 CNG/LNG 发动机

1．发展历程

2．CNG 发动机

画出图 10-4 玉柴 CNG 增压发动机系统原理图。

画出图 10-5 玉柴 ECI EPR 系统自然吸气 CNG 发动机原理图。

3. LNG 发动机

画出图 10-6 玉柴 ECI EPR 系统增压 LNG 发动机工作原理。

画出图 10-7 玉柴 ECI EPR 系统自然吸气 LNG 发动机工作原理。

4．主要零部件

（1）高压燃料切断阀部件作用

（2）高压减压器作用

（3）低压电磁阀部件作用

（4）电控调压器部件（EPR 阀）作用

（5）混合器部件作用

（6）电子节气门作用

（7）防喘振阀作用

（8）废气旁通控制阀作用

（9）氧传感器作用

（10）大气环境传感器作用

（11）进气压力温度传感器作用

（12）凸轮轴位置传感器作用

（13）水温传感器作用

（14）天然气温度传感器作用

（15）电子油门踏板作用

（16）电子控制模块作用

·第 11 章·

天然气发动机维护

11.1 CNG 发动机日常使用、维护保养

1．CNG 发动机日常使用

（1）启动前检查

（2）启动发动机

（3）发动机运行过程操作

（4）停机

（5）收车检查

（6）充气

2. 天然气发动机保养

（1）燃料系统的保养

（2）点火系统的保养

（3）润滑系统的保养

（4）冷却水加热

（5）电控系统注意事项

11.2 CNG发动机诊断

1. 故障诊断方式

2. 发动机变化参数

3. 发动机不能启动时检查

4. 发动机动力不足

5. 增压压力故障时

6. 诊断仪与 ECU 无法通信时

第 12 章

燃气发动机维修案例

12.1 发动机不能启动

1. 电源继电器故障

2. 高压截止阀故障

3. 保险丝故障

4. 火花塞故障

12.2 发动机动力不足

1. 燃气计量阀有脏堵

2. 气门间隙偏差较大

12.3 发动机怠速故障

1. 发动机怠速游车

2. 发动机启动后无怠速

3. 发动机无高速且低速不稳

4. 发动机气耗高